师兄云

「投融资那些事儿」

2017

唐寅生　韩济阳　主编

上海财经大学出版社
SHANGHAI UNIVERSITY OF FINANCE & ECONOMICS PRESS

图书在版编目(CIP)数据

师兄云:投融资那些事儿(2017)/唐寅生,韩济阳主编.
—上海:上海财经大学出版社,2018.5
ISBN 978-7-5642-2997-9/F·2997

Ⅰ.①师… Ⅱ.①唐…②韩… Ⅲ.①投资②融资
Ⅳ.①F830.59②F830.45

中国版本图书馆 CIP 数据核字(2018)第 081295 号

□ 责任编辑 徐 超
□ 联系邮箱 1050102606@qq.com
□ 封面设计 杨雪婷

SHIXIONGYUN:TOURONGZI NAXIESHIER(2017)
师兄云:投融资那些事儿(2017)

唐寅生 韩济阳 主编

上海财经大学出版社出版发行
(上海市中山北一路 369 号 邮编 200083)
网 址:http://www.sufep.com
电子邮箱:webmaster @ sufep.com
全国新华书店经销
上海宝山译文印刷厂印刷装订
2018 年 5 月第 1 版 2018 年 5 月第 1 次印刷

710mm×1000mm 1/16 15.5 印张 312 千字
印数:0 001—3 000 定价:68.00 元

本书编委会

主　编： 唐寅生　韩济阳

副主编： 马超杰　杨子荷

编　委： 沈家齐　袁子岚　李　莹

万璐瑶　供皓亮　李一铭

序　一

中国的改革开放四十年取得了巨大的成就，举世公认。未来的再发展，从经济发展的模式上，借助资本化的手段，将是高质量发展的必然之举。更多的有志之士学习好投融资的理论和实务，将是促进我国经济再前进的人力资本的力量。

《投融资那些事儿》精选了2017年度在中国市场上发生的52起投融资及并购案例，对各目标公司以及收购方的市场地位、竞争格局、交易策略与动机等方面进行了探讨和分析。

本书的编写采用了“互联网＋实践教育”的模式，激发了高校在校学生理论联系实际的热情，他们运用学到的理论、方法积极参与到社会实践的学习和分析中来，对于提高他们的实践分析能力，有着很好的帮助。

学生们的案例分析，读起来显得有些稚嫩，都很朴素而且原汁原味很真实，难能可贵。对于初学者来说，《投融资那些事儿》是一本进阶投融资领域有价值的参考书；对于已经有了经验的金融人士来说，《投融资那些事儿》是一本素材真实的参考书。

特此推荐！

张陆洋①

2018年4月27日 于上海

---

①张陆洋，复旦大学国际金融教授、博导，复旦大学中国风险投资研究中心主任，研究领域为风险投资与科技创新。是我国最早从事风险投资研究的三位专家之一，创立了我国第一家专业风险投资研究的学术机构——复旦大学中国风险投资研究中心；创立了创业—组合投资的理论及风险分析方法；是我国参与修订《合伙企业法》第三章有限合伙的五位专家之一；《多层次资本市场研究：理论、国际经验与中国实践》获得国家科学技术著作出版基金资助；应邀为成都市、哈尔滨市、宁波市顾问；受聘教育部留学回国人员科研启动基金评审专家。

序　二

当今中国，全民创业已经成为时代潮流，似乎不想创业的人就已经与时代脱节。同时中国已经是全世界风险投资最活跃的国家之一，在资本的推动下，创业成为了中国当今时代最强音。

移动互联网、人工智能和区块链等新技术赋能传统行业，共享经济、消费升级等也为中国经济带来新的活力。消费结构转型推动了新一轮消费升级和新零售的新经济模式。在创业的淘沙大浪中，成功的总是少数，尤其能够做大的更是少数。唐寅生先生和韩济阳先生等编写的《投融资那些事儿》涵盖了近年大部分热点企业融资和并购案例，为读者展现和分析了国内近年具有代表性的投融资事件，是创业者和投资者全面了解国内投融资案例、分析成功企业发展规律的参考书目。

作为一名投资人和国家级创业导师，我每年与百余位创业者面对面。现在创业者越来越年轻了，很多创业者都是90后。我经常被问到，在赛道和选手之间，哪个更重要。答案无疑是后者，因为风口会变，但好的选手会调整角色，不断寻找新的方向。

无论是打算创业还是已经加入创业行列的年轻人，我都推荐他们通过这本书系统学习回顾国内的经典创投案例。不仅要学习一家企业如何创立和发展壮大并成功融资，也要学习创业者的管理力和综合能力，这里面包括意志力、战略格局，以及遇到困难能逆流而上的品质。

案例很难重复，但成功做事的方法可以重复。我希望看到更多的创业者成为“挑战者”，无论在技术上或者是商业模式上做一些颠覆性的事情，而不要做“追风口的人”。我也期待着更多正在观望的年轻人主动拥抱时代变革，选择创业，携手资本，在新的创业浪潮中书写新一代的创业传奇。

唐劲草①
2018 年 3 月 20 日 于北京

①唐劲草，水木资本创始管理合伙人，兼任中国母基金联盟秘书长。毕业于清华大学经济管理学院，具有丰富的创投经验。曾任职于中华人民共和国水利部及 IDG 资本，曾担任北大天网 COO、青云创投投资合伙人、清华控股母基金——紫荆资本董事总经理。主导和参与完成 30 余家企业的投资，累计上市和并购退出 9 家，包括 36 氪空间、小饭桌等。是中国唯一被科技部、教育部、共青团中央、工信部和中央电视台等五部委聘请的国家创业导师。

前 言

企业并购虽然已经存在许久，但是涉及私募股权基金的企业融资和并购案例在中国其实也是2000年以后才开始出现，特别是人民币基金，更是在2008年次贷金融危机以后才在我国大规模兴起，距今不过10年而已。因此不得不说，由私募股权基金参与的投融资，在中国是一个相当年轻的行业。

本书收录了52起2017年度在中国市场上发生的投融资及并购案例，涵盖了对各目标公司以及收购方的市场地位、竞争格局、交易策略与动机等方面的探讨与浅析，希望给予关注投融资市场的读者带来一些分享与启示。

值得特别提出的是，本书中大部分基础数据和材料的收集者，都是来自全国各大高校的大学生，包括部分文章的撰写。这些学生经过专业的行业研究以及资本市场技能的训练与指导后，再加上作为第一批即将踏入职场的互联网原住民的特别用户视角，给读者展现了一段段与市场上的主流言论未必完全一致却又不失独到见解的评析。

显然，对任何一个行业来讲，人才是非常重要的资产，对于融资这个年轻又极度依赖从业人员的专业判断能力的行业来讲，优秀更是核心竞争力。

这也是本书出版的根本源动力所在，我国的第募股权基金从业者大多是从会计师事务所、律师事务所、咨询公司等业“半路出家”而来，在他们的学生时代，尚不具备接受相关投融资的机会，以案例数量到培训导师而言，与今日今时相比，还是相全民创业”的环境下受人瞩目的投融

本书，希望透过这52个人才可以将平日在学校所学的理论知识资案例，让这些未来的投中所获得的信息相结合，以一种相对系统化的以及在新闻、实习，来作为在学生时代开始与资本市场的一次“亲方式进行一次

前言

企业并购虽然已经存在许久，但是涉及私募股权基金的企业融资和并购案例在中国其实也是2000年以后才开始出现，特别是人民币基金，更是在2008年次贷金融危机以后才在我国大规模兴起，距今不过10年而已。因此不得不说，由私募股权基金参与的投融资，在中国是一个相当年轻的行业。

本书收录了52起2017年度在中国市场上发生的投融资及并购案例，涵盖了对各目标公司以及收购方的市场地位、竞争格局、交易策略与动机等方面的探讨与浅析，希望给予关注投融资市场的读者带来一些分享与启示。

值得特别提出的是，本书中大部分基础数据和材料的收集者，都是来自全国各大高校的大学生，包括部分文章的撰写。这些学生经过专业的行业研究以及资本市场技能的训练与指导后，再加上作为第一批即将踏入职场的互联网原住民的特别用户视角，给读者展现了一段段与市场上的主流言论未必完全一致却又不失独到见解的评析。

显然，对任何一个行业来讲，人才是非常重要的资产，对于投融资这个年轻又极度依赖从业人员的专业判断能力的行业来讲，优秀人才更是核心竞争力。

这也是本书出版的根本源动力所在，我国的第一代私募股权基金从业者大多是从会计师事务所、律师事务所、咨询公司等相关行业“半路出家”而来，在他们的学生时代，尚不具备接受相关投融资案例训练的机会，以案例数量到培训导师而言，与今日今时相比，还是相当匮乏的。

本书，希望透过这52个在当今这个“全民创业”的环境下受人瞩目的投融资案例，让这些未来的投融资界的储备人才可以将平日在学校所学的理论知识以及在新闻、实习、网络等各渠道中所获得的信息相结合，以一种相对系统化的方式进行一次身体力行的实践，来作为在学生时代开始与资本市场的一次“亲密接触”。

对于知识的探索以及人才的渴求还将会继续，本书编委会将在未来持续收录更多来自未来一代投融资者的案例分析，并与读者共同持续欣赏这一幕幕资本的盛宴！

唐寅生

戊戌年正月十二 于上海

目　录

序一/001

序二/001

前言/001

No.1　百度的游戏风云/001
No.2　网易的音乐情怀/004
No.3　腾讯入驻“淘旧货”市场/006
No.4　社区医疗——VC的新宠/009
No.5　网易味央，锦绣前程/012
No.6　共享充电？共享世界？/015
No.7　万科与链家——大佬的地产风云/019
No.8　星环科技——云的技术流/023
No.9　直播盛宴，谁主沉浮/027
No.10　持续收购，中国汽车品牌的强国之路/036
No.11　渠道为王，影视行业依然难逃商业特质/040
No.12　“闪送”究竟有多少人需要你/045
No.13　被搬上互联网的“一课一练”/049
No.14　后“钢贸危机”时代/052
No.15　联合办公：商业地产的“新天地“？/056
No.16　摩拜单车，究竟为何让资本“膜拜”/060
No.17　国民电动时代在靠近/063
No.18　全民娱乐，综艺插上网络的翅膀/066
No.19　汽配电商，人人可触及的繁华幻境/070
No.20　书中自有黄金屋，出版堪称掘金机/074
No.21　“解脱”还是“洗牌”　地产大佬冷暖自知/078

No.22 人工智能：技术依然是第一生产力/083
No.23 无人便利店：解放的是空间还是人力/089
No.24 互联网金融：资产与资金的天平/093
No.25 鲜花电商：表面的繁花盛放/098
No.26 电视机大屏：视频网站的最后战场/102
No.27 电视机面板是否可以重新武装“中国制造”/108
No.28 IP 变现和商业地产，难兄难弟抱团取暖/114
No.29 物联网标签——有多少应用能够负担/118
No.30 生鲜电商，最后一公里的商机/122
No.31 VIPKID，寻找空间与时间的交点，让父母更轻松/128
No.32 本土化管理到本土持股，洋快餐的不归路/132
No.33 联通混改，巨头的盛宴还是陪太子读书/137
No.34 基因决定成就，百度终将回归纯技术市场/141
No.35 越碎片越珍贵，短视频告诉你“时间都去哪儿了”/144
No.36 投资？投机？比特币的狂欢与未来/150
No.37 映客借壳上市——直播的盛宴终结还是升华/157
No.38 Google：大家好，给大家介绍一下，这是我新老婆@HTC/163
No.39 从五道口到硅谷，中国特色互联网券商的全球化之路/167
No.40 还要多少钱，菜鸟才能飞起来/171
No.41 电竞游戏退潮后的坚实大道/175
No.42 携程助力途家，房屋分享进入下半场/180
No.43 绝地求生：哈罗单车——第一个抓住稻草的人/184
No.44 电动平衡车，在极限与日常的两重天内徘徊/188
No.45 今日头条签大 V？Facebook 买工具？其实都是同一个套路/192
No.46 阅文 IPO——坐看腾讯大皇子横扫在线阅读市场/196
No.47 腾讯 10 亿元加注猫眼，文娱布局再下一城/203
No.48 华尔街英语三易其主，成人培训巨头如何逢春/209
No.49 旅行新物种蚂蜂窝等来自由行时代，杀到 IPO 前夜/213
No.50 互联网医疗：从颠覆到联通，“医联”想为医生搞定一切/217
No.51 昙花一现还是千里良驹，论资本风口下的共享办公/223
No.52 合纵连横可安天下？超级平台再起波澜/229

No. 1

百度的游戏风云

大家一定还记得 2013 年百度花了 19 亿美元把 91 无线八抬大轿娶回家，创下了当时中国互联网史上最大金额的并购案，这一起收购也使得 91 无线原定在港交所创业板上市的计划就此中止，2012 年 91 无线的营收接近 7 000 万元人民币，百度19 亿美元收购的市盈率高达 700 倍。2014 年百度将 91 无线和自家的移动分发业务合并，更名为百度移动游戏，并任命了李彦宏的助理张东晨为百度移动游戏事业部 CEO。而仅仅过去了 4 年，百度就以 12 亿元人民币的价格，将百度游戏业务出售给了两家第三方公司。

内容制作团队和制作能力的缺乏

手机游戏的生命正趋于现象化和周期化，相比网络游戏和单机游戏，市场上很难找到一款长时间具有高活跃度和高话题性的手机游戏，这对手机游戏的制作者提出了更高的要求。在制作出高质量手机游戏的同时，制造足够的话题性，保证渠道的持续曝光和入口流量，是在当下手游吸金能力不断提升的同时，手机游戏制作商和渠道商需要考虑的问题。

在过去这 4 年里，网易打造了诸如《阴阳师》这样的现象级的移动游戏产品，腾讯也借助微信小游戏打开了移动游戏入口，而近期推出的《王者荣耀》则迅速吸引了大量的眼球，反观百度游戏部门，虽然背靠百度的流量渠道，坐拥极大的流量优势，但并没能推出十分亮眼的产品（见表 1－1）。事实上百度游戏曾代理过近百款网页游戏，但均表现平平。

表 1—1　　网易、腾讯、百度的代表作品对比

	网　易	腾　讯	百　度
代表作品	阴阳师	王者荣耀	汤姆猫跑酷
游戏模式	RPG 回合制	MOBA	跑酷类
上线时间	2016 年 9 月	2015 年 11 月	2016 年 7 月
设计团队	制作人参与《仙剑》系列游戏创作	早期作品有《QQ 三国》	《会说话的汤姆猫》原创团队研发
游戏载体	APP	APP	APP
月活跃用户数	约 1 500 万	约 1.7 亿	约 645 万
盈利模式	道具收费 实物产品	道具收费 赛事 IP	道具收费

渠道的变化

同时，我们从用户使用应用商店的入口的分析可以看出，大量的应用入口被第三方的应用商店把控（见图 1—1）。值得注意的是手机厂商的应用商店正在迎头赶上，加上近几年小米、华为、OPPO 等国产手机进一步扩大市场份额，越来越多的 APP 入口将被厂商占据。

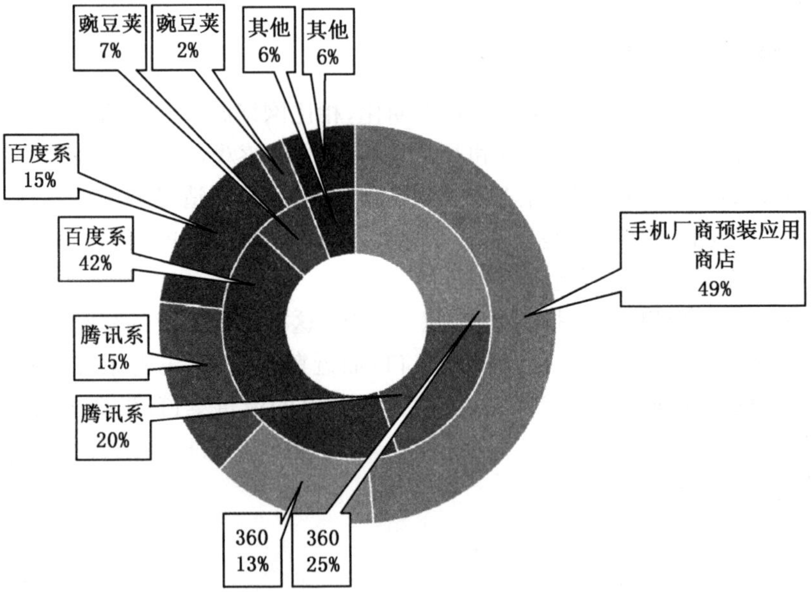

（外环为 2017 年，内环为 2014 年）

图 1—1　各渠道发行量占比

证监会或收紧影视文娱类再融资项目，影视娱乐行业监管趋严

近日，市场传言影视、娱乐、文化类再融资项目要遭到全部劝退，并购重组项目也劝退。接近证监会的知情人士向腾讯财经透露，这几类行业的再融资过会确实比较困难，除非募投项目非常合理，而且融资规模不大。“文化是个大概念，再融资和并购重组并不是非常困难，但游戏行业的再融资难度很高，影视再融资难度其次。”

实际上，早在 2016 年 5 月份就有关于影视、文化类行业再融资被叫停类似消息传出。彼时传闻指出，证监会已经叫停上市公司涉及互联网金融、游戏、影视、VR 四个行业的跨界定增。比如水泥企业不准通过定增收购或者募集资金投向上述四个行业。多位投行人士向记者表示，监管层此举是进一步鼓励脱虚入实，支持实体经济发展。

主　　笔：马赵杰
资料收集：王泽坤　刘　翔

想成为《投融资观察》报告创作团队的一员吗？微信扫描本书第 234 页二维码，现在就加入我们吧！

No. 2

网易的音乐情怀

4 月 11 日网易云音乐宣布完成 7.5 亿元 A 轮融资，估值达到了 80 亿元。随着网易云音乐完成此次融资，并宣布用户数量突破 3 亿，国内的移动音乐板块完成了新的洗牌。

从现在公布的数据来看，腾讯旗下的三大音乐软件稳稳地占据着独占率、月活跃用户数量前三的位置，同时和其他软件拉开了巨大的差距（见图 2—1）。随着本次网易完成融资，在传统互联网 BAT 三足鼎立形势下，音乐板块加入了网易这个新的玩家。

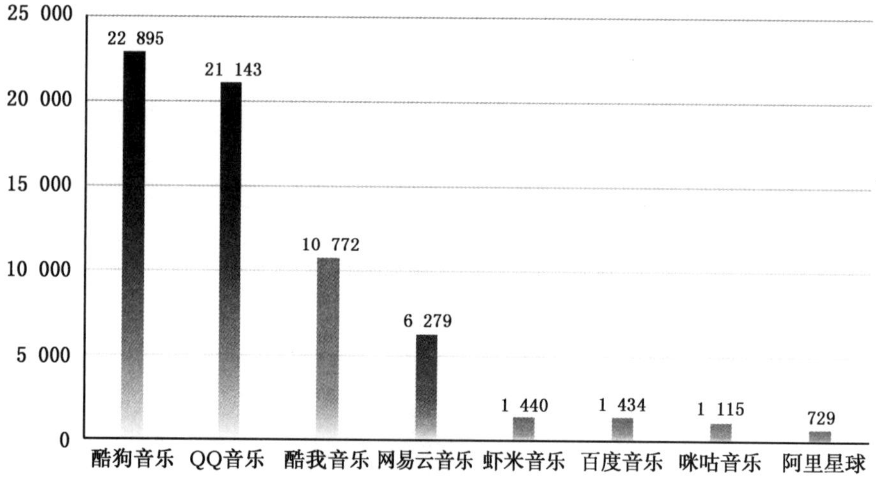

图 2—1　2017 年 3 月移动音乐 APP 月活用户数

相比 BAT 旗下的在线音乐平台，网易云音乐虽然在版权方面并没有绝对的优势，甚至需要依靠其他平台的版权转授，但在内容选择、歌单推荐等方面和其他平台形成了差异化竞争（见表 2—1）。作为一个以社交分享和扶持独立音乐人为核心要素的音乐软件，网易云音乐一方面通过多次线上线下相结合的宣传，不断增强歌单分享＋社交的属性标签；另一方面通过转授其他机构的版权，同时吸收和培养像陈粒、好妹妹乐队等这样的新音乐人网罗新生用户。

表 2—1　　阿里、腾讯、网易在线音乐平台对比

	阿　里	腾　讯	网　易
旗下产品	阿里星球 虾米音乐	酷狗、酷我 QQ 音乐	网易云音乐
月活跃用户数	约 2 800 万	约 3 亿	约 5 507 万
品牌属性	娱乐电商	音乐生态圈	音乐＋社交＋分享
付费用户	未知	超过 3 500 万	未知
付费比例	未知	7％	未知
收入来源	广告、会员 单曲付费	会员付费、广告、数字 专辑、独占版权收入	广告、会员付费 积分商城、艺人经纪

但和国外超过 30％甚至高达 50％的付费率相比，国内的音乐软件整体仍然处于教育用户付费的初级阶段（见图 2—2）。就目前的情况来看，活跃用户的普遍付费率尚不足 10％，相比 Apple Music、Spotify 等大型正版流媒体音乐服务平台来说，中国的音乐服务软件虽然已经走上了保护版权和保护艺人的道路，但是仍然有很大的发展空间和想象空间。

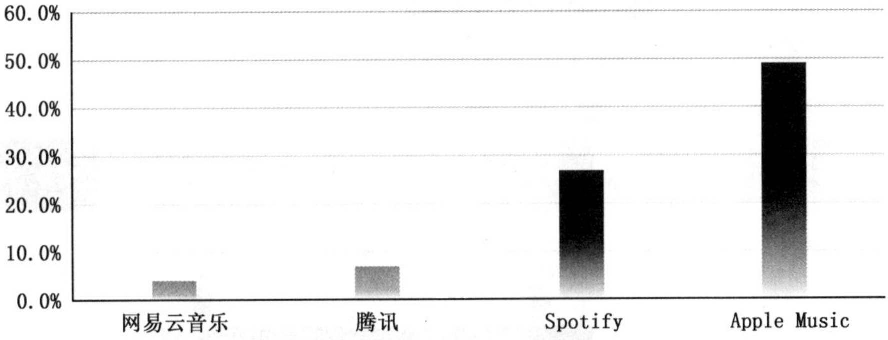

图 2—2　国内外音乐软件活跃用户付费比例对比

主　　笔：马超杰
资料收集：陈舒平　王廉欣

想成为《投融资观察》报告创作团队的一员吗？微信扫描本书第 234 页二维码，现在就加入我们吧！

No. 3

腾讯入驻“淘旧货”市场

在上线一年半之后，58 旗下的二手交易平台“转转”迎来了自己的首轮融资，4 月 19 日“转转”宣布获得了来自腾讯 2 亿美元的 A 轮融资。同时，腾讯也表示将逐步打通双方资源，以促进“转转”的发展。58 二手作为中国发展最早的二手交易平台，于 2015 年底推出了全新的平台“转转”，用户在拍照、添加描述之后，就可以将自己的闲置二手商品上线售卖。“转转”上线初期便与微信达成合作，登录和支付均通过微信完成，此次融资之后，相信“转转”会获得更多来自腾讯方面的支持。

“转转”目前拥有 800 万日活用户，1 500 万成交量，交易额近 20 亿元。

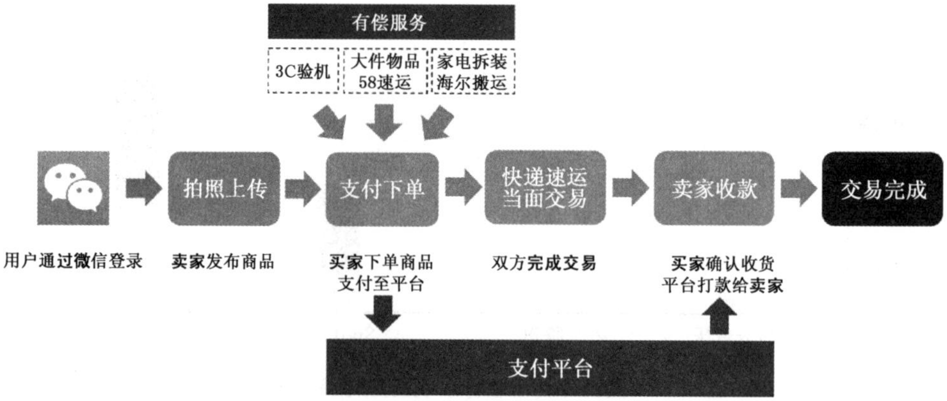

图 3—1　交易流程

二手闲置物品交易仍有较大的发展空间

相较于国外活跃的二手闲置物品交易，中国的二手市场发展的大幕才刚刚拉开。2016 年年底，专注手机回收的平台“爱回收”拿到了 4 亿元的 D 轮融资，华为战略合作的3C回收平台也获得了数千万元人民币的A+轮融资，而目前“转转”最大的竞争对手“闲鱼”背后则是淘宝的用户积累和阿里的技术支持。在各大电商普遍为了获取用户而不停通过活动刺激消费的情况下，可预见的未来里二手交易也将伴随着便捷的物流完成更多闲置物品的价值交换。我们认为二手交易的商业模式虽然在近期可能很难看到明晰的盈利模式，但在未来仍有较大的想象空间。转转、闲鱼、爱回收的比较如表3—1所示。

表3—1　　转转、闲鱼、爱回收比较

	转转	闲鱼	爱回收
平台物品种类	电子产品、母婴产品 海外精选	全品类+技能型服务	3C产品 家用电器
用户来源	微信认证用户	淘宝认证用户	自吸收用户
下载量	>2 000万	>5 000万	>4 000万
用户特点	男性用户偏多	全品类交易	3C用户为主
交易方式	以线上交易为主 很少有线下交易	网上支付为主 线下交易频繁	旧机评估、报价回收 优品官方售卖
特色业务	转转优品 58速运、海外精选	兴趣鱼塘 一键转卖、技能服务	口袋优品 信用租机、手机快修
发展方向	专注二手物品交易业务 合作加强同城运输服务	凸显社区风格 功能丰富多样	专注3C产品的回收 检测、售卖及维修

相比“闲鱼”，“转转”的二手交易采取了类淘宝的交易模式，卖家通过微信登录“转转”，在闲置物品被买家挑中之后，买家确认下单并付款至“转转”平台，卖家发货（或当面交易），在买家确认收货之后，“转转”打款至卖家微信账户（见图5—1）。与闲鱼不同的是，58二手的同城属性增大了大件物品交易的发生率，同时“转转”也相应地推出了速运服务，而针对逐渐走强的3C产品二手交易，“转转”提供了有偿的验机服务（买家购买验机服务，卖家支付验机邮费，24小时内出具验机报告，确认购买则平台包邮寄出，若取消交易，则退还机器给卖家），为交易双方提供了一定程度的官方解决方案。

社交通道降低获客成本，社交属性促进交易成功率

腾讯在“转转”上线初期便和它保持了密切的合作，“转转”登录入口只开放给个人微信，之后的支付也通过微信及部分信用卡完成交易闭环。而二手交易本身的不确定性、信息的不对称和产品的难以标准化等等难题都在考验着这个赛道上的各个玩家。和“闲鱼”不同的是，“转转”与腾讯的合作将在一定程度上帮助“转转”的用户通过微信上的社交关系，使得众多用户在一定程度上降低信息的不对称程度，减轻二手交易中的信任危机，以促成交易能够顺利发生。

同时，微信的接入为“转转”的后期发展提供了更多的想象空间，其中未来可能的发展包括：

(1)二手物品在朋友圈直接发布和通过微信完成用户导流；

(2)小程序、微信支付和“转转”的深入对接；

(3)信用体系的合作建设；

(4)借助大数据，通过服务号/公众号完成二手物品的精准推送。

在不久的将来，“转转”或将有机会通过微信所积累的用户，使二手交易更多地在微信生态圈内完成交易闭环。

更加垂直的合作关系和切入点

不同于“闲鱼”的散养模式，“转转”除了自主发布之外，还和多个网站和厂商达成了合作，在海外精选方面“转转”和“什么值得买”达成了官方合作，将值友精选的海淘商品一键同步至“转转”，同步商品还可以享受“转转”官方补贴和10元运费补贴。

在同城大件商品的二手交易方面，58集团旗下的58速运将为“转转”解决大件物品的货运问题。当购买的是空调、冰箱、洗衣机等家电商品时，在购买的同时可以预约海尔服务，由海尔来提供专业的检测、拆装、搬运、调试等工作。这在一定程度上打开了大件二手物品和家电在线上的流通渠道。

主　　笔：马超杰
资料收集：袁子岚　李君杰

想成为《投融资观察》报告创作团队的一员吗？微信扫描本书第234页二维码，现在就加入我们吧！

No. 4

社区医疗——VC的新宠

强森社区医疗集团宣布完成1亿元人民币B轮融资，由启明创投和君联资本共同领投。强森医疗是一家成立于2014年的社区医疗服务集团，主要推进社区首诊和家庭医生诊疗服务。其服务模式如图4—1所示。

图4—1　强森医疗的服务模式

创立初期，强森一方面与社区物业合作邀约家庭成员健康体验；另一方面和企业合作，企业给每位员工采购强森的员工医疗服务，每位员工可以获得等额的代金券在强森消费医疗和免费健康体检，相当于花一份钱买两份服务。同时与开发商合作，提供较为优惠的租金给强森医疗，帮助开发商提高社区配套服务质量，同时在社区进行推广；选址上关注城市开发区和新城区这类入住人群有较好的经济收入，但短时间内无法匹配优质公立医疗资源的地区。值得注意的是，强森首个样板社区诊所成立于陕西西咸新区，在经过6～7个月之后便达到了盈亏平衡。

运营数据

强森医疗目前拥有 1.5 万家庭会员，100 家企业员工(西安＋成都＋西咸新区)，30 家社区诊所。

“诊所＋社区”的便诊模式

强森根据社区体量，规划建设社区医院、社区门诊、社区诊所大、中、小“三级一体”的社区医疗机构，把医院就设在居民家门口。现在，强森医疗已与万科、华远、华润、金辉、融创、天朗、雅居乐、上实诚开、荣华等多家知名地产商达成“15 分钟便诊生活圈”社区医疗配套战略合作。形成了社区医疗资源的快速匹配，方便基层群众到基层就诊，推进形成“社区首诊”的就医习惯。

强森医疗创办一年半，已有 9 家社区医疗机构建设完成，并在 2016 年选址签约 16 家大型社区医疗服务网点，目前正处于建设审批期。强森医疗计划在 3 年内开展运营 50 家社区医疗机构，打造社区居民的“基层便诊平台”。

“家庭医生＋健康管理”的会员模式

社区家庭以“家庭会员”的形式签约强森各医疗机构，强森为“家庭会员”提供健康体检、健康咨询、上门诊疗等服务，同时引进的 POCT 即时诊断平台，可以配套智能硬件，达到实时健康数据检测、慢性病干预、紧急救护和用药管理等家庭常用服务作用；另一方面，强森通过汇聚优秀医生资源分科成立“医疗质量委员会”来保障和加强医疗的质量和安全。一系列创新和细节化的深入服务来提升基层群众的就医体验，同时开发 SaaS 平台来积累和构建自身的生态平台和数据分析平台。

同业可比分析

同业可比分析如表 4—1 所示。

表 4—1　　同业可比分析

	新康医疗	强森医疗	百汇医疗
性质	基层非营利医疗机构	社区医疗机构	私人医疗集团
定位	非营利	中高度	高端
特色科目	中医推拿、康复理疗 眼科、口腔科、妇科 计划免疫和常见病	内科、外科 妇科、儿科 中医、口腔	妇科、儿科 耳鼻喉科 全科
医生数量	超过 1 万名医护人员	超过 200 名	近 100 名(中国)
线上服务	家庭 APP	微信服务号	无
线下站点	社区卫生服务站	自建直营医院	百汇门诊及私人医院
诊疗费	平价	较公立医院上浮 20%	以高端医疗保险客户为主

潜在风险

(1)市场教育程度低。大部分中国居民对家庭医生甚至是社区医疗仍然缺乏了解,真正接受家庭医生尚需时日,大部分居民短时间内很难建立起对到社区医院就诊和使用家庭医生服务的意识和信任,距离选择家庭医生和社区医疗完成第一步的诊疗,还需要一定的时间。

(2)医疗资源供给(设备/人员)。快速的扩张对社区医疗品牌的建设有着关键的作用,但现有医疗资源尤其是医生资源尚不能满足公立医院患者的需求,是否能够满足强森在这类地区的医疗服务供给,仍然存在一定的问题。

(3)前期投入高现金回收慢。强森希望建立的较为完善的社区医院需要较大的前期投入,医疗设备中后期维护成本也较高,而一个社区医院所能真正覆盖的人群数量和就医频率,能否覆盖其投资成本,前期投入大量的资金,而成本回收缓慢,也是本项目的风险点之一。

(4)政策不明朗(社区保健院竞争)。虽然政策方面与国家推出的分级诊疗及家庭医生方向契合,但从目前的情况来看,政府仍然期待民间资本先行完成基层的医疗基础设施建设,而此过程中往往会与社区保健院、非三甲医院形成竞争关系,如何调和其中的矛盾完成分级诊疗,也是一个问题。

主　　笔:马超杰
资料收集:吴楚珺　王嘉怡

想成为《投融资观察》报告创作团队的一员吗?微信扫描本书第 234 页二维码,现在就加入我们吧!

No. 5

网易味央，锦绣前程

近日，网易旗下农业品牌——网易味央宣布完成1.6亿元人民币A轮融资，由美团点评、创新工场领投，京东战略投资。风云资本、微光创投、天堂硅谷也参与了本次投资，估值暂未公布。本次融资将主要用于网易味央养殖模式的推广复制，帮助网易味央快速扩张产量，从而降低成本，在规模上取得优势，巩固自身品牌。

互联网养殖

网易味央是网易创始人丁磊在2009年一手创办的“互联网＋农林牧渔”农业品牌，主推的“互联网养猪”概念名噪一时。2008年丁磊提出要自办养猪场之后，便开始满世界组建团队、考察企业、选择场地和猪种，最后还请到了清华的团队来设计猪舍。经过一段时间的准备和整合，网易味央现代化的养殖农场最终落地浙江安吉。

网易味央的猪舍均为架空设计，钢结构的整体建筑可以快速搭建而又不产生粉尘。屋顶采用了防水、耐腐蚀、耐高温的氟碳涂料，猪的排泄物通过管道可以直接进入距离猪舍五十米远的环保站，环保站经过处理后一部分排泄物即可作为肥料进入山林。猪舍内部温度适宜，出入皆需穿戴消毒防护服，室内闻不到传统猪舍的排泄臭味。整个猪舍被分成十几个猪栏，每个约70～80平方米，每个猪栏可以饲养70～80头猪。同时还提供音乐以及“育婴室”等，整个猪场只需要6个技术人员负责日常生产，较低的管理成本未来有望规模化复制。

味央黑猪和传统猪肉有什么区别？

味央黑猪和传统猪肉的区别如表5—1所示。

表 5－1 味央黑猪和传统猪肉的区别

类别	传统(白)猪肉	味央猪肉
品种	长白猪	黑毛猪
价格	肉 22～26 元/斤 肋排 28.9 元/斤 猪蹄块 33.9 元/斤	可选 双月/半年/全年 配送 筒骨/大排/腿肉/猪蹄 混合搭配 均价约为 50 元/斤
养殖模式	周期短 规模化饲料喂养 机械化猪舍养殖	周期长 混合谷物、杂粮、果蔬饲喂 智能化、网络化笼养
生长周期	4～6 个月	10～12 个月
品质	瘦肉率高	由于出栏时间长，肌间脂肪，也就是猪肉里的芳香物质更多，肥瘦适宜，品质更好，口味更香

传统养殖业与互联网养殖相比，在营销方式及销售渠道上发生了更多的改变

在当下的猪肉产品市场上，已经形成品牌的猪肉，基本都是进口猪，其养殖时间短、成本低、瘦肉率高，价格还相当便宜，而原本保有量较少、出栏时间长、地方性养殖特点明显等因素的影响，劣币驱逐良币，土猪肉就被挤出了市场。而伴随着互联网及移动设备的普及，当下传统种植和养殖业不断受到新兴互联网公司的冲击，诸多新鲜血液开始用全新的理念来完成传统优质农产品的销售，希望通过宣传营销和占领线上渠道等，借助消费升级，通过多方面的尝试来重新打开农产品的市场。

传统养殖与互联网养殖在营销方式及销售渠道上的对比如表 5－2 所示。

表 5－2 传统养殖与互联网养殖比较

	双汇	网易味央	壹号土猪
营销方式	传统广告渠道宣传	直播猪场、养猪众筹、整猪拍卖	热点营销 北大学生卖猪肉
销售渠道	零售、电商 B2C 传统线下零售渠道	网易考拉线上售卖 线下联合外婆家 打造高端主题餐厅	天猫旗舰店 线下直营摊位
发展趋势	规模化、微利化的趋势明显。大公司通过全球化视野，利用区域成本差异，直接进口部分地区略微低价普通猪肉，降低成本扩大销量	起步阶段，塑造品牌并建立行业标准成为关键，营销、包装、渠道等非生产环节效益比重大 养殖环境要求较高且大多数生态猪肉都是依托地方特色猪品种发展而来，如何在不同地点规模复制是生态猪养殖的一大难题	

品牌为王

在褚橙取得成功后，近年来又有不少公司相继推出农业相关产品，甚至直接投身于农业当中。其中不乏行业巨头，比如联想旗下的佳沃投身猕猴桃种植，推出“柳桃”；潘石屹代言家乡苹果，被称为“潘苹果”，以及此次完成融资的网易“味央黑猪”。参见表5—3。

表5—3　　知名公司推出的农业相关产品

	柳桃	褚橙	网易味央
核心人物	柳传志	褚时健	丁磊
产品	猕猴桃	冰糖橙	黑毛猪肉
价格	40/斤(约6个) 国产猕猴桃价格的2倍	15/斤(约2个) 约为普通冰糖橙的4倍	均价50元/斤 较普通猪肉上浮60%
宣传方式	新媒体	新媒体渠道、电商、口碑	新媒体
销售渠道	电商、微店	电商、传统线下渠道	网易考拉、线下门店
销售额	未披露	2016年销售突破1亿元	首次拍卖整猪109 501元成交

这些公司都在不断通过自身品牌优势或者依托自身的“故事性”，进军传统农产品领域，同时加上“原生态”、“互联网”的多个标签和理念，搭上“消费升级”的快车推出高溢价的农产品。

而在可以预见的未来，传统农产品想要取得“褚橙”式的成功，除了产品本身品质优异以外，背后强大的品牌推动力和自身故事性的营销是必不可少的一部分。此次新美大和京东的投资，也进一步推高了“味央黑猪”的想象空间。同时也有望进一步构筑网易味央的渠道优势，借助新美大和京东的优势，未来购买网易味央的农产品或将变得更加方便和快捷。

主　　笔：马超杰
资料收集：何　怡　林雨辰

想成为《投融资观察》报告创作团队的一员吗？微信扫描本书第234页二维码，现在就加入我们吧！

No. 6

共享充电？共享世界？

在共享单车铺满城市后，共享充电宝也悄然开启了新一轮的共享风口。街电科技与小电科技分别宣布获得聚美优品 3 亿元 A 轮融资和由红杉资本与高榕资本领投的 3.5 亿元 B 轮融资。在如今竞争激烈、资本密布的共享充电宝市场，速度、规模与渠道成为关键竞争点，此次融资主要用于两家公司产品线的生产铺设及下一代产品的研发。

目前，共享充电宝覆盖超过 20 个城市，累计超过 300 万用户，平均使用超过 2 小时，铺设充电宝 20 万台。

街电科技

Anker 街电科技成立于 2015 年 11 月，主打机柜模式，通过在合作商户放置充电箱设备，为店内外消费的顾客提供移动电源租借服务。商户安装了 Anker 后，消费者在任意机箱前扫描二维码即可借出移动电源，并到全城任意一台同样的机箱前归还。相比其他模式，街电的机柜模式拥有更大的场景壁垒，单个充电宝使用也更自由。

街电科技主要布局一线城市，布点场景为服务型场所，与豆捞、银乐迪等展开合作。

小电科技

成立于 2016 年的小电科技主打桌面模式，商家将小电的智能无线设备吸附于桌面或墙面后，用户通过扫描机器上的二维码，即可使用充电线进行连线充电。相比机柜式充电宝，桌面式更能主动激发充电需求并在线下形成规模。两者的比较如表 6—1 所示。

表 6—1　　桌面型与机柜型充电宝比较

	桌面型	机柜型
代表产品	小电科技、魔宝电源	街电科技、来电科技、云充吧
主攻市场	商场、高铁、火车站、机场、医院等大场景	餐厅、咖啡馆、酒吧等小型柜台
布局方式	一台单机设备可放几十个充电宝，或连接桌面充电线	一般单柜有 6 个或 12 个充电宝
优势和亮点	· 可布置数量更大，天花板更高 · 单个布置成本更低，更容易形成规模 · 充电线更能主动激发人的需求，而不是被动的被寻找的使用场景，转化率更高，使用频次也更高 · 可供广告展现的数量更多，要比大机柜多一个甚至几个数量级，对广告主更有吸引力 · 作为餐饮桌面上的餐牌有可能直接切入点餐系统、会员系统等	· 有场景壁垒，可以签约独家渠道协议 · 有技术壁垒和各种专利 · 在大流量下的单点是效率最高的 · 屏幕想象空间更大 · 大机柜是可移动的共享充电宝场景，随之而来的是押金和信用体系与网络效应。这是和共享单车类似的故事和场景
缺点	损坏可能性大、部分产品需要支付押金	归还不便、需要押金

主要类型

从目前共享充电宝的应用场景和抢占的市场来看，目前国内主要的共享充电宝玩家可以分为以下几类，如表 6—2 所示。

表 6—2　　主要共享充电宝玩家业务及融资情况对比

	桌面型共享充电	基座式吸附充电	机柜		
	小电科技	魔宝电源	来电科技	云充吧	街电科技
团队特色	创始团队成员来自阿里巴巴、富士康等	CEO 有十余年互联网技术运营经验；团队有硬件产品开发与销售经验	由充电宝制造团队及嘀咕网运营团队构成	创始人雷云曾创办过锂电池汽车应急电源生产公司	由互联网运营及海翼高级研发团队构成
融资情况	B 轮：红杉资本、高榕资本、腾讯，总额近 5 亿元人民币	天使轮：水木资本 1 000 万元	A 轮：SIG 海纳亚洲、红点投资、九合创投 2 000 万美元	A 轮：友宝 Ubox 2 500 万元人民币	A 轮：IDG 资本与欣旺达投资近亿元； 聚美优品战略投资 3 亿元
关联公司	未披露	母公司摩普电子为中高端移动电源及太阳能充电宝生产商	飞毛腿（手机电池制造商） 董事长个人跟投	友宝 Ubox（领先的自动售货机运营商）领投	母公司“海翼股份”新三板移动周边生产商；欣旺达（锂电池生产商）领投

续表

	桌面型共享充电	基座式吸附充电	机柜		
	小电科技	魔宝电源	来电科技	云充吧	街电科技
商业模式	桌面或吸附于墙上	基座式	大柜式（40 个） 小柜式（12 个） 数据线销售	大柜式（90 个） 小柜式（10 个） 广告位展示	大柜式（12 个） 小柜式（6 个）
付费模式	无押金，1 元/时	100 元押金（芝麻信用 600 分以上免押金） 1 小时内免费借还 往后 1 元/小时	100 元押金（部分城市芝麻信用 600 分以上可免押金） 1 小时内免费借还往后 1 元/小时	100 元押金（芝麻信用 600 分以上可免押金） 1 小时内免费借还	100 元押金（部分城市芝麻信用 600 分以上可免押金） 半小时内免费借还 往后 1 元/小时
主要市场	现已在北、上、广、深、杭布局，主要场景为室内服务型场所	已同北京千余家连锁商户达成合作意向，主要场景为室内服务型场所以及机场、火车站（试点期）	现已进入 80 个城市，铺设 1 700 余点，主要设点于各大商场，及部分餐饮、KTV	已铺设备 3 000 台左右，主要集中在深圳、广州、长沙的餐厅、酒吧、KTV、洗浴中心场景	已在多个一、二线城市布点，成功积累百万日常用户；重点布局在机场、车站及商场

充电宝与共享经济

随着智能手机的普及，出门在外手机充电的痛点在现代人的生活中愈发凸显，城市中无处不在的 WiFi、4G 技术以及便利的手机支付，都构成了催生共享充电宝这一新鲜事物的基础条件，也使得原来一些难以实现的商业模式就此走进大众生活。对如今的中国消费者来说，经过滴滴、优步和共享单车的推广应用，共享经济不再是一个陌生词汇，民众逐渐接受并开始为共享经济产品买单。

而所谓共享充电宝模式与其说是共享，不如说是租赁，更准确地说这是基于互联网技术的一种租赁服务。充电宝本身的净重、体积以及携带出行的负担，促使“共享充电宝”产品迅速崛起，而由于运营模式易复制，国内的规模闪电战已经打响。2017 年 3 月 31 日以来，共享充电宝行业宣布共获得 8 笔融资，近 30 家机构入局；5 月份以来，共享充电宝行业内的总融资额已经逼近 12 亿元人民币。同时新玩家仍在不断入场，竞争非常激烈。

据统计，2016 年共享经济规模已达 39 450 亿元，共享经济增长率达 76.4%。一份调查显示，73.3%的受访者愿意参与共享活动，其中 74.6%愿意在共享活动中分享资源。

目前，全球有 50 亿移动设备用户，中国有 13 亿以上的移动设备，每天约 10 亿次充电行为，其中 1 亿次以上充电在室外完成。

共享充电宝是否属于真正的共享经济其实不重要，重要的是它客观上满足了部分人群的需求。只不过，满足部分人的需求并不意味着它就能成为一个产业，就能够实现规模化和盈利。目前共享充电宝同行竞争激烈，资本频繁布局，已然成为共享经济创业新风口。同时，这个新兴的行业也面临着手机电池容量扩大及快充功能普及的威胁和伪需求的质疑。在共享充电宝这条赛道上，比的是探索更多元化的商业模式的能力、资本的投入力度以及出租效率。想在这场规模战里获胜，培养客户忠诚度，共享充电宝还有很长的路要走。

主　　笔：马超杰
资料收集：陈　瑶　陈舒平

想成为《投融资观察》报告创作团队的一员吗？微信扫描本书第 234 页二维码，现在就加入我们吧！

No. 7

万科与链家——大佬的地产风云

经多方记者与万科确认，万科已与链家集团签订增资协议，各方同意万科将通过增资 30 亿元获得链家股权，但具体持股比例不详(2017 年 1 月，融创 26 亿元获得链家 6.25%股份)。万科方面表示看好链家的发展空间。作为目前最大的房地产中介企业，成立于 2001 年的链家到目前为止已经完成了超过 116 亿元人民币的融资，致力于发展成为一家集房产交易服务、资产管理服务为一体的以数据驱动的全价值链房产服务平台。

同时，链家还建成了中国最大的房源数据库(7 000 万套)，可按照客户、房屋、楼盘、外部环境等维度和字段，搭建后台“楼盘字典”数据库，链家的每一笔成交交易都被记录在这套系统中，并在门店及其网站同步更新。这样基于线上数据库与线下 8 000 家门店、13 万名经纪人的结合，完成了以“人—房—交易”的多维度的数据作为支撑的 O2O 闭环，最后完成高效的“客户—房源”的匹配。

市场不同类型房地产玩家的比较

表 7—1　　市场不同类型房地产玩家的比较

	链家	中原地产 (传统线下中介)	安居客 (互联网新中介)
交易规模	2015 年交易额为 7 090 亿元。二手房买卖和租赁交易额达到 5 590 亿元，新房销售 1 500 亿元 收入方面，二手房买卖和租赁收入 118 亿元，占比约 75.9%；新房销售收入 25 亿元，占比约 16.1%；金融服务产业收入 12 亿元，占比约 7.9% 2015 年，北京链家的税后纯利达 8.09 亿元	2016 年大陆区成交总额 7 450 亿元，代理项目 1 642 个	全国共有 331 万套房源发布

续表

	链家	中原地产（传统线下中介）	安居客（互联网新中介）
市场份额	业务覆盖全国28个地区，在北京、上海、天津、成都、青岛、大连、武汉、重庆的二手房交易市场占有率为第一，其中北京、上海、成都的市场份额分别为50%、17%、28%	大陆已进驻的城市中，市场占有率7.1%；香港规模最大的房地产代理集团	全国有53家分公司，业务覆盖500个城市。APP拥有1.5亿装机量，占据移动市场70%的份额
战略定位	搭建集房产交易平台、房产信息平台和服务者生态平台为一体的数据驱动的全价值链房产服务平台	最优秀的服务提供商	专注于房地产的网络信息服务
业务	新房、二手房、地图找房、普通租房、自如租房等	新房、二手房、租房、商业地产、房地产市场研究与分析、房地产前期顾问	新房、二手房、租房、写字楼商铺、海外地产五大业务
盈利模式	中介费：2.2%～2.7%	中介费：1.5%～2%	端口收费：300元/端口
月活跃用户数（2017年2月）	225.7万次	—	575.4万次
融资信息	至今119.94亿元	—	2.67亿美元被58同城收购

热点城市和区域相继进入存量房市场

随着一线城市房价的走高，居民能够买房的年龄不断延后。据发达国家的经验，越是大城市，房价越高，住房自有率就越低。随着“购租并举，解决新市民的住房需求”的政策导向，居民住房的消费将逐步从购买住房向购买租赁住房并举转变。有观点认为，中国整体上正在快速进入到存量房时代。

在存量房市场中，供应端将逐渐从B2C走向C2C，即从以往的开发商与个人之间的连接变成个人与个人的连接。从机构集中度来看，在存量房领域，更容易产生具有规模效应和网络效应的大的平台型公司。作为存量房流通的关键支柱，未来经纪行业的渗透率也会更高，服务范围更广，租赁市场的崛起未来将为链家带来更大发展空间。

率先进入存量房时代的城市如表7—2所示。

表7—2　　率先进入存量房时代的城市

	上海	厦门	北京	深圳	南京
二手房交易套数/新房交易套数	3.32	2.31	2.14	1.82	1.04

迈向存量房时代的城市如表 7－3 所示。

表 7－3　　迈向存量房时代的城市

	苏州	广州	东莞	天津
二手房交易套数/新房交易套数	0.97	0.81	0.80	0.78

二手房交易量达到或接近新房交易量一半的城市如表 7－4 所示。

表 7－4　　二手房交易量达到或接近新房交易量一半的城市

	成都	重庆	济南	杭州
二手房交易套数/新房交易套数	0.56	0.53	0.46	0.44

中介机构和地产商合作的未来想象空间

1. 为长租公寓合作做铺垫

中国的长租公寓行业近几年刚刚起步，发展潜力很大。目前万科对于长租公寓的布局已现雏形，整合形成了统一对外运营的品牌——“泊寓”。目前泊寓已开业，总计约 1 万间房，到年底预计开业量达 3 万间，拓展量计划达到 10 万间。而链家从 2011 年起开始做长租公寓业务，运营 5 年后，其长租公寓品牌“自如”正式从链家拆分出来作为独立子公司运营。链家在长租公寓领域具备渠道优势，短期内在品牌认可度方面也能有一定的帮助，在资源方面可以给“泊寓”很好的支持。

2. 代理地产商一手房销售

2014 年 9 月，北京万科就曾与链家合作共建“OC(Omni-Channel)闭环”商业模式，共同发布了合作开发的全新商业模式——“链万家”VHDM 技术支持系统，当时万科方面表示此举为强强联合，万科看中链家强大的销售渠道和客户数据库资源。链家在北京有几百个门店，每年北京二手房约 60%的成交都来源于链家。其上万个经纪人就像人体的毛细血管一样，纵横交错在北京的每一个社区巷口。在万科看来，通过链家的经纪人买万科的新房，将拓宽销售的延展面，同时提高客户精准度。

3. 深化家装市场的合作

目前家装行业比较分散，根据亿欧发布的《2016～2017 年中国家装产业研究报告》和《2017 中国家装产业综合排行榜 50 强(家装版)》数据显示，目前在家装行业排名前 50 的企业所占的市场份额不到 1%。

而在 2015 年，北京万科和链家合作成立的“万链”拥有万科的品牌和链家的渠道作为后盾。万科的集采能力和议价能力非常强大，万科能够从市场上拿到最优惠的价格，这给“万链”提供了集采优势。而通过链家这个平台，“万链”能获得大量的客户资源。未来“万链”有望在家装行业扩大市场份额。

去中心化对链家模式的影响

不可否认的是，互联网中介平台的出现确实对链家的线上用户关注度造成了一定的冲击，见表7—5。爱屋吉屋等“鲶鱼”的游入也使这一池寒潭骤起波澜，租房市场的“潜规则”被率先打破，各个机构围绕着“佣金”打起价格战来。但房屋租赁、二手房买卖是“低频次、高单价”市场，搜房、爱屋吉屋之所以能以“野蛮人”形象大举入侵，不过是前期“低价上量”，将盈利的希望寄托在“羊毛出在猪身上”，只能算是“边缘革命”。

表7—5 两种模式的比较

	中介＋地产模式(链家)	去中心化平台模式(房天下、安居客、爱屋吉屋)
线上业务铺开能力	弱	强
APP覆盖城市数量	19个城市	房天下:651个;安居客:500个
用户信息获取效率	高	低(信息过多、存在虚假信息)
经纪人掌控力度	强(员工制)	弱(会员制)
佣金	部分门店由2.7%下调至2.2%	逐渐收费(爱屋吉屋2016年开始尝试收佣)

发达市场的发展也从侧面印证了房屋中介市场的“传统惯性”，美国互联网房产中介商Redfin经历了9年时间的努力，在大本营西雅图地区的市场占有率也没有突破5%，而美国的二手房交易佣金更是高达5%以上。

主　　笔：马超杰
资料收集：何　怡　林雨辰

想成为《投融资观察》报告创作团队的一员吗？微信扫描本书第234页二维码，现在就加入我们吧！

No. 8

星环科技——云的技术流

5 月 4 日，星环科技宣布获得 2.35 亿元 C 轮融资，本轮融资由腾讯控股有限公司领投，前海勤智、基石资本和兴瑞智新跟投。同时，腾讯云与星环科技宣布在产品、技术、市场等领域开展合作，提供基于云计算的大数据服务与解决方案。

在去 IOE(摆脱 IT 部署中对 IBM 小型机、Oracle 数据库以及 EMC 存储的过度依赖)的趋势下，中国大型企业都在面临 IT 设备的更新换代，整个底层基础平台市场潜力巨大，也涌现了不少大数据公司。这类公司主要服务金融、电信、交通、电力等领域的大型企业，这些领域原本是传统集成商的地盘，因此新兴大数据公司不可避免地将与集成商正面竞争。华为、浪潮、亚信等公司之前主要是为大型企业提供硬件基础设施，近年看到大数据领域的巨大潜力，也纷纷成立了大数据部门，为客户提供全套解决方案。

整个大数据行业可大致分为三层，底层基础平台、中间层通用技术、上层行业应用，见图 8—1。底层基础平台主要解决的是数据存储、计算的问题，是整个大数据生态的基石。这一层非常重要，同时也是技术含量最高的一层。而星环科技的产品就属于底层基础平台。

强大的研发团队和先发优势

星环的研发团队是国内最早(目前主流)的大数据 Apache Hadoop 发行版团队，从 2009 年起即开始致力于大数据平台软件的自主创新和开发，几乎与硅谷同类公司同时起步；2011 年在中国率先推出基于 Apache Hadoop 发行版；2013 年，原本在英特尔亚太研发中心担任 CTO 的孙元浩、在亚太区担任销售总监的佘晖决定离开英特尔，创办星环。在星环目前 250 人左右的员工中，我们发现研发人员的比例非常高，达到了 70%，员工的 85%为研发工程师，以硕士、博士为主。国内招聘大部分来自于上交大、浙大、中科大、华科等高校，资深员工则大多来自于 Intel、微软、谷歌、EMC、百度、英伟达、IBM 等知名科技公司。

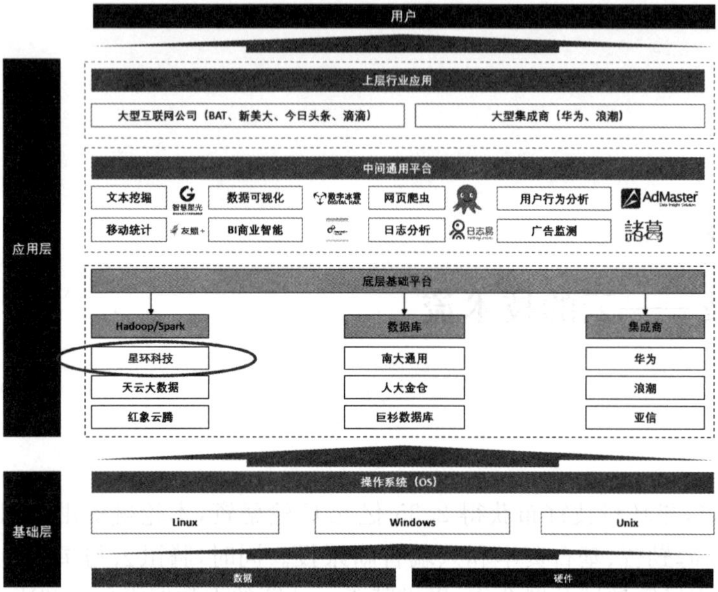

图 8—1 大数据行业

2016 年，国际咨询机构高德纳(Gartner)在对比了全球 21 家厂商后，发布了 2016 版数据管理市场的魔力象限(见图 8—2)——来自中国的星环科技(Transwarp)首次

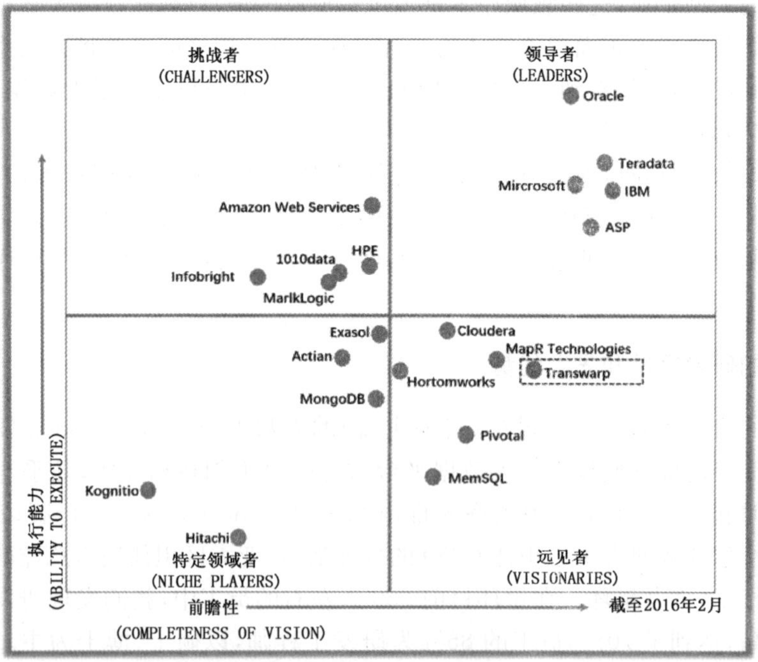

图 8—2 高德纳魔力象限

被收入远见者(Visionaries)象限,它被用来描述那些规模不大,但是技术过硬,有很强发展实力的公司。星环科技是魔力象限远见者领域中全球最具有前瞻性的公司。不同业务框架下的行业玩家如图 8—3 所示。

图 8—3 不同业务框架下的行业玩家

星环科技提供的服务本质是工具,如 Hadoop 生态中的 HDFS、MapReduce、Hive、HBase、YARN、ZooKeeper 等,旨在建立一站式的 Hadoop 大数据平台。目前大数据技术的主流软件框架有两种:Hadoop 和 Spark,如表 8—1 所示。

表 8—1 大数据技术的主流软件框架

	Hadoop	Spark
	数据达到 100TB 以上时表现好;稳定性高	数据在 GB 到 TB 级表现好;适合交互性复杂数据的处理
优点	高可靠性 Hadoop 按位存储和处理数据的能力值得人们信赖	高效性如果任务够复杂,Spark 比 Map/Reduce 快 1~2 倍
	高扩展性 Hadoop 是在可用的计算机集簇间分配数据并完成计算任务的,这些集簇可以方便地扩展到数以千计的节点中	灵活性 Spark 是一个灵活的运算框架,适合做批次处理、工作流、交互式分析、流量处理等不同类型的应用
	高效性 Hadoop 能够在节点之间动态地移动数据,并保证各个节点的动态平衡,因此处理速度非常快	
	高容错性 Hadoop 能够自动保存数据的多个副本,且自动将失败的任务重新分配	

续表

	Hadoop	Spark
缺点	不适合低延迟数据访问	稳定性较差：Spark 长时间运行会经常出错，且由于大量数据被缓存在 RAM 中，Java 回收垃圾缓慢的情况严重
	无法高效存储大量小文件	不能支持复杂的 SQL 统计：目前 Spark 支持的 SQL 语法完整程度还不能应用在复杂数据分析中
	不支持多用户写入及任意修改文件	不能处理大数据：单独机器处理数据过大，或者由于数据出现问题导致中间结果超过 RAM 的大小时，常常出现 RAM 空间不足或无法得出结果

星环科技的商业模式

公司通常采用与客户行业的专业技术公司合作的方式，针对客户的诉求，为客户做出相应的 TDH 应用方案，解决客户的需求，逐渐通过项目来不断积累在垂直应用行业的经验与研发成果，在这样的闭环中完成自身经验和技术的迭代，同时吸引新客户，从而达到进一步开拓市场的目的。

主　　笔：马超杰
资料收集：陈　瑶　陈舒平

想成为《投融资观察》报告创作团队的一员吗？微信扫描本书第 234 页二维码，现在就加入我们吧！

No. 9

直播盛宴,谁主沉浮

2017 年春节后的 2 月,估值近 5 亿元的光圈直播宣布倒闭,随后文化部和网信办对直播平台展开大规模审查,关停处罚了近 60 家直播平台,2015 年爆发的直播业在 2017 年的一季度骤然遇冷。

而情况在 5 月发生了变化,5 月 16 日,YY 旗下的虎牙直播宣布获得 7 500 万美元 A 轮融资;5 月 24 日深夜,“王校长”的熊猫直播拿到了 10 亿元人民币的 B 轮融资;月末,花椒直播也完成了 10 亿元的融资。加上之前猎豹旗下 live.cn 直播拿到的 6 000 万美元和宣亚国际拟现金收购映客直播 50%股权的信息,短短一个月之内,直播行业获得了近 30 亿元的融资,整个直播行业再次变成了投资界关注的对象。

行业演化

近年来,随着互联网的普及、网络互动能力的增强和民众娱乐需求的增长,网络直播应运而生,用户规模快速增长。在聊天室后期出现的房主视频聊天模式,几乎可以看成秀场直播的雏形,而之后的“平民秀场”正式让网络直播形成一个独立的产业。

从发展历史来看,可以将网络直播行业的演进过程划分为六个阶段(见图 9—1),行业逐渐强调和观众的互动性、内容的娱乐性;进入的玩家数量变多、直播类型层出不穷。

据不完全统计,截至 2017 年,互联网上至少有 300 家直播平台,网络直播用户规模已达 3.44 亿,占网民总体的 47.1%。随着巨头纷纷切入网络直播,以及资本的热烈追逐,大量的优质直播内容被生产出来,进一步刺激中国网络直播市场持续上行,短短几年时间整个网络直播行业便迎来一片繁荣昌盛的景象。

竞争格局

从竞争格局来看,PC 端秀场直播,老牌巨头 YY、9158、六间房三足鼎立;移动

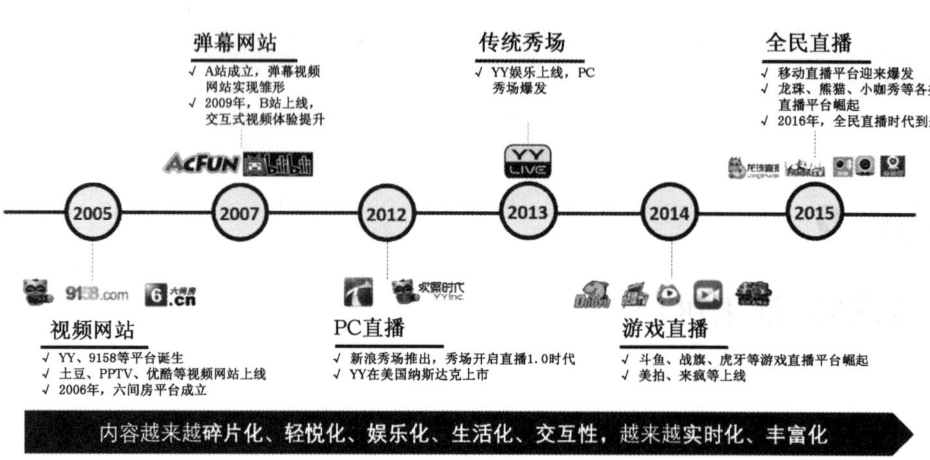

图 9—1　网络直播演化史

端秀场直播，用户更年轻、社区更开放，创业公司的数量也在持续增长；而游戏电竞直播，“斗鱼”已然成了游戏直播的行业老大，但新晋玩家如“熊猫 TV”等也坐拥极强的资源，“虎牙直播”则是老牌直播 YY 的延续。直播竞争格局如表 9—1 所示。

表 9—1　直播竞争格局

	自有直播	投资直播	产品布局
腾讯	QQ 空间、企鹅直播、腾讯直播、花样直播	红点、龙珠、斗鱼、抱抱、呱呱、Now	游戏、体育、泛娱乐圈布局
阿里	淘宝天猫(内嵌)	优酷、火猫 TV(优土)光圈直播	电商核心，边看边买
百度	百秀直播、Ala 直播	爱奇艺(内嵌)	工具平台流量变现，泛娱乐
美图	美拍直播	N/A	工具平台流量变现
暴风科技	暴风秀场	N/A	硬件+直播
宋城演艺	六间房	N/A	演艺线上+线下
昆仑万维	N/A	N/A	泛娱乐
奥飞娱乐	N/A	斗鱼直播(蔡东青)	泛娱乐
欢聚时代	YY 娱乐	虎牙直播	
360	N/A	熊猫、花椒直播	泛娱乐
乐视网	乐嗨直播	大咖台、章鱼 TV	泛娱乐、明星
微博	N/A	一直播	平台流量变现和黏性提升

续表

	自有直播	投资直播	产品布局
陌陌	内嵌直播	N/A	平台流量变现和黏性提升
天鸽互动	新浪 show、喵播、心意直播	N/A	泛娱乐直播细分市场

2016 年全年，月活用户超过 1 000 万的直播平台被映客、斗鱼、YY 和虎牙占据，粗略测算下，直播平台的盈利需要月流水过亿元，年营收超过 12 亿元，而达到这个要求的平台仅有 9158(天鸽互动)、YY 和陌陌。

产品分类

如果我们从直播的内容来划分，当前直播行业大致可分为传统秀场直播(真人聊天秀)、电竞游戏直播和移动泛生活直播(全民直播，内容包括演唱会、体育竞赛、财经、宠物直播等)三大类，如图 9—2 所示。

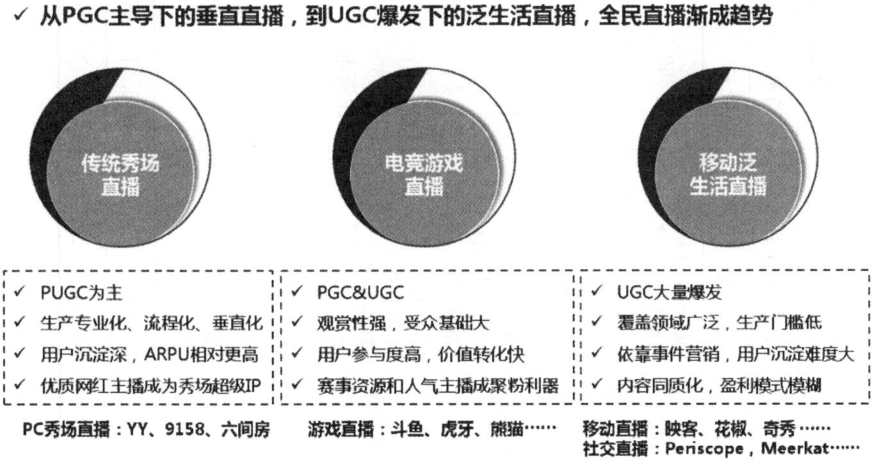

图 9—2　直播行业分类

截至 2016 年上半年，在直播行业现存平台中，有 44%为泛娱乐直播平台，34%为秀场直播平台，16%为游戏直播平台。值得关注的趋势是，从 2016 年末至今，游戏直播平台投融资频繁，行业竞争日益白热化。可以预计，游戏直播用户规模将继续增长，到 2018 年或可达 1.8 亿人次。表 9—2 列示了部分直播平台的相关信息。

表 9—2　　部分直播平台相关信息

	电竞游戏			移动泛生活			传统秀场
	虎牙直播	斗鱼直播	熊猫 TV	花椒直播	映客	一直播	YY
成立时间	2014 年 4 月	2014 年 1 月	2015 年 9 月	2015 年 6 月	2015 年 5 月	2016 年 6 月	2005 年 4 月
公司估值	4.88 亿元	70 亿元	24 亿元	50 亿元	70 亿元	30 亿元	31.99 亿元
关联公司	欢聚时代 (多玩 YY)	Acfun	IG、WE、OMG、游戏战队	奇虎 360	宣亚国际、A8 音乐	新浪微博、SMG	欢聚时代 (多玩 YY)
融资概况	A 轮 (7 500 万美元) 高榕资本 亦联资本	A 轮 (数百万美元) 红杉资本 B 轮 (6.7 亿元) 腾讯 4 亿元领投 C 轮 (15 亿元) 凤凰投资 腾讯领投	天使轮 (数百万元) A 轮 (数千万元) 奇虎 360 A+轮 (数千万元) 品今控股、真格基金 B 轮 (10 亿元) 兴业资管、汉富控股	A 轮 (3 亿元) 奇虎 360 首建资本	共计 4 轮 约 3 亿元 A8 音乐、金沙江、朱啸虎、昆仑万维	共完成 6 轮 约 7.8 亿美元 新浪微博、SMG、红点基金、红杉资本等	2012 年上市 5% 以上股东：雷军、李学凌
MAU(万人)	1 380.46	1 432.75	771.8	1 045.41	1 686.28	452.42	1 286.37
DAU(万人)	385.25	333.58	204.75	87.83	247	49.35	125.68

续表

	电竞游戏			移动泛生活			传统秀场
	虎牙直播	斗鱼直播	熊猫 TV	花椒直播	映客	一直播	YY
人均单日使用时长（分钟）	63.64	74.63	55.03	38.35	28.84	26.35	30.51
次月留存率	65.70%	65.42%	62.07%	29.61%	47.06%	40.73%	74.68%
关键词热度	8 185	7 769	6 891	8 091	8 664	8 058	8 739
竞争优势	1. 与 YY 形成差异互补，同时 YY 为其提供了强大的技术保障（音频处理等） 2. 高薪引入国内顶级游戏主播和战队，全面建立主播培养体系 3. 虎牙直播是目前国内首家全网启用 HTML5 直播技术的平台。用户观看体验及技术处于行业领先	1. 腾讯的投资将有利于斗鱼与腾讯游戏形成战略联合，获取资源 2. 以挖掘 YY 老牌主播起家，尚未或正在建立游戏主播培养体系	1. 王思聪本身作为热点，为熊猫 TV 带来资本资源与媒体曝光度 2. 股东中有知名游戏战队老板：王思聪（IG）、裴乐（WE）、侯阁亭（OMG）、斗鱼知名主播小智 3.《炉石传说》全部主播都已私下签约熊猫 TV	1. PC 端也可以直播，主打美颜效果 2. 直播的视频可以回放 3. 背靠奇虎 360，可以得到流量资源与推广扶持	1. 主播以明星、网红为主，在粉丝与流量上拥有天然优势 2. 高峰时段（18:00 以后）只允许人气主播开播，从而保证内容质量与用户观看体验	1. 与新浪微博成为战略伙伴，拥有资源、平台与技术优势 2. 公司（一下科技）拥有秒拍、小咖秀全民等短视频应用，有利于形成聚群效应，且技术先进	1. 国内起步最早的直播平台之一，主打语音直播，拥有庞大的用户群与资源 2. 在纳斯达克上市，较其他平台已拥有资金优势

网络直播在全天出现多个使用高峰，渗透率和付费能力都更高

目前，中国移动端设备数目增长放缓，用户单日上网时长也趋于稳定，再加上移动端流量的价格越来越高，互联网行业和移动互联网都进入了下半场“存量争夺”阶段。而直播凭借其优越的互动性和代入性，在存量争夺中具备一定的优势。海量的 UGC/PUGC 贴近大众生活，满足了长尾用户的娱乐需求。图 9—3 列示了各类应用的使用时点分布。

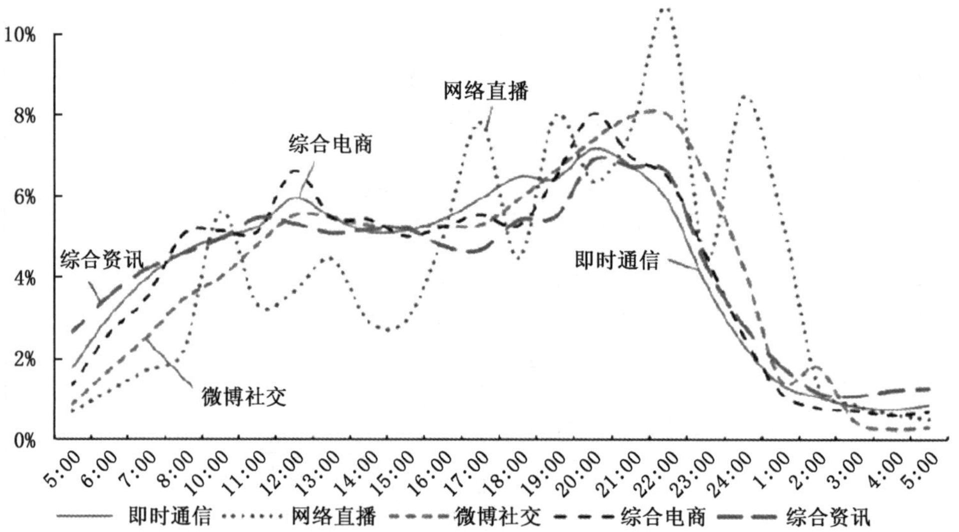

图 9—3　各类应用的使用时点分布

直播打造的沉浸式交互体验、叠加移动支付等技术日趋成熟，使得冲动消费、情绪化消费更加普遍，相比于视频和文字，直播更容易建立起偶像—粉丝的关系，用户为自己的偶像打赏、会员支付、购买偶像推荐产品的意愿更为强烈，变现模式也越发多样化。在变现能力上，直播仅次于游戏，远超其他的内容付费行业（见表 9—3）。

表 9—3　各类应用付费情况

内容类型	用户规模（亿人）	平均付费率	主流付费方式	付费用户人均季度消费支出
游戏	3.9	每款游戏的付费率一般为 2%～5%	道具购买	MMOG 游戏（300～400 元） 休闲游戏（80～300 元） 手游（150～350 元）
直播	3.2	月度有付费打赏行为的比例一般为 3%～5%	打赏	300～500 元

续表

内容类型	用户规模（亿人）	平均付费率	主流付费方式	付费用户人均季度消费支出
社交	6.4	购买会员付费比例大约为 6%	包月	30～60 元
视频	5.1	月度付费用户：8%～10%	包月	45～60 元
阅读	3.1	月度付费用户：5%～20%	按字数/书本收费，打赏	50～80 元
音乐	5.0	月度付费用户：4%～6%	包月	20～30 元

游戏直播

随着电子竞技行业的发展及资本的注入，游戏直播平台迎来了高速发展。因其核心用户以 85 后、90 后的学生以及中等消费人群为主，具有一定的消费能力与消费习惯，且平台的收入渠道多样化，从平台本身的增值服务与会员服务，到与广告商、游戏商、电商的联运收入，变现方式灵活多样。因而，兼具游戏与直播两大娱乐属性的游戏直播领域受到了资本市场的青睐。统计显示，移动直播的人均单日使用时长在 30～70 分钟/天，其中游戏直播平台平均为 60 分钟，相较于泛娱乐类直播和传统秀场直播而言，具有更大的用户黏性，斗鱼和虎牙的人均单日使用时长远超陌陌和微博。

图 9－4 列示了游戏直接产业链的各个环节。

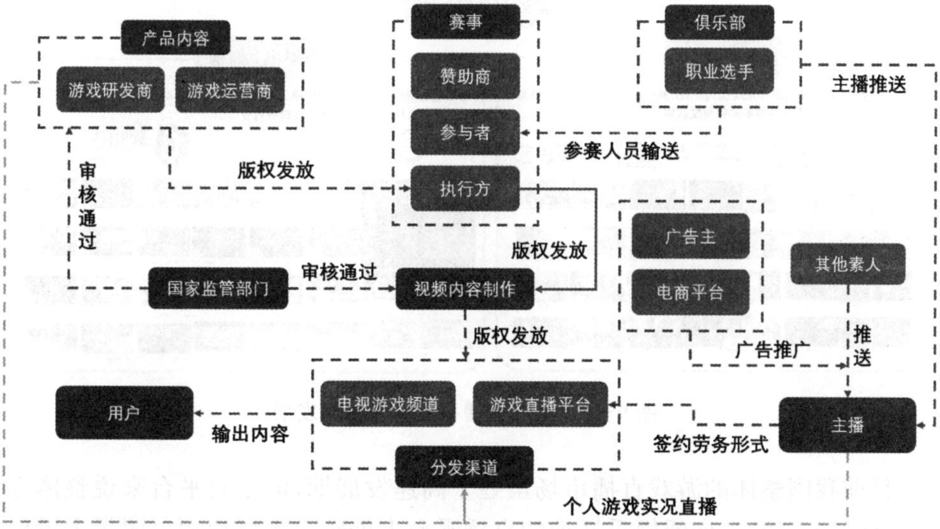

图 9—4 游戏直播产业链

图 9—5 显示了中国游戏直播市场的 AMC 模型。

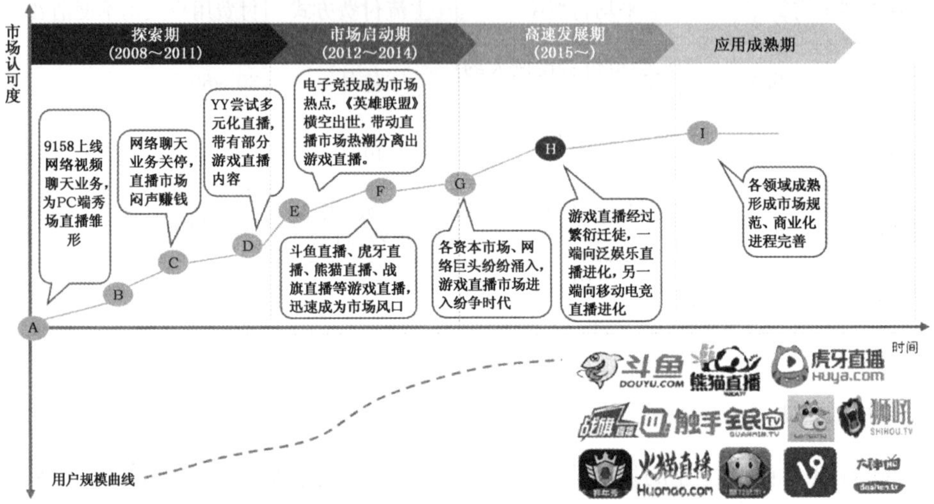

图 9—5　中国游戏直播市场 AMC 模型

两极化发展

游戏直播平台在发展模式上也向两极化发展。一方面以游戏直播为主，横向拓宽直播内容，多元化角度直播。另一方面，借助于移动游戏市场的爆发，移动电竞成为市场关注焦点，部分游戏直播平台专注于移动电竞直播，如图 9—6 所示。

图 9—6　游戏直播平台的两极化发展

目前我国整体的游戏直播市场虽处于高速发展期，但是对平台来说整体竞争格局已经趋于稳定，向泛娱乐迁徙的直播平台占据较大市场份额。明星主播仍是影响平台流量的核心因素，用户的使用时长、消费及去留仍依据明星主播的行为。

而当前，与明星主播维系合作关系的主要方式则是依赖于资金的投入。因此，资金优势、优秀的主播资源等因素促使斗鱼、虎牙、熊猫相比于其他游戏直播来说具有一定的优势。

行业风险

虚构数据：在直播平台数量急剧增长以及同质化越来越严重的情况下，许多直播平台为了追求高估值，不管投入先跑流量，导致了大量直播平台在恶性竞争中使用虚构流量数据。

政策收紧：监管方面，2016 年 9 月，广电总局发布通知要求直播必须持证，对机构和个人主播设置了准入门槛，并对直播内容进行了规范。

而现在，除了《信息网络传播视听节目许可证》之外，还要办理《网络文化经营许可证》以及《广播电视节目制作经营许可证》，而这些证件的办理申请通过的难度非常大。

同质化泛滥：目前娱乐直播虽设计的形式复杂多样，但内容创意匮乏，同质化严重，优质的主播资源有限，获取成本也将随着竞争的白热化发展而水涨船高，未来优质的内容获取、创造及培育将成为直播平台竞争的关键。

成本高企：目前直播平台的成本主要包括资质获取成本、带宽成本、营销成本、内容（主播）成本等，整体是资本密集型的产业，随着业务扩张，成本也将高速增长。而中国的带宽收费是按峰值计算，以最低的码率为 800K 来算，一个同时在线百万用户的直播平台，每个月仅带宽费用就能达到 3 000 万～4 000 万元。主播的投入也是另一个巨大成本。知名主播的签约费基本都在百万、千万元级别。游戏直播平台亏损成为行业常态。以 2015 年虎牙直播为例，其收入为 3.56 亿元，成本 6.55 亿元，亏损达 3 亿多元。投入的约 7 亿元中，带宽方面的投入 2.6 亿元，赞助费约 2 亿元，市场推广方面 1 亿元。可见新秀直播在扩张期需要大量的资金，往往盈利艰难。

以上不难看出，在可见的未来，资本持续关注直播行业的同时，直播的相关政策监管也将趋于严格，同时腾讯、阿里、百度、小米等巨头们开始进入这个行业，目前网络直播争抢的战场才刚刚拉开大幕，未来将影响各个方面，所带来的变化会切入到各个细分领域，洗牌、融合、重组势在必行。

主　　笔：马超杰
资料收集：何　怡　林雨辰

No. 10

持续收购，中国汽车品牌的强国之路

5月24日，吉利汽车官网发布公告：吉利集团将收购DRB旗下宝腾汽车49.9%的股份以及豪华跑车品牌路特斯51%的股份，吉利集团将成为宝腾汽车的独家外资战略合作伙伴。这项收购的达成是吉利集团在2010年以18亿美元收购瑞典沃尔沃汽车后，最大的一笔收购交易。这两项收购的基本情况如表10—1所示。

表10—1　　收购宝腾与收购沃尔沃对比

	收购沃尔沃	收购宝腾
时间	2010年3月28日	2017年5月24日
金额	18亿美元	未披露
收购内容	100%股权，包括9个系列产品，3个最新平台，2 400多个全球网络	宝腾汽车49.9%的股份 路特斯51%的股份
背景	2008年金融危机重创 主营豪华车业务的沃尔沃2009年亏损达到9.34亿美元	本土市场，宝腾销量较上年同比下滑29%，市场份额下跌至12.5%，品牌力日渐衰弱。在本土和国际市场，都面临沦为边缘汽车品牌
标的概况	北欧最大汽车企业 以质量和性能优质享誉	马来西亚国产汽车品牌 曾占据75%的市场份额
收购动因	吉利从低端向中高端产品转型，急需沃尔沃品牌价值与核心技术 吉利作为民营企业打入国际市场	开拓东南亚与欧洲市场 完善从低端到高端的品牌布局
被收购动因	2009年全球豪华车市场大幅度萎缩 中国市场增速却超过了40%	自身难以扭转的销量下滑和连年亏损 借助吉利的成熟平台进入亚洲SUV市场

续表

	收购沃尔沃	收购宝腾
阻碍	欧洲工会的挑战 人才和技术的流失 高昂的品牌运营成本 如何让沃尔沃扭亏为盈	东南亚市场需求复杂 竞争对手强大 政治动荡 行业政策风险
并购影响	销售市场互补，形成更全面的销售整体；2016 年沃尔沃国内新车销售同比增长 11.5%。相比竞争对手，沃尔沃在中国市场实现连续三年“微增长”；吉利成功实现技术研发、产品设计以及品牌形象的升级，并同沃尔沃研发 CMA 平台	—

亏损的宝腾急需外援

宝腾是马来西亚国产汽车品牌，1996 年成功地收购了英国 LOTUS 国际公司。虽有马来西亚“一汽”之称，但其实一直处于产品与技术短缺的挣扎中，2016 财年，销量仅为 72 290 辆，比 2015 年同期下降 30%，市场份额也从 90 年代最高的 70%下滑到仅为 14%。利用外资来激活马来西亚的汽车市场，已经成为不可逆转的趋势。

而吉利在竞标方案中提到，将帮助宝腾提升销量到其 90 年代的水平(20 万辆/年以上)，同时向宝腾进行技术和平台输出。另外，吉利与沃尔沃合作开发的 CMA 平台也是吉利未来产品的核心技术，有望成为宝腾未来中高端车型的平台基础。

吉利继续完善产品线并开拓新市场

1. 品牌布局

继收购沃尔沃、推出领克品牌后，本次吉利控股收购宝腾和路特斯后，吉利将从低到高形成宝腾＋吉利＋领克＋沃尔沃＋路特斯的完善品牌布局，如图 10－1 所示。

2. 市场布局

数据显示，2016 年东南亚市场汽车的销量为 316 万辆，有望在 2018 年增长至 470 万辆，成为全球第六大汽车市场，且东南亚市场更偏爱经济、实用性汽车，这对于较为年轻的中国品牌来说也是十分合适的。

更重要的是，马来西亚是东盟自由贸易区成员，这使得吉利可以零关税出口汽车到 6.23 亿人口的东盟国家市场，而如果直接从中国出口，这些国家的关税在 30%以上。因此，马来西亚对整个东南亚及其他右舵车市场都是重要的战略支点。

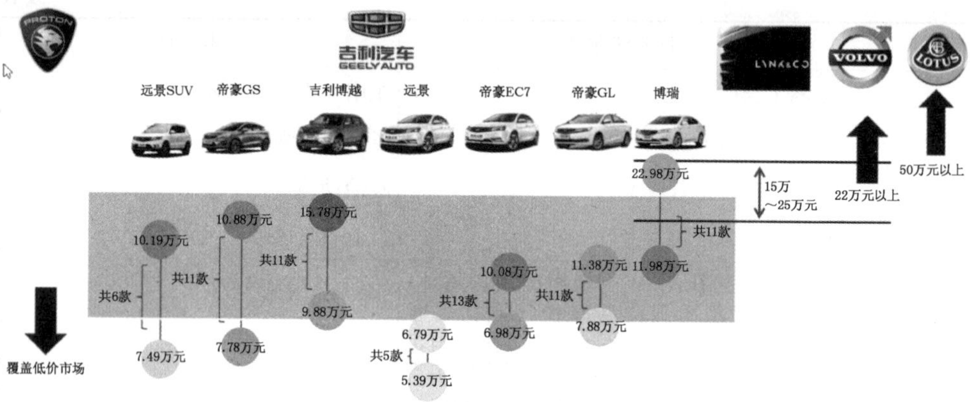

资料来源：吉利汽车官网，海通证券研究所。

图 10－1　吉利的品牌布局

另一方面，吉利控股宝腾后，也将间接持股英国莲花，其在英国市场的莲花汽车的销售网点，将为下一步吉利进入英国做好准备。

路特斯调校加持，加强工程服务

吉利收购的是莲花工程公司的打包控股权，拥有绝对管理权。莲花工程中心是著名的底盘调校中心，为全世界众多汽车公司提供汽车工程服务，目前国产车的底盘，特别是运动型车型，底盘调校几乎都借助于莲花汽车。有了莲花的加入，吉利便可复制当年通过沃尔沃获得成功的先例，在性能跑车领域获得一方高地。

吉利所面临的风险和难题

吉利除了面临着盘踞东南亚市场多年，市占率达到 80%以上的日系、韩系等品牌的挑战之外，东南亚国家本身复杂的用车需求，近年来复杂的政治局势，也可能为吉利的拓展战略带来诸多影响。参见表 10－2。

另一方面，2015 年后通用和福特相继从东南亚市场退出，也给吉利敲响了警钟。东南亚国家保持的“台台检”的策略，以及复杂的产业政策和本土化条件，是需要吉利在未来进军东南亚需要重视的问题。

表 10－2　　部分东南亚国家汽车相关政策规定

	泰国		印度尼西亚		马来西亚
政策	Eco Car 第一批	Eco Car 第二批	LOGC 政策	LCE 政策	EEV 政策
油耗	5L/100km 及以下	4.3L/100km 及以下	5L/100km 及以下	5L/100km 及以下	根据车身重量各异，如 1～1 000kg 规定在 5L/100km

续表

	泰国		印度尼西亚		马来西亚
排量（汽油）	1 300cc 及以下	1 300cc 及以下	汽油 980～1 200cc	—	不限制
排放标准	Euro4	Euro5	无		无
本土化条件	4 种及以上的相关部件必须实现机械加工的本土化（缸盖、缸体曲轴必须本土化，凸轮、连轴、连杆中的至少一个必须本土化）		要求提交规定零部件的本土化生产计划，每 6 个月接受一次检查		无
要求	—	—	使用印度尼西亚的品牌/logo；使用燃料有规定品牌	对车身类型、燃料驱动方式有一定要求	无
产品投放	日产、本田、三菱、铃木、丰田	马自达、福特、上汽	丰田、本田、大发、日产、铃木		—
优待	免除生产设备（机械、零部件）、原材料的进口关税；物品税下调至 17%（通常在 22%～30%）	免除生产设备（机械、零部件）、原材料的进口关税；物品税下调至 12% 或 14%（通常在 22%～30%）	奢侈税 100% 免除（税率 10%），而对大排量车（3L 以上汽油乘用车）征收 125% 的奢侈品税率	免税 25%～50%，免奢侈税全额	协商决定
产业趋势	鼓励皮卡与节能车销售，对国内零售皮卡仅收取 3% 的税，替代能源汽车享有 10% 的消费税（通常在 30% 以上）	—	集中发展零部件产业，小型商用车		希望打造东南亚节能车的生产基地
准入管理	目前使用“台台检”的汽车检验制度，正逐步向国际通用制度转化				

总体上，对于吉利来说，面对所管理品牌过多、东南亚市场与政策风险、宝腾自身严重的经营状况等一系列问题，如何平衡好各个品牌的资源调配、协同合作，同时重新激活宝腾在东南亚的市场，又借助收购使得自身走向国际化，也是吉利将要面对的棘手问题。

主　　笔：万璐瑶

资料收集：刘　冰　万璐瑶

No. 11

渠道为王，影视行业依然难逃商业特质

5 月 15 日，万达院线和博纳影业签署了战略合作协议，协议内容主要包括 1.875％的股权投资、院线加盟、映前广告代理以及全方位的影片互投。博纳在宣布 IPO 仅 10 天后就迎来新股东，此次万达入股，博纳的估值将上涨至 160 亿元，与华谊、光线等估值差距已经明显缩小。

以小博大，博纳打造全产业链影业集团

博纳影业是国内民营影视制作公司龙头，自营影院达 41 家，共计银幕 338 张，参与发行 53 部影片，共实现票房 118 亿元，出品发行 206 部电影，累计票房达 164 亿元。虽然同国内同类公司估值仍存在一定差距，但其在全产业链布局上的优秀表现反映了公司整体运营的优势。

虽然口碑和票房双赢，博纳在美股市场却一直很煎熬。当 2015 年博纳宣布私有化的时候，其总市值不足 50 亿元，与华谊兄弟、光线传媒等相差近 10 倍。

以电影为入口，融合影业上下游形成商业闭环

万达院线是亚洲排名第一的院线，截至 2016 年末，万达在全球已拥有 1 352 家影城，占据全球 12％的票房市场；在北美、欧洲、中国三大电影市场均占据第一位。截至 2017 年 4 月 30 日，公司拥有已开业影院 416 家，3 654 块银幕。1～4 月累计票房 30.8 亿元，同比增长 13.1％，累计观影人次 7 194.5 万人次，同比增长 8％。

随着近年来万达的频繁收购动作，万达电影产业的帝国也逐渐浮出水面：通过环环相扣，形成了以电影为入口，融合上游内容生产和下游电影后商业的产业生态（见图 11—1），而这一生态又与万达购物中心拥有的线下流量形成互融整合，最终成为一个完整的商业闭环。

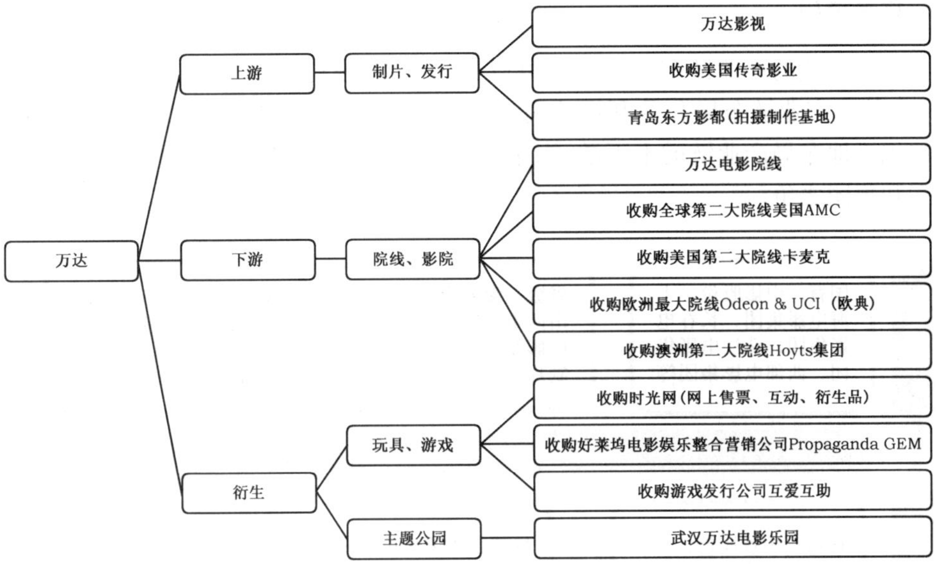

图 11—1 万达的产业生态

强强联合，万达实现产业资源重大整合

■ 大力整合制片资源推动内容布局

万达此次与博纳影业就影片投资达成协议，对接博纳影业优质内容制作能力，有望在上游全面强化公司电影全产业链布局。

■ 博纳旗下影院全部加盟，万达进入扩张新阶段

万达关联企业五洲发行的市场份额最大，市场占有率达到 25%；而博纳影业的发行市场占有率高达 11.3%，排名第三。二者相加之后的市场占有率占据国内票房市场的三分之一以上，联合实力可见一斑。

■ 博纳交由万达代理映前广告，非票房收入迎爆发

随着万达以影院为核心场景的文娱消费生态圈的逐步展开布局，映前广告有望成为其非票房收入的重要组成部分，预计 2017 年广告营销业务收入增速超 50%。博纳影业交由万达代理影院映前广告，将形成营销业务新增量，加速形成围绕“平台、会员、场景”的广告生态。

■ 排片优势显著

院线整合能够实现收入规模的扩大和市占率的提升，但更重要的是对排片的影响力和对制片方和发行方的议价能力。在其他发行商和制片商还需要让渡分账比例、超前预售、梯度票补来提升排片的情况下，博纳联姻万达，也大大增强了自己的渠道能力，而这对于其他制片和发行公司将构成极大压力。

续表

时间	投资标的	投资方	投资动机	交易总值
1月25日	橙天嘉禾影城（总市值为18.9亿港元,在内地拥有76家影院,531块银幕）	大地影院（影院350家,银幕数达1 911块）	扩张旗下的影院规模	32.86亿元人民币
2月	墨鹍科技68.43%股权	三七互娱	泛娱乐布局	9.53亿元人民币
	智铭网络49.00%股权			2.55亿元人民币
	心动网络2.38%股权（估值42亿元）			1亿元人民币
2月24日	美国影视公司A&T Media 51.013%的股权（包括其拥有的“千禧年影业”100%的电影片库和商标）	睿康股份	为公司进军影视文化领域,实现多领域、多元化发展的战略目标奠定基础	9 716万美元
3月22日	嘉行传媒	完美世界	影游联动	5亿元人民币
3月30日	乐漾影视传媒47.83%股权(价值5.74亿元)	乐视网	同业竞争遭监管	—
4月19日	首映时代及德纳影业(5家影院)100%股权	长城影视	完善公司在影视板块和渠道端的布局,增强公司在电影领域的实力和国际影响力	18.95亿元人民币
5月9日	乐米科技	华策影视	影游联动	4 000万元人民币
5月15日	博纳影业（41家电影院,银幕338块）	万达电影（416家影院,3 654块银幕）	资源互通,渠道联合,扩充规模,全面打造电影产业生态	3亿元人民币

国内电影产业资源现处于整合阶段,本次的收购无疑加快了行业整合的脚步。博纳旗下影院加盟,万达市占率将持续巩固;新增银幕为公司映前广告带来更强议价能力;主控投拍的片单互通,双方获得更优质的片源。两者的联姻不仅是市占率的提升,更是内容和渠道产业链整合和垄断话语权提升。因此,看好万达的成长前景,其横纵向整合资源的能力也将引领行业走向更精细化的增长模式。

主　　笔:万璐瑶

资料收集:刘　冰　万璐瑶

想成为《投融资观察》报告创作团队的一员吗？微信扫描本书第234页二维码,现在就加入我们吧!

No. 12

“闪送”究竟有多少人需要你

当顺丰和菜鸟在干线物流的正面战场打得火热的时候，同城速递公司“闪送”在不到半年的时间里，完成了共计 1 亿美元的两轮融资。

区别于干线物流，龙门镖局型的“闪送”提供了专人直送的服务，用户通过平台下单之后，从快递员接单到货品的送达，整个途中只有一个人收送这一件物品。同城速递类产品的比较如表 12－1 所示。

表 12－1　同城速递类产品比较

	闪送	达达	云鸟配送	生活半径
轮次	C+	被京东收购	D	C
金额	5 000 万美元	2 亿美元	1 亿美元	3 亿元
投资方	顺为资本	京东	华平、经纬、金沙江	阿里巴巴
业务简介	即时专人直送服务，国内响应时间最短、取送速度最快、服务体验最好、用户规模最大的限时递送服务公司	中国领先的本地即时物流和生鲜商超 O2O 平台	主打同城快速配送服务的初创公司，主要通过竞价的方式，将企业用户与闲散的货车资源进行有效配置	短距离即时配送服务，专注打造直营配送服务平台
派送效率	1 分钟响应、15 分钟上门、60 分钟同城送达	15 分钟上门取货、1 小时送达、7×24 小时服务	鲜果菜蔬从采摘到上桌，2 小时完成配送	以用户为圆心，3 千米为半径范围内，为用户提供上门的本地商家生活服务

续表

	闪送	达达	云鸟配送	生活半径
收费	5公里以内，5公斤以下，16元；5公里后每增加5公里，加收10元；5～20公斤每增加1公斤，加收2元；超出20公斤后，每增加1公斤加收5元	餐饮：2公里内2元，2公里以上每增加1公里运费增加1元；超市：每公里3元，2公里以上每增加1公里运费增加1元	—	—

“闪送”的盈利空间有多大？

同城急件速递的需求并非最近几年才兴起，快递发展初期便是点对点传递，对于同城速递来说，成本最高的运送方式就是开车送货，单笔运送的高单价也基本保证了“闪送”在保持行业领头羊的一定时期内的利润空间。

我们以上海为例，对比了不同距离不同交通工具的价格，可见在一定范围内，即使是送货员开车取送包裹，以“闪送”现在的定价标准，仍然可以通过不同交通工具之间的组合换乘来完成低成本的包裹收送，见表12—2。

表12—2　　同城不同交通工具的成本

	0～5公里	5～10公里	10公里以上
步行	0	—	—
自行车	1元	2元	—
地铁	3元	4元	14元(最高)
分时租赁汽车	5～10元	10～15元	15元以上
滴滴(快车)	13～16元	16～35元	35元以上
滴滴(专车)	17～24元	24～49元	50元以上
闪送	16元	26元	26元以上

但是另一方面，“闪送”本身的发展空间也存在着明显和天然的天花板。从需求端来看，同城急件显示送达的概率本身就较低，非一线城市的交通成本也更低，“闪送”的市场扩展空间有限；从单量来看，“达达”和“闪送”的单量加起来仅占到当前快递市场的1%(见图12—1)，一旦开始跨城业务和次时效业务，则将在正面战场和快递巨头展开竞争。

最后，众包模式下的配送员，本质上与快递员、外卖配送员等没有差异，唯一的区别无非是外卖员送的是食品。一旦市场炒热或者重启补贴大战，弱连接的“闪送员”必然转向高补贴的平台，送货员本身有限的存量也可能进一步压缩同城速递的

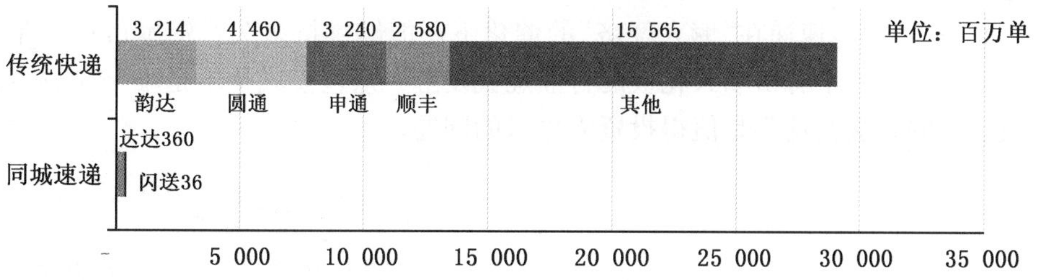

图 12—1　同城速递与传统快递年累计单量对比

发展空间。

如果快递物流巨头做同城速递，闪送该怎么办？

同城速递不同于干线物流，想要提高收费降低成本，众包模式很可能是唯一能够盈利的方法，而“四通一达”和顺丰在干线物流上已经积攒了足够多的业务线条，在现在的体量下，即便是单独开辟一条急送线路，仍然可以轻松从“闪送”的用户手中分一杯羹，而一旦发生这样的情况，“闪送”无疑为各大快递公司做好了前期的用户教育工作。见表 12—3。

表 12—3　　快递巨头的同城速递产品对比

	闪送	即刻送	闪电行动	绿色通达
公司		顺丰	圆通	韵达
业务简介	集中在同城速递，服务时效承诺到“分钟”。在线下单，APP 全程跟踪闪送员位置	餐饮、商超、生鲜、蛋糕、鲜花等行业，提供围绕店铺周边 3～5 公里内的同城专人即拿即送服务	联合菜鸟共同推广项目。同城网平台打造：直营＋网点加盟	为上海市区主城区提供一天多频次分拨当天取件、当天送达服务
派送效率	平均 10 分钟上门取件，10 公里内平均 33 分钟送达，全城平均送达时效达到 45 分钟	根据行业和客户需求提供 30 分钟～2 小时的配送服务	8 小时同城区域当天送达	单件重量不超过 20 公斤，上海市区不超过 3 小时送达
日均单量	约 10 万件	约 654.5 万件	约 1 238.88 万件	约 892.77 万件

成为下单后、收货前服务的一部分——闪送，以及同城速递可能的未来

达达被京东收购的案例，给我们提供了一个新的思路，除开干线物流的部分，小件物品的及时配送能够极大地提高网商的购物体验和售后服务体验，“闪送”的模式如果能和其他零售等结合，成为用户下单后、收货前服务的一部分，就能够极大地加强电商平台的竞争力。

而当下，同城速递在“懒人经济”的催化下还能够维持多久？资本市场又是否还能接受这样一个有市场天花板的行业烧钱发酵？众包模式是不是唯一能够养活同城速递的方法？这都是值得投资人思考的问题。

主　　笔：马超杰
资料收集：王　哲　卞梦泽

想成为《投融资观察》报告创作团队的一员吗？微信扫描本书第 234 页二维码，现在就加入我们吧！

No. 13

被搬上互联网的"一课一练"

5 月 31 日，在线教育机构"猿辅导"公司宣布近日完成最新一轮融资，融资金额为 1.2 亿美元。本轮融资由华平投资集团领投，腾讯跟投。这是迄今为止中国 K-12 在线教育领域最大的一笔融资，也是 K-12 在线教育公司首次跻身独角兽行列。

行业概况

K-12 教育行业整体发展迅速，2016 年我国 K-12 互联网教育市场规模当期值 34.8 亿元，同比上涨 24.8%（见图 13—1）。截至 2016 年 12 月，中国在线教育用户规模达 1.38 亿，年增长率为 25.0%；在线教育用户使用率为 18.8%。其中，中小学阶段用户使用率最高，为 53.4%，较 2015 年底提升 15.7%，用户规模为 7 345 万人，年增长率为 76.9%。

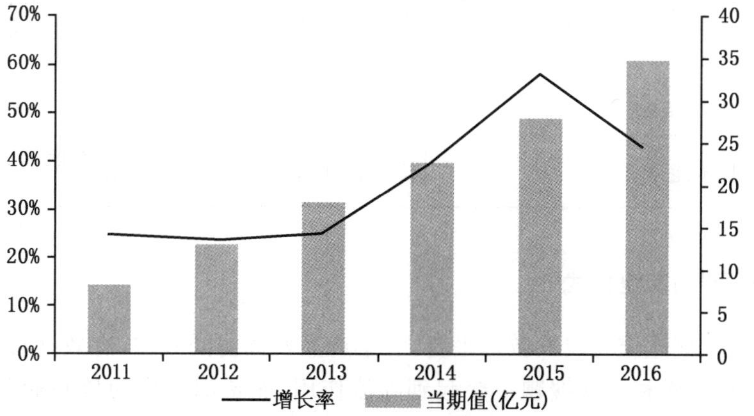

图 13—1　2011～2016 年中国 K-12 互联网教育市场规模及增长率

“猿题库”的产品

目前，在线 K-12 教育的最终产品主要有四种形式：教育云平台、题库测评、家教平台、作业答疑，如表 13—1 所示。

表 13—1　K-12 产品的主要形式和特点

形　式	特　点
找家教平台	为家长和学生提供客观的优质师资信息，平台记录和展现教师教学及用户评价，LBS 寻找师生，先试听再上课，线上担保支付
题库	根据目标科目考点、考频和难度分布，利用云计算等算法和技术提供一对一出题服务，并根据答题情况生成个人能力评估报告
在线教育	通过多媒体互动和实时在线直播技术完成互动教学，提供网络课堂，教师学生学习中心等教育应用工具和服务
作业答疑	利用图片语音识别和搜索、大数据等技术，通过移动互联网为学生提供作业精准答案和详尽解析，一对一答疑、众答服务

其中，“猿辅导”拥有题库、在线教学和作业答疑。猿题库、小猿搜题是主打做题、测评和拍照搜题的工具类软件，而猿辅导是中小学生在线直播课程平台。三款产品总计有超过 1.6 亿用户，其对比如表 13—2 所示。

表 13—2　三款产品对比

	猿题库	小猿搜题	猿辅导
产品定位	在线模拟考试工具	在线搜题平台	在线教育平台
目标用户	初中、高中学生	初、高中学生，老师	初、高中学生，老师
盈利模式	免费＋收费增值服务，利用海量的题库培养用户使用习惯，增强黏度，引导用户报名付费课程	免费，主要起导流作用	平台模式，连接老师和学生以此交易分成
核心资源	品牌、内容	品牌、内容、用户	品牌、内容、用户
核心能力	技术能力	技术能力、渠道整合能力	技术能力、渠道整合能力

“猿辅导”的商业模式

“猿辅导”整体作为线上教育平台，三个产品发挥协同效益，有效连接老师和学生。其中，猿题库和小猿搜题主要起到导流作用，而猿辅导作为核心业务，以盈利为主要目的。

本次华平资本投资的进入，不仅催熟了这个 K-12 教育领域的独角兽，另一方面，也为“猿辅导”下一步抓紧在线教育市场上关键的“教师资源”做好资金铺垫；而腾讯的进入则提供了用户端的资源和入口，腾讯现有的 QQ、微信等产品对 K-12 在线教育市场的目标群体极高的覆盖率，为后期引流和成长做好了准备，同时提供了极佳的入口和曝光平台。

竞品分析

表 13—3　　竞品分析

<table>
<tr><th></th><th>猿辅导</th><th>学霸君</th><th>作业帮</th><th>学而思</th></tr>
<tr><td rowspan="2">产品特点</td><td>猿题库、小猿搜题是主打做题、测评和拍照搜题的工具类软件
猿辅导是中小学生在线直播课程平台。产品主要针对中小学生教育领域</td><td>基于深度神经网络和机器学习的拍照答疑 APP 应用
用户在使用时通过手机拍照获取想知道的答案。主要针对中小学生教育领域
盈利模式：收费答疑</td><td>移动在线学习产品，是习题搜索、名师直播、实时答疑、题库练习和学习沟通的综合学习平台，业务范围涵盖教、学、测、练、评的各个环节</td><td>好未来教育集团旗下的中小学在线教育品牌，有“小班直播”和“1 对 1 辅导”的教学模式</td></tr>
<tr><td colspan="4">未上市的前三者针对客户类型基本相同，在搜题方面功能也几乎相同，但猿辅导拥有较为完善的题库产品，并且在线课程也发展得较为完整，较早实现产业闭环</td></tr>
<tr><td>融资轮次</td><td>E 轮</td><td>C 轮</td><td>B 轮</td><td>已经上市</td></tr>
<tr><td>投资方/股票代码</td><td>华平投资、腾讯、华人文化产业基金、新天域资本、IDG 资本、经纬中国</td><td>招商局、远翼投资、皖新传媒、挚信资本、启明创投、祥峰投资、网龙网络、元璟资本、上海融翼资本</td><td>纪源资本 GGV、襄禾资本、红杉资本中国、君联资本</td><td>NYSE：TAL</td></tr>
<tr><td>融资</td><td>约 2.5 亿美元</td><td>约 1.5 亿美元</td><td>约 1 亿美元</td><td>—</td></tr>
<tr><td>市值</td><td>超过 10 亿美元</td><td>—</td><td>—</td><td>98.19 亿美元</td></tr>
</table>

主　　笔：马超杰
资料收集：李君杰　朱华倩

想成为《投融资观察》报告创作团队的一员吗？微信扫描本书第 234 页二维码，现在就加入我们吧！

No. 14

后“钢贸危机”时代

5月31日，中国宝武钢铁集团旗下“欧冶云商”股份有限公司（下称“欧冶云商”）此轮融资一共开放了28%的股权，募集资金超过10亿元。投资方涉及上下游企业，对公司打通产业链，整合行业资源以及推进产业布局起到积极作用。

“欧冶云商”成立于2015年2月，由宝钢股份持股51%、宝钢集团持股49%共同组建。公司以宝钢集团整合的原有钢铁交易资源为起点，打造集资讯、交易结算、物流仓储、加工配送、投融资、金融中介、技术与产业特色服务等功能为一体的生态型钢铁服务平台。

平台中内置欧冶电商、欧冶物流、欧冶金融、欧冶数据和欧冶材料五大子平台，如表14—1所示。目前入驻钢厂数量为500家，注册贸易商数5万余家。2016年钢铁成交量1 487.4万吨，2016年平台收入386.9亿元。

表14—1　　欧冶云商的业务内容和经营现状

业务名称	业务内容	经营现状
欧冶电商	通过仓储和质量信息系统对货源进行云端验证，为客户提供绿灯、绿印服务，保证了货源的真实性和质量可靠性	业务量1 487.4万吨，销售收入386.9亿元
欧冶物流	推进"千仓计划"，通过加盟、联盟、管理输出、资本合作等多种方式，构建了强大的物流基础网络，并以此为基础重构大宗商品流通领域的信用体系	日均交易量4.5万吨以上； 布局智慧制造路径，1580板坯库无人化改造已投入运行
欧冶金融	用户从申请到开户的全流程自动化，发起融资需求后可实现1小时之内贷款到账	东方付通：累积支付超1 200亿元；信托产品：发生额预计为200亿元，最高余额预计为150亿元；供应商融资及委托贷款：20亿元

续表

业务名称	业务内容	经营现状
欧冶数据	电商平台服务及行业大数据服务，包括平台设计、系统建设、价格预测、需求预测、物流优化	万亿级规模交易量的全流程数据
欧冶材料	整合加工服务中心，团结中小贸易服务商，为客户提供集批、套裁、订单跟踪、质量保障、技术和金融等服务	累计加工量 121 万吨；推出钢铁技术规范、“牌号通”APP 等多项技术服务产品；其中“牌号通”产品累计查询超 62 万次，日均点击数超 2 400 次

从传统钢贸到钢贸危机

传统钢铁贸易中，钢厂难以直接接触到终端用户，中间需要经过多层代理、物流及金融服务商来完成信息的传递，最终完成钢贸交易，如图 14－1 所示。

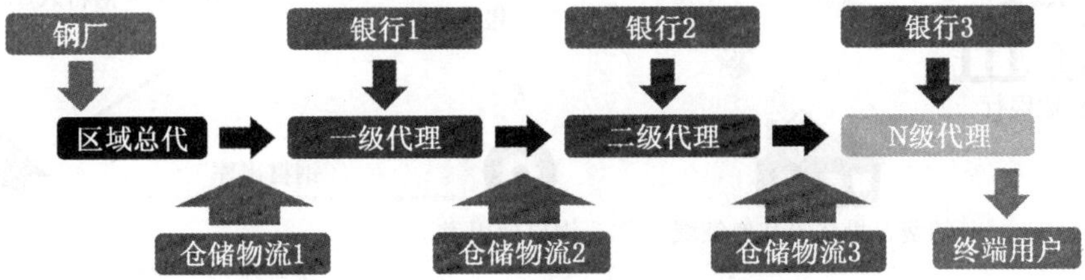

图 14－1　原有的钢铁销售模式

传统贸易模式下，钢材价格由于本身的强流通性而透明化；仓储物流方面，单位重量钢材的运输价格利润空间有限。因此，只有借助金融服务，利用金融杠杆完成薄利多销，成为钢材产业链条的盈利关键。

钢铁贸易之所以能够撬动如此巨大的市场，关键就在于钢铁贸易本身存在的交易实质，而钢材本身作为硬通货，拥有极强的变现能力，仓单成为重要的凭据，资产抵押则为金融杠杆的介入提供了条件，钢贸危机就此埋下伏笔。

2000 年，得益于中国经济的高速发展，钢铁贸易随着基础设施建设、建筑和机械加工等大基建项目的上马而蓬勃发展，钢需求持续上升，钢铁贸易成了一门大生意，钢铁贸易本身的杠杆需求让银行、钢贸商、钢厂成为紧密的合作伙伴。银行有钢材在库、风险可控，随即加大力度放贷，赚取利润；钢贸商完成杠杆融资，解决了资金问题，扩大经营规模获取收益；这样的循环让越来越多的银行参与到了钢材贸易链条当中。

由于钢材本身的高价值易变现和储存运输的特性，仓库运营方成为钢铁循环中的重要角色，而对于银行来说，仓单是最为重要甚至是唯一的凭据，而恰恰是仓单引发了最严重的问题，钢铁行业开始经历“产能过剩”和“淘汰落后钢铁产能”的调整，经济下行压力导致钢铁贸易的利润被进一步挤压，仓库运营和钢贸商开始了“一女多嫁”，大量的资金通过仓单质押被套出进入其他领域（如图 14—2 所示），疯狂时期被质押的螺纹钢数量达到了社会库存量的 2.79 倍。

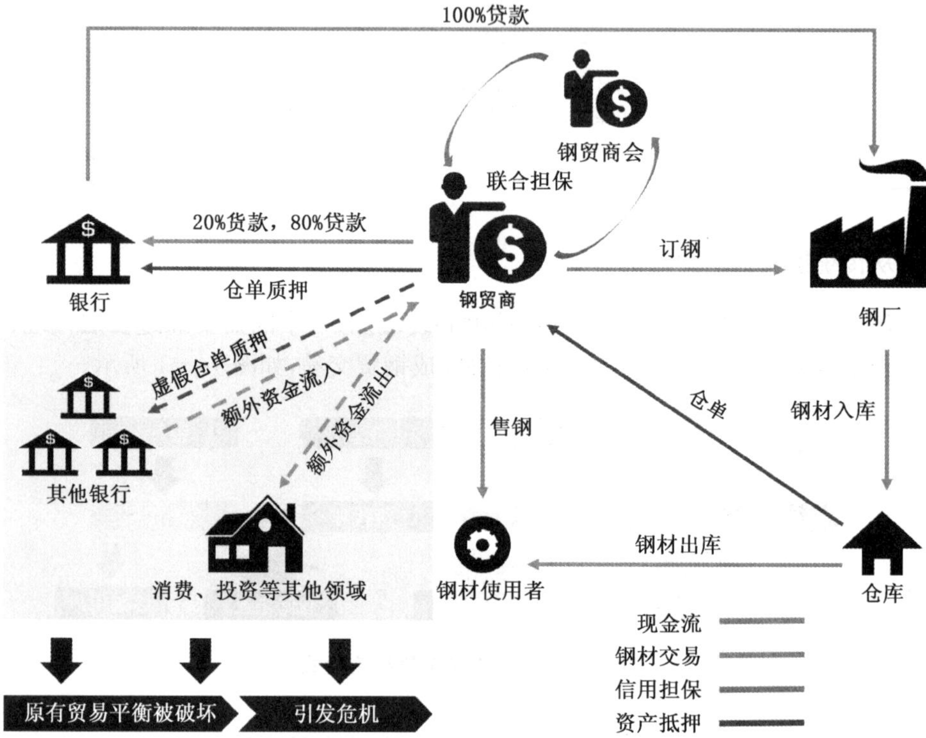

图 14—2　钢铁贸易的核心与钢贸危机

直到 2012 年“中铁物流事件”爆发，大家才发现，曾经被认为是“最安全、最可靠”的仓库中的钢材早就不够了，银行开始抢钢、抽贷甚至停止对钢铁行业放贷；联合担保进一步扩大了影响范围；通过仓单套取的资金流出钢贸循环外，早已不知所踪。钢贸危机全面爆发，多人自杀，百人入狱，银行坏账数百亿元。

从钢贸危机到钢铁电商

经历了钢贸危机和产业调整后，进入“后钢贸危机”时代的中国钢铁贸易开始转型，掌握着钢贸行业产钢、实物资产和贸易信息这三大核心要素的钢厂、仓储物流巨头和交易信息及贸易撮合方开始自建钢铁电商平台（如表 14—2 所示），钢贸金融平台和牌号机制开始出现。2011 年以来，国内钢铁电商数量开始“井喷”。目前通过钢铁企业、钢贸企业以及第三方搭建的钢铁电商总数已达到 300 多家。

表 14—2　　主要的钢铁电商平台

类别	现有平台占比	代表企业	特点
钢厂自建	34.7%	欧冶电商	立足于钢铁产业链的上游，且多为国有资本的钢铁企业，在发展钢铁电商的过程中具备了许多先天的优势，但各方巨头如何协作，发挥协同效应，做大交易体量仍然存疑
仓储物流企业	19.5%	鑫益联	不直接参与交易行为，主要为上下游钢铁企业提供物流配送、仓储管理等服务，满足了客户的个性化需求；但是相比钢厂电商，增值服务过于单一，很难形成一体化
交易撮合网站	22.7%	找钢网	找钢网的"撮合＋自营＋配套服务"是目前钢铁电商行业最佳的盈利模式；但目前不足之处在于内耗过大，需进行进一步的资源整合

钢铁电商的产业链通过互联网，使电子商务平台在钢铁流通及交易中得到应用，借助现代物流业和第三方支付平台与顾客直接对接，相比传统产业链中复杂的冗余的中间环节，新的链条提升了物流仓储效率，降低物流、时间和信息沟通的成本。

钢铁电商模式如图 14—3 所示。

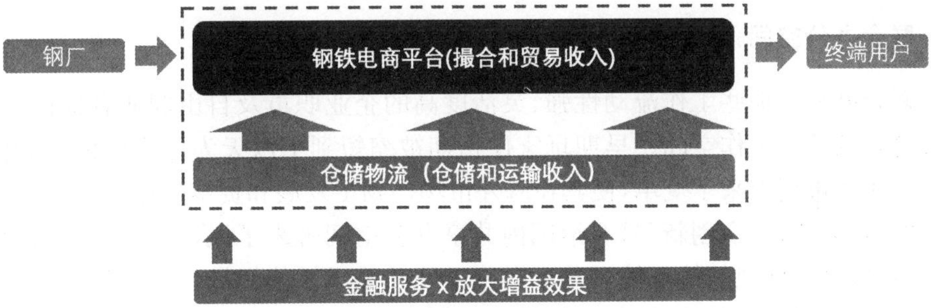

图 14—3　钢铁电商模式

至此，"欧冶云商"作为国内钢铁巨头打造出的钢铁生态服务平台，希望通过技术手段完成对钢铁货源的云端验证；引入普洛斯等物流巨头，通过"千仓计划"完成对钢贸物流仓储这一核心环节的把控；同时引入机构投资方和信托，借助资金实力重整钢贸金融杠杆服务和供应链服务。同时在国家"一带一路"倡议和推动钢铁行业重整的大方向下，"欧冶云商"能否完成钢铁钢贸行业的涅槃重生，值得期待。

主　　笔：马超杰
资料收集：夏　蕾　陈　瑶

想成为《投融资观察》报告创作团队的一员吗？微信扫描本书第 234 页二维码，现在就加入我们吧！

No. 15

联合办公:商业地产的“新天地“?

6月21日,由当代置业(01107.HK)注资的联合办公公司“倍格创业”宣布完成1 800万美元的A轮融资,由宏府产业投资集团领投,第一资产跟投。优客工场、梦想加等联合办公空间在5月份接连获得融资之后,热度得到了持续传导,过去一个月的时间里,共享办公空间领域已经累计完成了近6.8亿元人民币的融资。

联合办公空间:从自由职业者与差旅办公到创业浪潮

联合办公为那些工作流动性强、灵活度高的企业职员及自由职业者提供了一个社群化的共享工作空间。早期玩家使租期被缩短到了以天为计算单位,这给商务办公租赁市场带来了变革,使其在海外市场得到了发展和资本热逐。

“大众创业,万众创新”号召给国内共享办公空间带来了风口和商机。初创企业人数少、流动性强的特点使得共享办公空间几乎成了他们最佳的选择。相比于传统市场,新模式提供的“拎包入驻”服务和灵活的租期制度,使其获得了创业公司的青睐。

本土化之路:不同基因带来了不同的角度

从2015年到2017年,共享办公行业在中国进入了高速发展时期。据不完全统计,国内共享办公空间在2015年超过了1 700家。在这1 700多家共享办公企业中,不同的背景和基因又带来了不同的发展方向和运作模式,具体可以划分为以下6个大类(见图15—1)。

地产商:相比于其他玩家,他们往往自有物业,资金实力雄厚,同时也更熟悉商业地产的运营规则,具备丰富的本地资源,能够提供更好的基础设施和办公环境,从而吸引到更多优秀的新兴企业。

媒体系:这类企业由于需要持续地产出创投类优质内容,因此为初创企业提供共享办公空间,就可以帮助它们及时地了解企业的动态和方向,获取到第一手资

图 15－1　共享办公空间企业类型

料；另一方面它们也能够优先参与优质初创企业的早期融资，获得投资收益。

创投系：以政府或者民营孵化器为主，在提供办公场所的同时，也投资和孵化初创企业，为其提供资源、对接资金，盈利主要依赖增值服务及投资收益。

二房东：通过整租再转租的方式，为企业提供拎包入驻的服务，降低企业的成本，同时为企业提供各种增值服务；此外还为业主提供设计及改造方案，帮助业主完成后续的招商入驻及运营管理，与业主共享利润。

中介平台：用互联网思维来改造传统商业地产租赁，作为针对中小微企业量身打造的办公商业空间的 O2O 租赁平台，往往拥有专业的线下看房团队，能够改善企业用户体验、节省客户的时间，提高效率。

教育培训系：利用高校的教育资源和校友资源，以理论结合实际的培训体系作为依托，提供大学创新创业实践平台。

共享办公企业基本状况如表 15－1 所示。

表 15－1　　　　共享办公企业基本状况对比表

企业名称	企业类型	企业规模	盈利状况
梦想加	二房东	在北京拥有 16 个开放空间，约 6 000 工位，入驻率在 85%以上	据媒体报道，毛利率约 20%
WeWork	二房东	开放空间已覆盖全球超过 150 个分地点，2016 年底会员人数达到 8.5 万	美国区业务利润率达 40%，公司整体将实现 EBITDA 盈亏平衡

续表

企业名称	企业类型	企业规模	盈利状况
SOHO 3Q	地产商	北京、上海核心地段拥有 17 个中心，超过 16 000 个座位，截至 2016 年底，平均出租率约 85%	2016 年财报显示毛利率 79%，净利润率约 60%
倍格创业	地产商	已布局于北京、上海、西安等地，长沙和深圳也已正式开放，总办公面积从 2016 年约 11 237 平方米增长到 75 000 平方米	据媒体报道，净利润率约 30%
优客工场	地产商 创投系	截至 2017 年 3 月已签订 78 个场地的 30 000工位，入驻约 1 500 家企业	约 70%收入来源于租金
科技寺	创投系	覆盖 4 个城市，拥有 8 个开放空间	刚通过单店实现盈亏平衡

不同的角度，共同的未来：连锁化＋社群化

目前租赁中介和房地产开发公司虽然仍是国内办公租赁市场的主力军，但传统方式往往耗费租客大量时间和精力，同时固定的中介佣金和押金，也让大量对办公空间有一定需求的创业公司望而生畏。而联合办公空间提供了更新更好的办公理念和环境，同时起租面积和时间限制的减少，使得绝对租金变少，降低了创业公司在租金上的投入。以北京为例，共享办公企业租金价格对比如表 15－2 所示。

表 15－2　　共享办公企业租金价格对比表：以北京为例

项目名称		开放工位（人/月）		独立办公室（人/月）
		移动工位	固定工位	
SOHO 3Q	望京 3QⅠ/Ⅱ	3 000 元		3 900 元
WeWork	WeWork 望京	1 750 元	2 450 元	3 500 元
倍格创业	东直门 MOMA	1 800 元		2 300 元
优客工场	优客工场 · 望京	2 000 元		2 300 元
科技寺	望京店	1 900 元		—
梦想加	望京启明国际	1 800 元		2 000 元

从收入结构上来看，单个办公空间通过租金已经可以实现盈亏平衡甚至盈利，而未来办公空间将完成连锁化和社群化的转变，至少有以下三个可预见的发展方向：

企业级服务的线下入口

昂贵的线上流量入口，让线下入口显得尤为珍贵。而每一个办公桌都是一个天然而高频的线下入口，每一个入驻企业都可以通过办公空间来互导流量，而多行业企业的交叉办公又使得办公空间本身变成了一个流量综合体和流通平台，同时还可以促进产品在平台内部完成检验、推广甚至直接变现。

社群化的创业办公体系

通过结合社区与企业资源，将生活、消费、娱乐融入社群化的办公体系中，即完成办公生态圈建设和企业信息的互联，通过服务使资产升值，成为社群和连锁产业的运营管理服务商。

增值服务成为新的增长点

联合办公在提供办公设施和企业服务的同时，可以收集企业信息，帮助企业完成企业间的协作发展，同时也为企业间交易撮合提供了可能性，使得企业管理服务支持、体系内企业的商业合作整合以及企业间业务撮合得以实现，加上企业股权投资的收益，增值服务将超越租金，成为重要的收入组成部分。

用优客毛大庆的话来说，如果把众创空间比作迪士尼乐园，租金仅仅是门票，各类衍生产品及服务才会在中长期贡献更多价值。

主　　笔：马超杰

资料收集：李耀州　包丽莹

想成为《投融资观察》报告创作团队的一员吗？微信扫描本书第 234 页二维码，现在就加入我们吧！

No. 16

摩拜单车，究竟为何让资本“膜拜”

6月16日，“摩拜单车”宣布完成一笔超过6亿美元的新一轮融资，创下共享单车行业单笔融资最高纪录。截至目前，共享单车行业融资额已超60亿元人民币。本轮融资由腾讯领投，新引入的战略和财务投资者包括工银国际、交银国际、Farallon Capital等重磅投资人；TPG、红杉中国、高瓴资本等多家现有股东继续跟投。新一轮融资将用在三个方面：加速国际化进程，推动移动物联网技术的进步和实景应用，加速AI领域战略布局与技术创新。

市场迅速发展，带动上下游及产业链增值

共享单车虽然遇到了很多问题或者挑战，但作为目前城市短途出行的重要交通工具，巨大的用户需求仍然刺激着共享单车在更多城市快速发展。除去运营商平台自身价值之外，共享单车产业链也逐渐成熟（见表16－1），上游的单车、车锁制造、通信企业，以及下游的大数据、数据导流等增值服务领域的产业链价值也达到了千亿元规模。

表16－1　　共享单车产业链布局

<table>
<tr><th>上　游</th><th>中　游</th><th>下　游</th></tr>
<tr><td>传统自行车制造业</td><td>运营商平台</td><td>增值服务</td></tr>
<tr><td>富士康、飞鸽、凤凰、凯路仕</td><td>摩拜、ofo、永安行、小鸣单车</td><td>景点代步合作、俱乐部合作</td></tr>
<tr><td>通信运营商</td><td rowspan="4">自行车维保供应商</td><td>大数据服务</td></tr>
<tr><td>中国移动、中国联通</td><td>物联网、出行数据</td></tr>
<tr><td>智能科技企业</td><td>广告投放</td></tr>
<tr><td>华为、小米、爱立信</td><td>车身广告、APP植入</td></tr>
</table>

各路玩家同质服务，差异定价

虽然 ofo 和摩拜占据了头部市场，但目前市场仍存在旺盛的需求，用户无法实现随时随地有车可骑，同时二三线城市的市场还有很大的增量空间，吸引新玩家加入。

目前市场上的主要玩家有摩拜单车、ofo、小鸣单车、小蓝单车、HELLOBIKE、永安行等(参见表 16－2)。在产品及服务上基本大同小异，其不同主要在于押金收取及定价上。其中摩拜的押金成为使用户选择其他品牌的首要因素。

表 16－2 **竞品分析**

	摩拜单车	ofo 共享单车	小鸣单车	政府公共自行车
押金	299 元	99 元	199 元	不同城市有差异
收费标准	城市： 0.5 元/半小时 合作校园： 0.1 元/10 分钟	城市： 1 元/半小时 校内： 0.5 元/半小时	1 元/半小时	不同城市各有差异
驱动方式	轴传动/链条传动	链条传动		
重量	经典版：22 千克 Lite：15 千克	3.0 版：16 千克	16 千克	普通自行车
车锁	GPS 智能锁	手动密码锁	蓝牙智能锁	咪表＋电子锁
刹车	碟刹	3.0 版： 夹刹＋抱闸	前后双抱闸	普通车刹
结算方式	无需开启 APP， 自动结算	需开启 APP，手动结算		—
投放城市	北上广深成、南京等 33 座城市	北上广深成、厦门等 25 座城市	北上广深、无锡、杭州、汕头	主要集中在一二线城市

共享单车背后的投资逻辑

如今摩拜和 ofo 作为共享单车市场最主要的玩家，二者的竞争也日趋激烈，除了融资金额比拼外，双方在流量入口、投放数量、市场份额的争夺等也成为焦点。在朱啸虎和马化腾围绕“智能高低程度”的互怼中，我们也能对下半场的竞争略窥一二。

数据增值

共享单车作为智能出行，能够将用户出行时间、轨迹等数据收集起来形成交通数据库。不仅可以帮助平台实现智能匹配和智能调度，也可以为政府市政规划、广告商、制造厂商等相关厂商提供大数据服务。

线下流量入口

线下支付一直都是阿里与腾讯的主战场，而月活千万级别的共享单车，则是最佳的线下支付场景，一旦培养了用户线下支付习惯，就可以掌握到用户更多的消费数据。而单纯依靠押金和分时租赁无法长期支撑的共享单车，如何引导用户进行流量消费，将流量变现是未来的发展方向。

征信价值

共享单车是移动支付前所未有的高频场景，使其成为信用分体系绝佳的因素，也是移动支付战略扩张的基础。对于摩拜，实名制的使用，单车自带的 GPS 导航，和“摩拜猎人”等一系列的维护措施，将直接有助于完善征信建设。

站在一级市场投资者的角度，我们还有这样的担忧

1. 目前对于像滴滴、摩拜这一类流量系＋共享经济概念＋高估值的科技类企业，在一、二级市场的估值可能已经出现倒挂，对于中后期投资人来说，上市可能就面临着亏损，如何退出已经成为摆在他们面前的问题，未来有可能会出现折价转让老股的情况。

2. 创始团队的人员结构反映出不同的产品属性，ofo 团队本身作为一个产品团队，更重视产品的打磨和运营，提高消费体验，同时通过支付宝整合产品完成升级，而摩拜则表现出了更多的市场营销属性，用户体验展示落后于 ofo。

3. 蚂蚁金服的入局，打破了共享单车行业上半场的竞争态势，押金盈利的想法破灭。曾获众多投资人看中的“押金模式”摇摇欲坠，但鉴于其低廉的获客成本(远低于线上获客)，蚂蚁金服这样的行业巨头很有动力将其转变成自己的专属线下营销部门，这对于寄望于 IPO 退出的中后期投资者来说恐怕难以接受。

主　　笔：万璐瑶
资料收集：王　哲　卞梦泽

想成为《投融资观察》报告创作团队的一员吗？微信扫描本书第 234 页二维码，现在就加入我们吧！

No. 17

国民电动时代在靠近

6月12日，小鹏汽车宣布获得由神州优车产业基金领投的22亿元战略投资。小鹏汽车是广州橙行智动汽车科技有限公司旗下的互联网电动汽车品牌，专注于针对一线城市年轻人的互联网电动汽车的研发；第一款量产车的目标是一辆时尚、跨界的电动SUV。

小鹏汽车优势：高行业门槛＋高技术壁垒

汽车行业进入门槛非常高，资金、技术、产品缺一不可。而在技术和产品方面，小鹏汽车的团队可以说非常专业，三位联合创始人均来自广汽。团队成员90%以上都是技术人员，主要来自广汽、宝马、兰博基尼、福特、标志雪铁龙等知名整车企业，德尔福等大型汽车零部件公司，以及三星、华为等科技/IT公司。专业度极高的团队成为小鹏汽车进入行业的先天优势。

续航与电池技术

小鹏汽车以特斯拉（Tesla）、Lexus NX和松下为技术开发平台，在2016年9月13日，曾发布了一款电动SUV——小鹏汽车Beta版。这款车百公里加速6～8秒，实际续航里程300公里左右，快充20～30分钟可充满80%左右电量。其自主研发的高阻燃液冷电池包，能量密度高达152Wh/kg，不仅比目前国内的主流电动汽车要高出30%～50%，还超过了特斯拉Model S和雪佛兰Bolt，见表17－1。

表17－1　　部分电动车企业对比

企业	技术成果	技术合作	融资情况
Tesla 特斯拉	三元锂离子电池；Autopilot半自动驾驶技术；自动泊车、远程召唤	团队自主研发，并对外开放公司技术	IPO 亿美元以上

续表

企业	技术成果	技术合作	融资情况
NextEV 蔚来汽车	全球最快的电动汽车（EP9），最大 1 360 马力	互联网界：马化腾、刘强东、雷军、李想、高瓴资本张磊 传统车企：秦力洪、郑显聪等	C 轮 数亿美元
小鹏汽车	自动泊车、远程召唤功能；高阻燃液冷电池包；“三电一屏”和智能化交互科技配置	团队自主研发	B 轮 22 亿元人民币

切入中端电动车市场

目前国内高端电动车市场被特斯拉等大型汽车厂商占领，而中低端市场则盘踞着北汽、比亚迪等一大批“补贴大户”。随着人们对电动汽车接受度的逐渐提高，中端市场必然出现空白，特斯拉的 model 3 已经瞄准这块市场，而小鹏汽车同样也准备从这里切入，有神州加持的小鹏无疑将比特斯拉更接地气，小鹏能否推出适合消费人群的产品，吃下这块大蛋糕，无疑值得期待。见图 17—1。

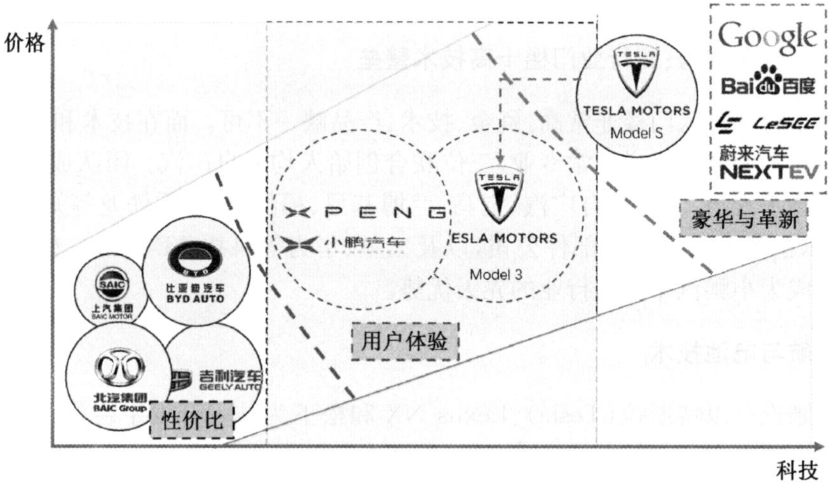

图 17—1　各类汽车厂商分布

车辆服务全产业链，神州优车的“曲线造车”战略图

过去几年，神州在租车和网约车下游产业已经做到行业领先，但这只是神州战略版图的一部分，神州旗下租赁、出行、电商、金融四大业务板块正在完成自下而上的汽车生态链的建设。优车产业基金加快了神州的全产业链的建立速度，下游租车和网约车提供了渠道支撑，中上游领域的开拓对于神州来说变得更加顺理成章。受到近年来政策与市场影响，新能源汽车表现出强劲的增长趋势，小鹏作为国内新能源厂商中具有整车制造背景和能力的玩家，也成为神州完成全产业链的布局中的重要一步。

双方未来的合作方向

对于小鹏来说，神州不仅可以在车辆采购、服务网络以及客户方面给小鹏提供强大的支持。此外，2017 年 6 月神州优车获得了中国人保战略投资 24 亿元。中国人保占了中国汽车保险领域 70％的市场份额，给神州买买车用户提供的服务加持也会为其车辆销售增加说服力，同时中国人保还拥有国内海量的用户数据，神州优车具有全产业链的落地业务，双方在汽车保险、汽车金融和客户大数据等领域具有绝对优势。

电动汽车利好逐渐消失，未来持续关注技术与地方政策

全球的电动车数量正在快速增长，中国尤甚。国际能源署的数据显示 2016 年中国的电动汽车销量达到 64.88 万辆，而美国电动汽车销量为 56.4 万辆。中国的全球份额从 2015 年的 25％提高至 32％。中国已经成为全球最大的电动汽车市场，市场占到全球电动汽车销量的四成多，大幅领先于美国。

近年来，支持中国新能源汽车快速发展的政策支持也发生了变化。2015 年，财政部、工信部、发改委等四部委发布了《关于 2016～2020 年新能源汽车推广应用财政支持政策的通知》，提出 2017～2020 年除燃料电池汽车外其他车型补助标准适当下降，其中：2017～2018 年补助标准在 2016 年基础上下降 20％，2019～2020 年补助标准在 2016 年基础上下降 40％。

在新的补贴标准总体大幅下降的情况下，续航大于等于 250 公里的纯电动乘用车收到的补贴仍旧很高。而 2016 年 9 月发布的小鹏汽车 Beta 版，实际续航里程 300 公里左右，可获最高补贴。从这一角度讲，小鹏汽车的发展战略符合国家政策支持方向。此外，根据国家发布的政策，2017 年各省市对新能源的补贴程度下降（地方的补贴标准不超过国补标准的 50％，国家和本市财政补助总额不超过车辆销售价格的 60％），但国家＋地方补贴整体数量依旧可观。

总的来说，不同于“资本造车”和“互联网造车”，小鹏汽车更多地从一个传统整车厂的角度出发，从拆解其他公司的高端汽车开始，到“三电一屏”的完成，最终希望能够与谷歌、百度等技术产品完成协作，而神州优车在汽车相关的市场营销、运营维护以及车辆保养保险等方面具有自己的优势。

各自做好各自最擅长的事情，是现在小鹏汽车的主要方向。而如何借助各方资源达到共赢，也考验着小鹏汽车资源整合的能力。

主　　笔：马超杰
资料收集：王　哲　卞梦泽

No. 18

全民娱乐，综艺插上网络的翅膀

6 月 27 日，《火星情报局》制作公司天津银河酷娱文化传媒有限公司完成超 2 亿元 B 轮融资，由云锋基金领投，优酷、洪泰基金跟投。据银河酷娱 CFO 徐喆介绍，本轮融资后，公司将加快“火星”IP 化，完成以《火星情报局》为核心的 IP 布局。

传统电视节目管控愈严，网络节目异军突起

2017 年 6 月 27 日，广电总局正式通知各大媒体，下半年开始全明星综艺禁止在卫视黄金档播出，真人秀节目要主动融入社会主义核心价值观，发挥价值引领作用。此次总局对明星真人秀的定向调控，促使素人元素在节目中放大。

同时，总局鼓励文化节目特批黄金档。央视的《中国诗词大会》和《朗读者》、黑龙江广播电视台《见字如面》、北京广播电视台《非凡匠心》等文化类综艺节目被总局大力鼓励和支持，未来各大电视台的重心将向文化类节目转移。

由于广电总局对上星卫视播出节目的管控日益严格，传统综艺或多或少受到波及，不少优秀的传统电视人出走互联网，转战网络平台。

互联网视听节目布局层次多样化

目前互联网视听娱乐节目大致可分为三个层次：影视公司、视频网站自制以及直播＋综艺（见图 18—1）。伴随着传统电视人出走互联网的常态化趋势，市场开始涌现出一大批优质的制作团队，如银河酷娱、笑果文化、米未传媒等（见表 18—1）。传统电视人往往更熟悉体制内外的游戏规则，对内容底线的把控能力更强。

图 18—1 互联网视听娱乐节目的三个层次

表 18—1 部分优秀制作团队比较

	银河酷娱	笑果文化	米未传媒
代表节目	《火星情报局》	《吐槽大会》	《奇葩说》
轮次	B	A+	A
金额	超过 2 亿元人民币	1 亿元人民币	数亿元人民币
投资方	云峰基金 优酷土豆一合一集团	华人文化产业基金 普思资本、游族网络	创新工程 基石资本
团队背景	汪涵 湖南卫视节目主持人 李炜 湖南广电资深媒体人	叶烽 原东方卫视金牌编导	马东 原央视主持人
播放量	27 亿(三季)	14.5 亿	23 亿(四季)
微博互动	27 亿	169.8 万	47.9 亿
收入	4 亿元(广告)	未披露	1.8 亿元(第四季冠名)

《火星情报局》:湖南广电系班子的第一个网生项目

《火星情报局》是银河酷娱孵化的第一个网综 IP,由汪涵出任联合制片人,在优酷土豆平台上线。银河酷娱创始人李炜是湖南广电资深媒体人,与汪涵共事十余年,代表作品有《天天向上》和《越策越开心》。而《火星情报局》这个超级网络综艺 IP 背后的创作团队其实是湖南广电系的电视人。

"火星"IP 布局如图 18—2 所示。

视频网站:综艺作为视频内容不可或缺的一环,是视频平台公司争抢市场份额的重要山头。各平台都希望通过优质、独家的差异化内容吸引流量,提升客户黏性。在这样的需求之下,仅仅依靠外部版权引进,既承担了巨额版权成本又不可控。版权成本增加倒逼视频网站发力自制网综,开创了网综风潮。

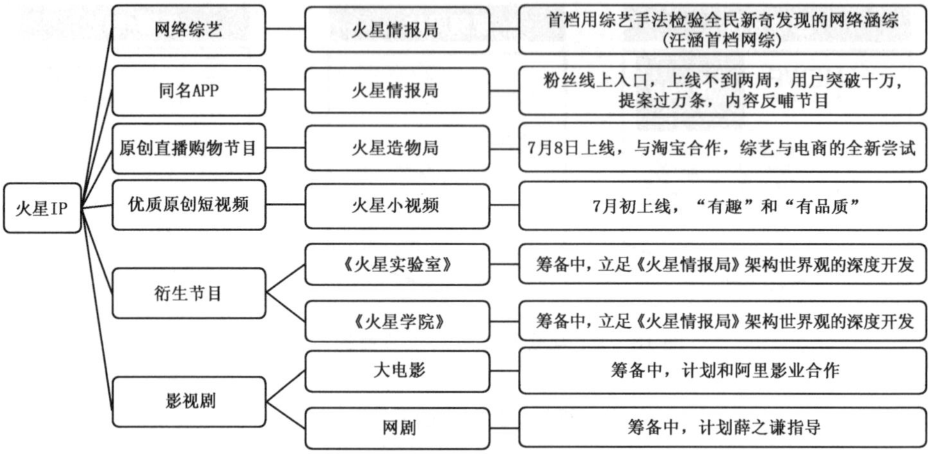

图 18—2　火星 IP 布局

综艺节目站队视频网站，深度绑定和协同效应显现

2017 年被定义为“超级网综年”，全年将会有 108 档网综节目上线。各大视频网站为了站稳脚跟，争取流量，持续发力综艺领域，自制网综战略地位明确。同时随着网综数量的攀升和观众对优质网综的诉求增强，制播分离渐成主流，更多的专业制作公司涌入网综市场，形成目前视频平台、专业制作公司在制作环节上平分天下的格局。

各大视频网站是网络综艺播出的主要平台，而作为视频内容不可或缺的重要部分，综艺节目也为各大视频网站带来了可观的高黏性和可持续的流量。因此除了各个平台的自制网络综艺，各大平台也以开放的心态面向优质的视频内容制作公司，如优酷拥有《火星情报局》的独播权，爱奇艺出品了《奇葩说》，网络综艺和各大视频网站深度绑定，协同效应显著。

“二八定律”持续显现，能否持续变现成为关键

文化产业是一个典型两极分化的产业，往往只有头部公司才能赚钱。目前看上去热火朝天的网络综艺，个别的头部网综已经有了跟一线卫视综艺抗衡的能力，但是大部分却是一片水深火热，日子很不好过。明星片酬的飞涨导致节目成本不断增加。

一个传统卫视综艺中的艺人成本最多能占到项目投资的 60%，制作成本占 30%，剩下的 5%～10%会用于宣发广告。而网络综艺相较于传统卫视综艺，成本结构上并没有得到优化，在这样的形势下，大部分网络综艺都赚不到钱。同时伴随着整体经济的下滑，广告商也收紧了钱包，加上网综数量急剧扩充和同质化内容增

多，网络综艺面临的政策风险越来越大。

从投资者的角度来说，网络综艺的投资将进一步向头部 IP 集中，同时向能够踩准政策红线的制作团队和公司倾斜。对于影视公司来说，能否持续地产出高质量的内容完成变现，并保持流量，成为投资者关注的重点。

主　　笔：袁子岚

资料收集：李君杰　朱华倩

想成为《投融资观察》报告创作团队的一员吗？微信扫描本书第 234 页二维码，现在就加入我们吧！

No. 19

汽配电商，人人可触及的繁华幻境

7 月 4 日，汽配供应链服务商“康众汽配”宣布完成 5 000 万美元 B+轮融资，至此，康众汽配的 B 轮及 B+轮融资总额达到 1 亿美元；7 月 6 日，巴图鲁宣布完成 1 亿美元 C 轮融资，华平资本领投，钟鼎创投继续跟投。

康众汽配通过线上线下相结合的方式，为终端修理门店提供 B2B 售后配件直营服务。目前已自主研发了应用管理系统，并自建物流配送网络，保证终端修理厂对汽配零部件的即时需求和品控。已在全国布局了 15 个区域中心大仓，300 多家直营服务网点，每天为终端修理厂配送万张以上订单。

巴图鲁是一个面向经销商的汽配 B2B 交易平台，提供汽配电商供应链服务，旗下的全车件交易服务平台“汽配铺”于 2014 年底上线，目前覆盖华南 6 省及华东部分地区，涵盖 60 多个汽车品牌，国内市场 95%的主流车型，400 万个配件种类。

汽车保有量持续增长及过保用户从 4S 店的流失，推动了维保市场快速发展

2016 年我国汽车产销突破 2 800 万辆，连续 8 年位居全球第一，汽车保有量达到 1.94 亿辆并持续增长，为汽车后市场未来发展带来了巨大的想象空间（见图 19—1）。另一方面，一般情况下购车后的前三年车主会返回 4S 店进行维修，而从第四年开始就有大批过保用户从 4S 店流失，进入街边维修保养店。4S 店竞争力的减弱也将给汽车维保市场带来更大的发展空间。

传统汽配模式

在传统模式中，一级供应商直接参与新车型的设计研发，并将低级供应商供应的零部件集成为整体产品，供应给整车制造商，双方保持着长期稳定的配套供应关系。二级供应商承担一级供应商的部分研发任务，并向一级供应商供应部分零部件。三级供应商则向二级供应商提供零部件。汽车零部件市场售后市场则主要为在用车辆提供维修保养所需的零部件，位于汽车产业链的下游。

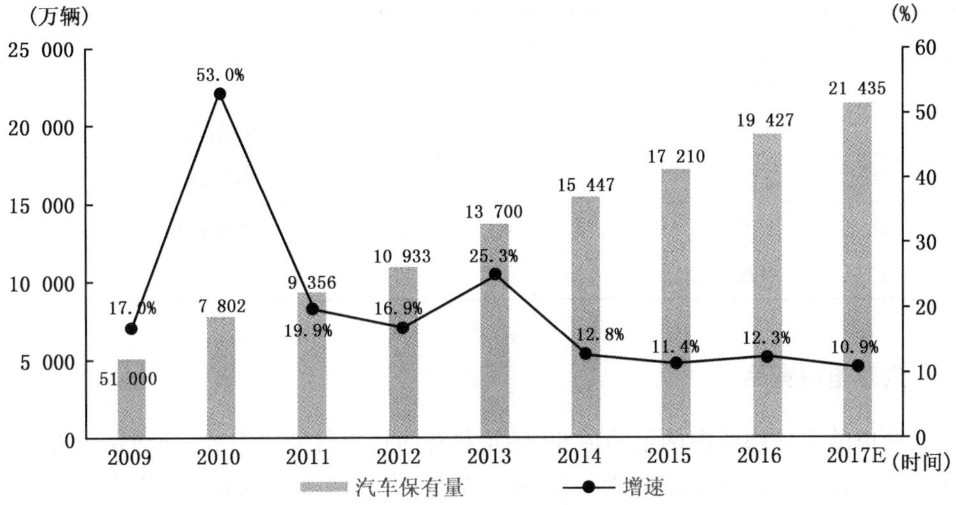

图 19—1　中国汽车保有量及增速

汽车零部件售后市场体系如表 19—1 所示。

表 19—1　汽车零部件售后市场体系

体　系	供应商	销　售	备　注
传统 4S 体系	整车配套厂	借用整车厂的品牌，并通过整车厂的 4S 体系进行	—
社会独立售后体系	独立品牌厂商	以自己的品牌为配套和售后市场生产供应零部件	以自有品牌进入售后市场的企业还较少
	一般件厂商	以商品品牌、贴牌服务商或独立品牌制造商的品牌进入售后市场	国外售后市场的主要供应商

汽配电商模式

汽配电商的估值排名如表 19—2 所示。

表 19—2　汽配电商的估值排名

排　名	公　司	估值(亿元人民币)	投资方(部分)
1	途虎养车	69.0	亚夏汽车(002607)
2	车享	62.0	上汽集团(600104)
3	中驰车福	30.0	中一资本
4	汽车超人	21.0	金固股份(002488)
5	康众汽配	19.0	中金甲子

续表

排　名	公　司	估值(亿元人民币)	投资方(部分)
6	华胜	19.0	—
7	和谐修车	18.0	和谐汽车(03836)
8	新焦点	17.0	新焦点(00360)
9	巴图鲁	12.0	华平投资
10	中鑫之宝	11.0	—

汽配电商竞品

榜单的第一梯队由两家估值 60 亿元左右的独角兽公司组成，分别是途虎养车和车享。而第二梯队平均估值在 20 亿元左右，第一梯队已和第二梯队拉开差距。

榜单中成立时间长于 10 年的公司有 6 家，分别是华胜、新焦点、中鑫之宝、运通四方、建邦股份、小拇指。成立时间较长的公司，业务模式固定，有稳定的盈利能力，但普遍增长缓慢，有些甚至是负增长。老兵们已认识到问题，汽配经销商或者汽配城纷纷建立了 B2B 电商平台，把线下的业务搬到线上，并从信息平台向供应链服务发展，如表 19—3 所示。

表 19—3　　汽配电商模式分类

模式	B2C	B2B		
细分类型	电商平台	垂直信息平台	汽配用品电商	供应链服务平台
发展阶段	N/A	初期	中期	后期
代表企业	途虎养车 京东、阿里汽车	盖世汽车网 慧聪汽配网 中国汽配网	巴图鲁 康众汽配 中驰车福	—
主要用户	个人车主	配件厂商 经销商	经销商 线下店铺	全产业链用户
主要特点	直接面向个人车主，用户自主选购	产品信息发布、宣传平台	线上产品展示、交易及线下物流供应	通过云 ERP 完成线上＋线下协同管理，提供供应链服务
盈利模式	会员费、营销增值服务费、广告费	广告收入、订阅收入	佣金、服务提成	供应链管理费、仓储管理费

汽配电商分类

垂直信息平台是汽车后市场 B2B 电商发展初期的主要模式，由汽配厂和经销商发布信息，宣传产品，筛选需求，最终线下完成交易；汽配用品平台则在产品展示和信息匹配之外完成了在线交易和支付,部分延伸出了仓储物流;供应链服务平台则希望为配件商到服务商提供线上线下协同的管理服务和供应链服务,也是各大平台目前的主要发展方向。

二手车市场持续增长,国内汽车后市场仍有较大发展空间

目前我国汽车增长仍以新车为主,而国内的二手车交易的快速发展,也将产生巨大的维保需求,因此,受益于汽车保有量的持续增加及汽车车龄的不断提升,国内汽车后市场在未来十年仍将迎来高速发展,且市场空间巨大。

不过,汽配是相对标准化的产品,在建立好数据库和供应链体系之后,复制扩张能力强。而且汽配的客户是维修门店,2B 获客依靠销售人员地推,比 2C 的维保公司获客效率更高。因此,汽配公司的增长速度快,而且规模效应明显。抢占市场先机对于这些企业发展也至关重要。

主　　笔:马超杰
资料收集:张　玥　白宝琪　夏　蕾

想成为《投融资观察》报告创作团队的一员吗?微信扫描本书第 234 页二维码,现在就加入我们吧!

No. 20

书中自有黄金屋，出版堪称掘金机

近日，出版过《藏地密码》、《无声告白》等畅销书的出版方——上海读客图书有限公司(简称读客)完成了1.28亿元的A轮融资，由君联资本领投，知合资本和内向基金跟投。本轮融资后，读客估值达到20亿元。

7月4日，另一个IP挖掘能力极强的网络文学和IP运营平台——磨铁图书(磨铁中文网，简称磨铁)获得了3亿元的C轮融资，投资方包括中银粤财和五牛基金等6家机构。目前市面上被成功改编的影视剧，如《明朝那些事儿》、《诛仙》、《盗墓笔记》等，都是由磨铁最早发现并培育的。

出版，连接作品和读者的第一步

阅读是文化传承的核心部分。无论是优秀的作者还是优秀的作品，都将从出版这个端口，走向市场。但由于传统图书出版碎片化的市场和用户阅读习惯的大规模迁移，以及电子化出版及阅读的发展，传统图书出版业受到了前所未有的冲击，像读客这样的传统出版公司开始寻求转型，往上游作者、作品及IP积累，同时向文化产业链下游的影视剧、网剧及游戏拓展。内容和版权都拥有更好的变现空间，其在影视、游戏、周边产品等领域的价值已被市场充分证明。

在自己最熟悉的领域试错，再基于反馈做出下一步判断

对于读客来说，在实体出版业务11年的深耕，通过读客图书的出版和运营，都完成了百万级甚至千万级的销量。因此读客可以在自己最熟悉的图书领域进行试错，再基于市场反馈，进行下一步的判断。

同时，读客也在向新媒体方向延展，目前读客旗下两个公众号“书单来了”和“影单来了”已经积累了超过715万粉丝，读客自身前期积累的优势也将为下一步转型提供帮助。文学和出版作为IP的源头，可以低成本、低风险孵化优质版权，而这个优质版权是优质电影、电视剧、网剧、游戏等的基础，读客的优势或在于此。

通过原创网络文学作品，向全版权和产业链延伸

在原创内容创作方面，磨铁拥有“磨铁图书”和“磨铁文学”两大内容支撑，旗下的在线文学网站也帮助平台完成粉丝的积累和内容平台的初步变现；磨铁娱乐则可以从两大平台产出的原创 IP 进行改编和创作。加上以前培养出的《诛仙》等优秀作品，磨铁在未来得以围绕一部网络文学作品进行从数字阅读、传统出版到影视改编、游戏制作等全产业链的延伸，如图 20—1 所示。

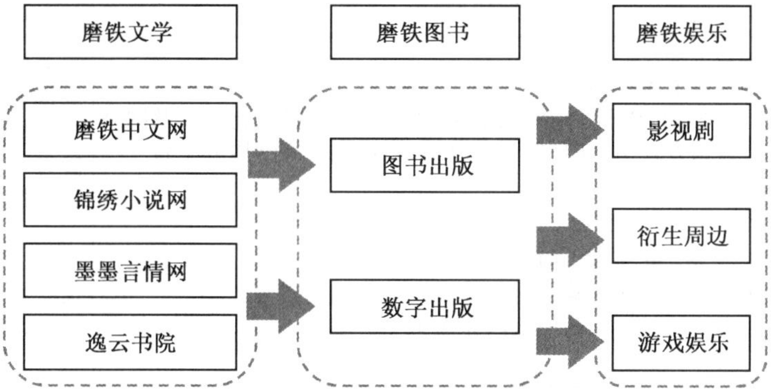

图 20—1 磨铁 IP 产业链布局

围绕 IP 的全产业链运营

2014 年以来，针对文学、动漫、影视、游戏、综艺等各个领域的知名 IP 均受到了极大的关注，版权争夺成为泛娱乐市场的核心竞争点之一。

2015 年，文学、动漫、影视、游戏，乃至一切娱乐形式不再孤立发展，彼此相互融合，协同打造同一优质 IP，构建泛娱乐产业新生态。目前各个玩家（见表 20—1）虽然从不同方向切入其中，但其核心依然是想要拿到优质的 IP 资源，如图 20—2 所示。以影视、游戏、衍生品等作为手段，为 IP 变现提供了途径和通道。

No. 21

“解脱”还是“洗牌” 地产大佬冷暖自知

2017 年 7 月 19 日，万达商业、融创集团、富力地产三方正式签约并发布《联合公告》，富力地产以 199.06 亿元的总价收购万达 77 间酒店权益，房间总计 23 202 间，总建筑面积 328.6 万平方米。其中，76 家权益 100%，1 家 70%。万达按照原计划将 13 个文旅项目 91%的股权转让给融创，价格为 438.44 亿元。

轻资产战略：卖方的动机

交易前，万达集团已形成商业、文化、网络、金融四大产业集团的核心布局。此次交易的万达酒店和文旅项目属于万达商业和文化集团版图（见图 21—1）。

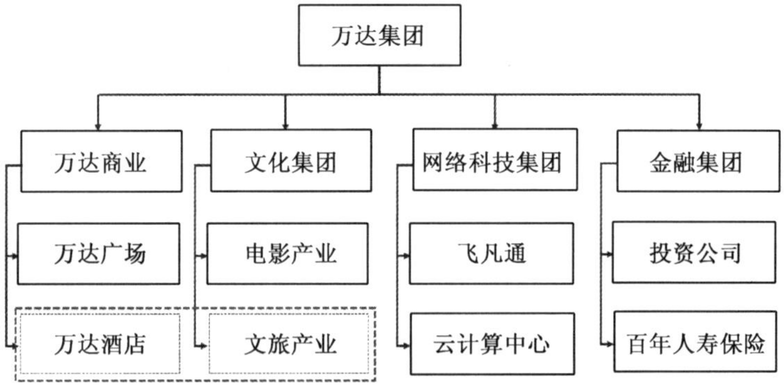

图 21—1 万达集团版图

回收资金用于还贷

万达商业在 2012 年至 2015 年期间，均保持了 72%左右的负债率。一方面是房地产开发与销售业务形成较大规模的预收房款，另一方面是万达业务的快速扩张，使其通过银行借款、信托融资和债券等方式筹资，导致负债规模快速增长。

表 21—1　　　　万达 2012～2016 上半年负债金额和现金流　　　　单位:亿元

	2012 年	2013 年	2014 年	2015 年	2016 年上半年
流动负债	1 571.29	1 802.77	2 354.61	2 742.33	2.789.38
非流动负债	906.32	1 368.95	1.726.87	1 794.30	2 258.09
负债总额	2 477.61	3 171.72	4 091.48	4 536.63	5 047.47

2016 年从香港退市之后,万达的主要融资渠道只剩下发债和银行贷款。同时,交易前的万达还是中国最大的商业物业开发商、销售商和豪华酒店业主及运营商,而商业地产的流动变现能力又不及住宅和写字楼,因此,万达本身还面临着较高的流动性风险。

酒店业务

本次交易中,万达集团将超过半数的已建成的自营酒店及外管的酒店出售给富力地产,在剩下未售出的酒店中,近半数自营酒店仍处于在建状态(见图21—2)。而酒店业务作为中长期的投资项目,存在着回收期长、投资回报率不高等问题。而未来剩下的酒店业务是否会在完工后继续被万达剥离,值得关注。

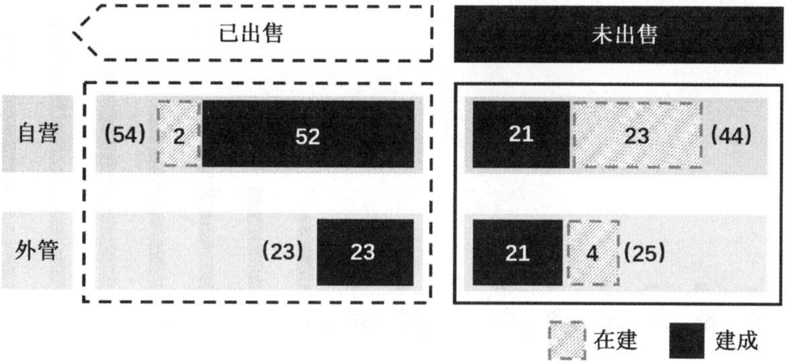

图 21—2　万达酒店业务

文旅业务

对于万达来说,文旅项目同样也存在开发投资大、期限长、回收慢等问题。此次转让文旅项目,不仅能大幅降低万达集团的负债,同时可以进一步实现轻资产化运营的战略。王健林曾在本次交易发布会后表示,交易完成后万达集团账面现金将超过 1 700 亿元,足以清偿绝大部分银行贷款。

战略调整:重资产向轻资产转型

中国房地产曾经“黄金十年”的浪潮,使得国内涌现出一大批房地产企业,而现在“白银时代”的大背景下，机会变得渺茫且难以把控，因此万达未来计划采用轻资产策略，全力发展创新型、轻资产业务，如影视、体育、儿童娱乐、大健康、网络、金融等。此次与融创合作，双方也表示将在电影等多个领域开启全面战略合作。

此前融创已成功入主乐视，融创后续也可能打通乐视与万达电影等业务的合作通道。对于万达电影来说，这能补齐万达院线只有线下没有线上，只有大屏（银幕）缺乏中小屏（电视、手机）等移动终端流量入口的短板。

集团层面：收入结构追求改变

集团层面来说，2001～2016 年 15 年间，万达集团的营业收入年均增长率超过 36%，但 2016 年不进反退（见图 21－3）。其主要原因是万达大幅缩减传统地产业务，砍去了 640 亿元销售指标。同年，万达服务业收入占比首次超过房地产收入达到 55%。而在此次与融创的文旅项目交割后，融创每年还将向万达支付 13 个文旅项目，每个 5 000 万元的品牌许可使用费，即每年共计 6.5 亿元，共支付 20 年，这也将促进万达集团在收入结构方面实现转变。

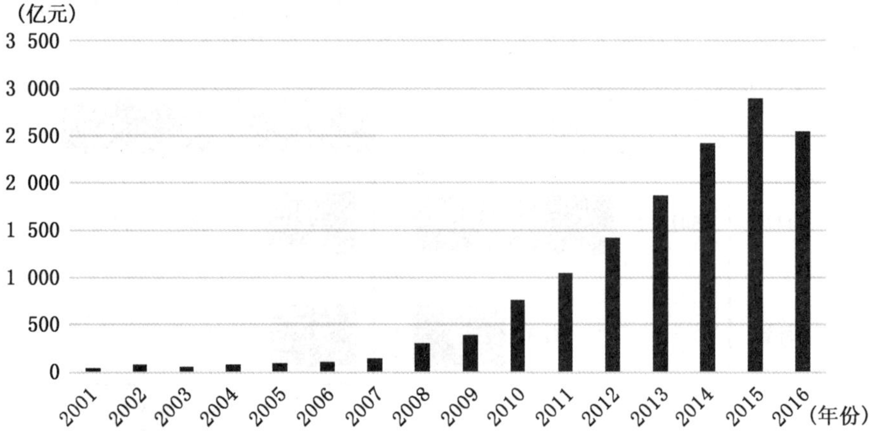

图 21－3　万达集团 2001～2016 年营业收入

去“地产化”，轻装上阵，A 股 IPO 征程

自 2016 年 9 月从港股退市后，万达商业便开启了 A 股 IPO 的征程，资料显示，目前万达商业在上交所 IPO 排队企业为第 65 位，处于“已反馈”状态。

此前庞大的地产资产使得万达商业在 A 股 IPO 时很容易被划归为地产公司，而现在房企在 A 股 IPO 难度较大，剥离重资产将有利于万达商业归属到其他非房地产行业类别，有助于 A 股获批，同时缩短审核时间周期，加速上市。

非一线城市房价推高，买方弹药储备充足

中国社科院发布的2017年上半年《住房市场发展分析报告》显示，在严厉的楼市政策调控下，2017年上半年，住房市场出现明显的区域分化和热点转移，北京、上海、天津、合肥等前期房价上涨过快的一、二线城市涨势得到了有效抑制，市场热点正向成都、重庆、青岛、济南、佛山等部分二、三线城市转移。

调控政策出台后，富力和融创战略性推进的广州、佛山、重庆、青岛等城市的房价开始上涨，两家企业的前瞻性布局，为其提供了充足的弹药储备。2016年下半年和2017年上半年销售收入一路高歌猛进。

同时，融创的孙宏斌表示，融创上半年销售额为1 100多亿元。截至2017年6月30日，融创账面有900多亿元现金，7月份回款会超过200亿元，下半年其他月份回款都会超过300亿元，全年将有超过3 000亿元的销售额。

融创中国

其实在2016年，融创就已经成功进入了深圳、广州、佛山、东莞、郑州、厦门、青岛、南宁、昆明等地，并迅速完成了一线、环一线及核心城市的全国化布局。根据2016年年报，融创的土地储备已经在国内房企中排到了第六位。如果加上此次并购新到手的近6 000万平方米的万达城地块，融创土储数字将超13 000万平方米，直接杀入前三。

对于融创来讲，本次交易一方面意味着融创将获得大量低价的土地，为公司补充大量优质的土地储备和物业资产，这对还处于规模化的融创来讲，将为公司未来持续发展提供强有力的支持；另一方面，通过与万达的合作，融创也可以增强自身多线发展的能力，借力发力继续做大国内市场。

在传统地产基础上开拓另一条路

自2016年下半年开始，融创就在各个领域全面发力。此前融创入主乐视，以150亿元取得乐视网8.56%的股权，吃“文化饭”的意图表露明显。此次购买万达旗下文旅项目，更彰显其拓展文化产业的意图，同时未来可期的资金回流，也将支撑文旅产业长周期投入和回收的要求。

富力地产

对于富力地产而言，房价快速上涨的广州、惠州、重庆、成都等城市也是其重要的战略布局城市。2016年，富力在广州、重庆、佛山、宁波等15个城市和地区共收购了22幅地块，新增土地的权益可售面积约504.1万平方米。而以上城市的房价在2017年上半年的涨速均位于全国前列。

根据富力2016年年报显示，2016年富力地产协议销售达人民币609亿元，同

比增长 12%。其中广州占比 10.33%，重庆占比 5.92%。前期土地储备为富力带来了可观的收入，同时也支撑起了此次对万达酒店资产的收购。

低价补充酒店资产，全球最大五星级酒店业主

富力早在 2008 年就着力发展酒店业务，在全球已开业和在建的高级酒店达到 24 家。而 7 月 19 日从融创手中以 199.06 亿元接手 77 家万达酒店后，富力将持有超过 100 家酒店，成为目前全球最大的五星级酒店业主。

从盈利能力来看，目前高端酒店的整体盈利水平有限。2015 年全国 789 家五星级酒店利润总额为 19.02 亿元，平均每家利润约为 241 万元。

而根据此前融创的公告，万达的 76 家酒店 2015 年利润为 5.51 亿元，2016 年利润 8.74 亿元，平均而言，每家酒店两年的利润分别为 725 万元和 1 150 万元，此次收购或将帮助富力持续亏损的酒店业务争取到未来更好的业绩表现。

万达广场最新消息

7 月 25 日，南昌西湖万达广场、崇州万达广场置业有限公司等 4 家万达广场完成了股权变更，其股东由万达变成了合生旗下的珠江人寿。

万达方面称，早在 2016 年第 4 季度，万达商业与中信信托、民生信托、富力集团等签约 90 个万达广场、共 1 050 亿元的投资合同。2017～2019 年，每年开业交付 30 个万达广场给投资方，净租金双方分成。本次的南昌万达广场，就在这次交易范围内。未来用别人的钱投资万达广场，由万达输出品牌管理，很可能会是万达以后轻资产战略的重要实现方式。

主　　笔：袁子岚

资料收集：张浩一　陈夏花　李耀州

想成为《投融资观察》报告创作团队的一员吗？微信扫描本书第 234 页二维码，现在就加入我们吧！

No. 22

人工智能:技术依然是第一生产力

2017 年 7 月 11 日,人工智能企业商汤科技宣布完成 4.1 亿美元 B 轮融资,创下全球人工智能领域单轮融资最高纪录。本次 B 轮融资包括 B1、B2 两轮。B1 轮由鼎晖投资领投;B2 轮由赛领资本领投,中金公司、基石资本、著名投资人梁伯韬等近 20 家顶级投资机构、战略伙伴参投。

本次融资的资金将被用于:(1)保持原创技术的持续创新优势,深化 AI 基础技术研发;(2)在现有业务平台基础上,扩充产品线,同时探索诸如无人驾驶等新的垂直领域;(3)加强与上游合作伙伴的紧密协作,与下游客户开拓更多应用场景。

人工智能行业概览

1955 年,达特茅斯会议的召开标志着人工智能的诞生。随后的 50 年是简单神经网络发展时期,但由于算法上存在的问题,行业呈现出曲折螺旋式上升的发展态势。2006 年 Hinton 提出"深度学习"神经网络,使得人工智能获得了突破性进展。2006～2015 年成为人工智能崛起的黄金十年,图像和语音识别研究也取得突破,并逐步进行探索性应用。

目前,人工智能大致可以划分为三大层次:AI 算法模型(深度学习、神经网络、路径规划等)、AI 研究领域(计算机视觉、语音识别、自然语言处理)和行业应用(无人驾驶、机器人、智能硬件)。这三个维度分别对应人工智能的技术支撑层、基础应用层及方案集成层。

AI 成为投资热点,中国人工智能行业潜力巨大

2016 年 3 月,谷歌 Alpha Go 在比赛中以 4∶1 战胜李世石,2017 年又在与柯洁的人机大战中获胜,成为人工智能的第三次热潮上的重要里程碑,而上一次热潮还是 1997 年,深蓝战胜"棋王"卡斯帕罗夫。

2016 年,人工智能成为投资界乃至整个世界关注的焦点,全年人工智能行业

融资事件超过 4 000 起，融资总规模达到 92.2 亿美元，中国也成为仅次于美国的第二大人工智能融资事件发生地。截至目前，华人人工智能的学术成果已经占到了全球总数的一半以上。2000～2016 年间，中国人工智能企业累计增长 1 477 家，融资规模累计达到 27.6 亿美元。

虽然目前中国 AI 技术和产业在大部分领域仍落后于全球一流水平，但产业布局、技术研究等 AI 基础设施正处于进步期，随着科技、制造等业界巨头公司的布局深入，中国人工智能的产业规模将进一步扩大，见图 22－1。

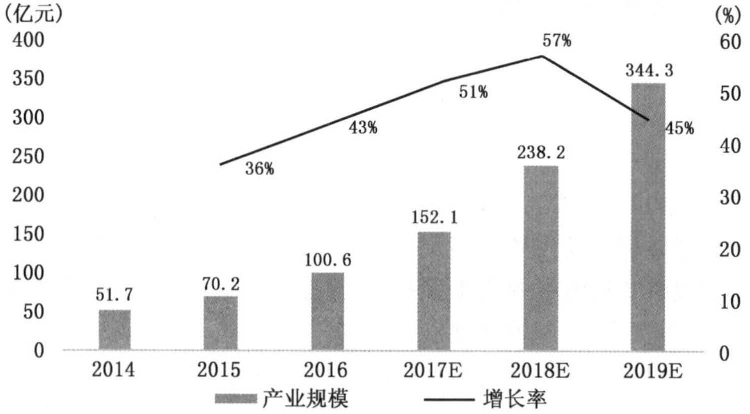

图 22－1　2014～2019 年中国人工智能产业规模预测

商汤科技：技术领跑，国内最大人工智能公司

商汤创办于 2014 年 11 月，是中国最大的人工智能公司，也是目前全球融资额最高的人工智能独角兽企业(估值超 10 亿美元)。建立了国内最大的、唯一自主研发的深度学习超算中心，是中国最大的人工智能算法供应商。

同时，除技术实力领跑行业外，商汤科技的营收也位居行业前列，并在多个垂直领域的市占率位居首位。

强有力的团队技术支撑

徐立，商汤集团创始人兼 CEO，本硕毕业于上海交通大学，博士毕业于香港中文大学。拥有十余年计算机视觉、模式识别、图像处理领域的研究和产品开发经验。在视觉领域国际顶级会议、期刊上发表 40 余篇论文。

汤晓鸥，商汤科技创始人，中国科学院深圳先进技术研究院副院长、集成所多媒体中心主任、香港中文大学教授、工程学院副院长、麻省理工学院博士，其发明的人脸识别技术(Gaussian Face/Deep ID)成为世界上第一个超过人眼识别能力的计算机算法。

商汤科技内还拥有来自麻省理工学院、香港中文大学、清华大学、北京大学、中国科技大学等著名学府，包括50多名博士在内的优秀科学家，以及来自微软、谷歌、百度、联想等公司的业界菁英，团队在三大国际顶级计算机视觉会议（CVPR、ICCV、ECCV）上共发表论文超过150篇，在亚洲企业中排名第一，世界范围内仅排在谷歌、微软之后。

核心技术和应用场景

在业务领域，商汤科技正将计算机视觉技术应用到行业产品的智能化升级当中，以满足各行业在人工智能、大数据分析和视觉计算方面的需求，目前已经在包括智慧金融、安防监控、智慧交通、政府大数据分析、虚拟增强现实等产业得到了应用，见表22—1。

表22—1　　商汤科技核心技术简介及应用场景

核心技术	核心技术简介	应用场景
人脸技术	通过人脸106个关键点定位使之可适应侧脸，遮挡、模糊、表情变化等各种实际环境，对人脸进行检测跟踪，支持人像美颜	人脸身份证，网络社会管理：远程识别身份，广告定向投放或顾客信息分析，人脸聚类，智能相册照片管理，基于合影的社交网络分析，门禁考勤
智能监控	可在视频监控、辅助驾驶等场景中准确找出场景中所有的行人车辆位置，并可通过分析行人身体结构识别人物多种生理信息	行人车辆检测，人群分析：人流统计与控制
图像识别	通过全球领先的通用物体检测算法可有效检测图中的常见物体，自然环境下的数百种场景，通用物体及其属性并识别图片及视频中的服饰信息	服装属性识别，智能相册管理：照片检索和分类，广告推荐，车型识别
文字识别	适用于卡证信息识别，不限版式的消费票据，并可识别极难条件下的车牌信息	票据，自动提取卡证图像中的文字信息，车牌识别
图像及视频编辑	对图像及视频进行去雾、超分辨率、修复、暗光增强、单图HDR、失焦修复、视频去抖、后聚焦、添加滤镜等处理	制作面孔专辑：检测人脸并分类归纳，还原图片：针对图片中的暗光及雾气等进行处理
深度学习	由高性能异构分布式平台、深度学习并行训练集群系统和高性能基础算法库构成	生命科学，计算机视觉，安防、智慧商业（人群区域属性分析、人群属性分析），互联网身份认证，移动互联网

客户群体

商汤科技目前的合作伙伴数量业已突破400家，囊括了金融、安防、机器人、手机、互联网、无人驾驶、医疗等众多领域。

作为算法层企业，商汤科技通过与京东、小米、新浪微博等应用层级公司的合作，使得自己的算法得以融入多个细分领域，并快速移植复制到其他行业。

在技术层面，商汤还与科大讯飞、英伟达等多家企业合作，研发具备“人脸＋语音”双重识别的产品，以及可实时处理双路视频，适用于深度学习的 GPU 芯片。

可比公司

商汤科技主攻人工智能领域中的计算机视觉，及其在智能安防、自动驾驶和金融行业中的应用。从技术水平来看，国内厂商在人脸识别领域处于国际领先地位。

综合各细分领域热度来看，目前人脸识别也是计算机视觉领域的竞争热点，金融、安防领域的人脸识别均是未来重点布局的场景，见表 22—2。

表 22—2　　可比公司

公司名称	成立时间	最新融资信息	核心业务	未来发展预期
旷视科技（Face＋＋）	2011	2016 年建银国际和富士康集团领投 C 轮亿美元融资，所有原有投资者也全数参与	人脸识别、轨迹分析	将人脸检测领域做深做透，可能会进军机器人视觉技术领域
商汤科技	2014	2017 年获鼎晖、赛领共 4.1 亿美元的 B 轮融资	人脸识别、图像识别、智能监控	做强人脸识别技术，布局无人驾驶领域，可能会进军机器人技术领域
格灵深瞳	2013	2014 年获红杉资本 A 轮数千万美元融资	人脸识别、行为分析、图像分析、车辆识别	做强人脸识别技术，可能会进军无人车技术领域
依图科技	2012	2017 年获高榕资本 C 轮 3.8 亿元融资	人脸识别、车辆识别	做强金融和安防领域的人像和车辆识别，并进军智能医疗领域

深度算法独角兽，国际竞争实力强劲

相比行业内同类公司多数依赖于国外开源平台初阶算法，商汤科技是国内唯一一家自建深度学习基础设施平台的算法层公司。而这正是得益于其强大的人才队伍和浓厚的学术气氛。商汤科技有 120 余名博士，可谓中国博士密度最高的企业之一，也是国内高质量专利最多、专业学术论文发表数量最多的公司。

商汤科技已经不仅是中国 AI 行业的引领者，技术、人才、理念上的优势无疑也令其具备了与世界级巨头一较高下的实力。

尖端技术获国家认可，或可享政策红利

2015 年，《互联网＋行动指导意见》首次正式将人工智能提升到国家战略层面，明确人工智能为形成新产业模式的 11 个重点发展领域之一。7 月 20 日国务院

印发的《新一代人工智能发展规划》,使人工智能在其实现过程,有望获得更多的政策保障和支持。

国资背景的赛领资本的入局可以看出政府对于商汤技术实力的认可和未来发展潜力的看好。作为中国 AI 的领跑者,商汤已经和深圳市政府就安防、金融、互联网、生命健康等多个产业重大项目达成合作。未来凭借尖端技术,商汤或可与政府进行更加深度的合作,进一步拓展市场。

持续创新,布局垂直新领域

此次 4.1 亿美元 B 轮融资后,商汤科技将进一步拓展其原创 AI 技术应用领域,包括与 OEM 厂商深化无人驾驶项目的合作,以及在智慧医疗等计算机视觉相关的行业,用其先进的 AI 生产力工具,帮助合作伙伴实现生产效率提升和价值突破。

无人驾驶

无人驾驶是本次商汤科技融资后的布局行业之一。无人驾驶被称为人工智能的终极场景,因其涉及的产业链众多且技术要求高,因此被给予了前所未有的关注。此次赛领资本的入局,其主要股东之一上汽集团也有望对商汤科技在探索无人驾驶领域提供相当大的帮助和支持,并在未来展开合作。

但是无人驾驶面临最大的问题是感知与决策算法本身仍不可靠。其面对的环境是完全开放的,天气、光线、突发的路况和有人驾驶汽车的共存等问题,想要在100%安全的命题下实现,技术的鲁棒性仍然不足。同时,国内相关法律法规目前还无法支撑无人驾驶的实现。因此我们认为其最后的落脚点很可能是智能驾驶。

智能医疗

人工智能在医疗领域的应用,主要体现在以图像识别算法为核心的智能诊断和以手术机器人为核心的智能设备两方面。就全球而言,目前医疗机器人的研发与销售仍主要集中在北美地区,国内渗透率极低。从目前的智能医疗行业来看,商汤科技初入战局。但在可以预见的未来,智能医疗和智能驾驶都有望带动巨大的产业链发展,市场前景广阔。

世界正在以我们预料不到的速度不断前行

回顾人工智能近 60 年的发展历程,我们发现,技术的进步和资本的助力,正不断缩短着代际间隔时间。对比从互联网接入中国,到电子商务和移动互联网应用的兴起,前后短短 20 年时间,就孵化出了一大批如今的互联网巨头。

当下的我们,也很可能正站在人工智能巨头孵化的起点。互联网和移动互联网的发展,使得人工智能技术有了更好也更成熟的应用环境,未来孕育出巨头的可能性也更大。图 22—2 为人工智能企业与移动互联网代表企业的估值对比。

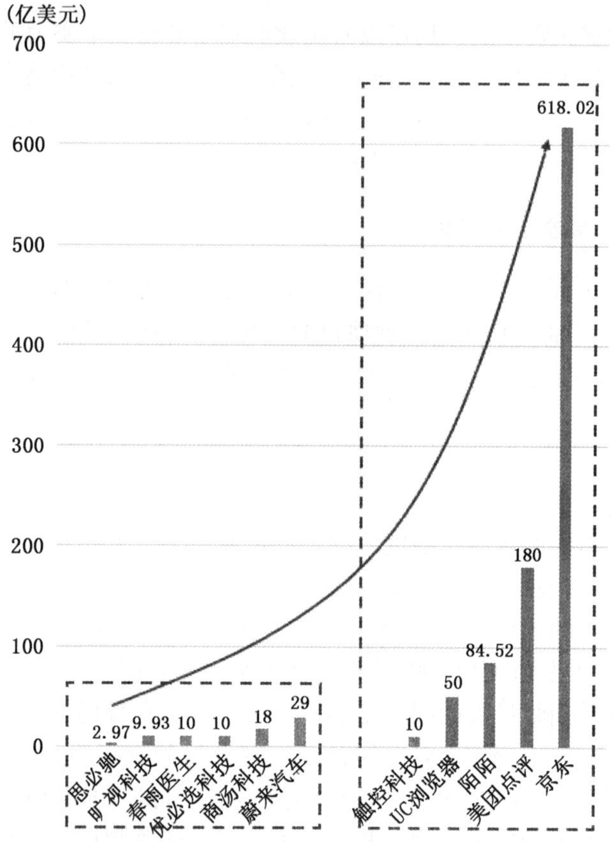

图 22—2　人工智能企业与移动互联网代表企业估值对比

从各个领域的情况来看，智能驾驶和计算机视觉因为其产业链本身投入产出的特点，获得了更多资本的青睐，而未来人工智能的巨头，也很有可能从这几个领域当中诞生。

主　　笔：袁子岚

资料收集：张　玥　白宝琪　夏　蕾

想成为《投融资观察》报告创作团队的一员吗？微信扫描本书第 234 页二维码，现在就加入我们吧！

No. 23

无人便利店:解放的是空间还是人力

7 月 18 日,小麦公社旗下的“小麦便利店”宣布获得洪泰基金、晨山资本首轮投资共计 1.25 亿元。此次融资主要用于供应链建设、产品迭代升级、自有系统研发升级等方面。目前,智能化的小麦便利店已经颠覆了传统便利店的成本结构,通过制造标准化实现快速复制,备受行业瞩目。

线下零售效益下降,移动支付引领零售新场景

国家统计局的数据显示,2015 年,上海城镇单位就业人员平均工资达到 109 174元,北京的这一值更是达到了 111 390 元,月均人员工资均超过了 9 000 元。伴随着城镇居民人均消费水平的同步上升,中国的人工成本正在飞速上涨,去人工化正在成为新的趋势。

零售业是劳动密集型行业,人工成本是最重要的一块费用。数据显示,2001 年到 2015 年沪深港各大卖场、超市费用率一直在缓慢上升;净利率在 2003 年之前一直处在持续下滑的波动中,之后缓慢增长后基本处于持平的状态。线下零售行业竞争激烈,净利润可能趋近于零(见图 23—1)。

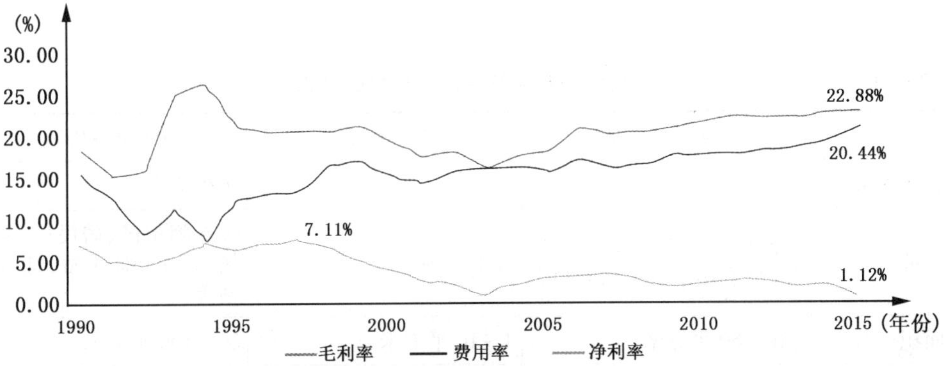

图 23—1 1990～2015 年沪深港 17 家上市卖场、超市核心财务情况

2016年便利店、购物中心、超市销售额增速分别达到了7.7%、7.4%和6.7%；专卖店、百货店销售额增速分别仅为3.1%和1.3%。其中便利店行业增速最高，但是一家24小时营业的便利店，至少需要7～8个工作人员，高昂的人工成本和移动支付的全面升级，催生了无人便利店的兴起。

中国无人便利店来势汹汹，野蛮生长

2016年12月5日，世界电商巨头亚马逊宣布推出革命性线下实体商店——Amazon Go。Amazon Go颠覆了传统便利店、超市的运营模式，使用计算机视觉、深度学习以及传感器融合等技术，彻底跳过传统收银结账的过程。无人便利店这种新的零售模式引起全球的广泛关注。

不同于亚马逊这样谨小慎微的业界大佬，中国版的无人便利店似乎一夜之间遍地开花。阿里巴巴的无人便利店"淘咖啡"在杭州亮相，引爆了人工智能支付的新场景。阿里入局，也将无人便利店的热度推向高潮。截至目前，国内无人便利店融资总额已达到2.91亿元人民币，与此同时，娃哈哈与深兰科技签订3年10万台、10年百万台Take Go无人店的协议。

无人便利店模式

无人便利店背后，是集传感技术、深度学习、RFID、自动结算、人脸识别、动态货架、动作识别防盗系统等多种技术的综合应用。

目前常见的购物流程主要有两种：一种是消费者扫码登记进店，自行选购商品后通过扫描二维码或是自助收银台结算支付，出门感应通过后，方可离开。另一种则更像一个超大型自动售货机，用户进入店内后对着商品墙选购支付，取出商品。

与传统便利店相比，无人便利店最大的优势就是降低了人工成本、租金成本和免去了排队结账的时间，深入传统便利店难以触及的部分，提升用户购物体验（见表23—1）。但是随着传统便利店引入移动支付的新方式，7月份日系便利店巨头罗森试点经营无人收银门店，在支付方式上传统便利店和无人便利店正在慢慢趋同。

表23—1　和传统便利店与自动贩售机的对比

	无人便利店	自动贩售机	传统便利店
驻店人数	0～1	0	至少7个
选址	小社区、景区、工业区等传统便利店下沉不到的地方	无地点限制	多在闹市区、居民区、机场、码头、加油站、地铁站等
面积	10～50平方米	4～10平方米	50～100平方米
投入成本	10万～15万元	1.5万元	40万～60万元

续表

	无人便利店	自动贩售机	传统便利店
SKU	500～800	约 300	2 000～3 000
商品价格	比传统便利店便宜 20%～30%	略贵于传统便利店	基准价格
偷盗率	盘亏 3‰	很少	盘亏 5‰

传统便利店的无人收银的尝试和降低人工成本的战略意图使得它们在实质上靠近无人便利店，而传统便利店利用线下已有网点来搭建无人便利店网络，更显得水到渠成。

表 23—2　　竞品分析

企业	购物流程	发展现状	商品类别	融资情况	核心竞争力
Amazon Go	扫码进店→人脸识别、摄像判断行为→取货离店→账户自动支付	只对亚马逊内部员工开放。美国西雅图唯一门店，计划于 2017 年对外开放	即食食品 & 生鲜	亚马逊	传感器和深度学习技术，免排队结账。成本过高及技术缺陷，目前难以大规模推广
缤果盒子	扫码进店→取货→货品放收银台→自动扫描→离店	全国共 8 个网点。累计接待顾客数万人，零偷盗损坏率，复购率接近 80%。预计一年内可完成 5 000 个网点的铺设	饮料、日用品、零食等	A 轮： 1 亿元 CGV 纪源资本 启明创投 源码资本 银泰资本	可规模化复制、智能防盗识别。与欧尚集团达成战略合作关系，供应链和渠道优势
小麦便利店	注册会员→人脸识别/扫码进店→微信扫码自购→结算支付离开	正在筹备新版本的店铺，将在其后开放加盟。暂未透露开店速度规划	早餐、鲜食、生鲜蔬菜及日常必需品	A 轮 1.25 亿元 洪泰基金 晨山资本	“有人”的特点降低了商品盗窃率并使便利店保持社交属性
F5 未来商店	移动端下单，到店取货； 店内自助终端下单，机器出货后取货； 通过店内商品墙扫码下单，机器出货后取货	广州 2 家实体店，2017 年计划在广州、深圳开 100 家门店，2018 年深入广州、深圳，并延伸到珠三角区域和上海	标品售货机 冲饮售货机 鲜食商品售货机	A+轮 3 000 万元 创新工场	机器自动化结合算法代替人工。由机器完成所有烹饪、冲调饮品、取货、结算、库存盘点及清洁工作。核心技术为机械臂及智能仓储

无人便利店井喷，优势明显，劣势也突出

在资本的助力下，无人便利店遍地开花，不可否认的是相比传统便利店，无人

便利店有明显的优势，但是同样的，劣势也十分突出，如图 23—2 所示。

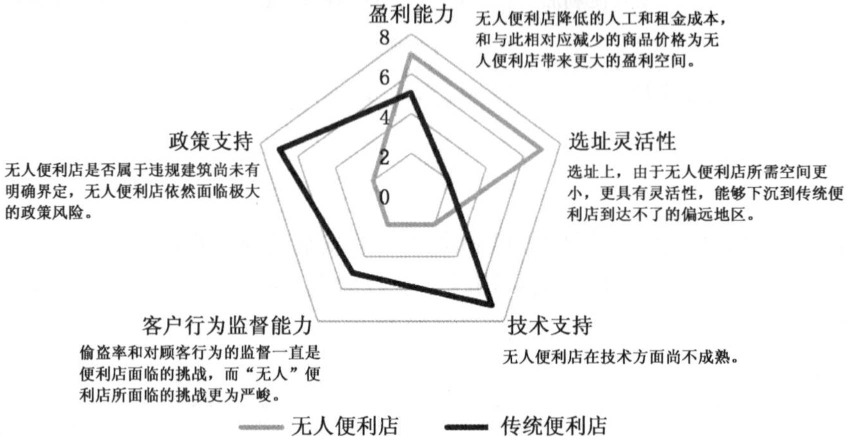

图 23—2 无人便利店和传统便利店的优劣势对比

此外，无人便利店在供应链建设、后台信息化程度、软硬件结合能力和后端仓储方面仍面临着较大的压力和挑战。

主　　笔：袁子岚
资料收集：徐恩东　柴圣曦

想成为《投融资观察》报告创作团队的一员吗？微信扫描本书第 234 页二维码，现在就加入我们吧！

No. 24

互联网金融:资产与资金的天平

互联网金融公司点融于 2017 年 7 月 13 日宣布,将收购夸客金融的"普惠金融资产生产机器"——夸客信贷工场及其相关网点和团队,以进一步巩固点融在借款客户获取能力、信审能力和资产生产能力上的业内领先地位,此次收购主要针对资产端进行。合并后,夸客金融继续运营,信贷工场将同时为夸客金融和点融网及其他第三方提供资产。

P2P 行业增速放缓,"领头羊"效应持续显现

与银行相比,P2P 平台在其中只是担当了信息传递者的角色,收取少量的中间费用,针对个人或小微企业贷款,贷款数额小,门槛低,更倾向于普惠金融,并且操作流程简洁、运营成本低,吸引了大量客户,其一定程度的优越性致使 P2P 平台自 2012 年开始纷纷涌现(见图 24—1)。

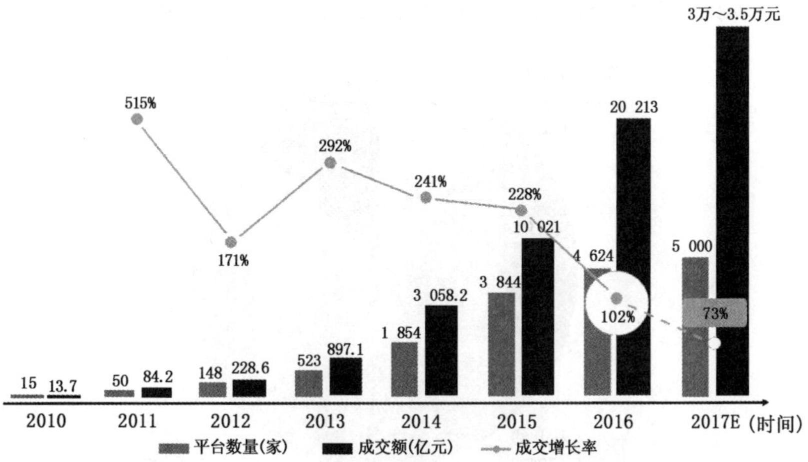

图 24—1　2010~2017 年全国 P2P 平台数量和成交额

2016 年，全国累计平台达 4 624 家，累计成交额突破 2 万亿元。但是增速略有放缓，根据图 12－1 可知，2016 年 P2P 平台数量相比 2015 年增加了 20.29％，而成交额增加了 102％，可见，行业龙头正迅速进行规模化发展，新增平台逐渐减少，P2P 网贷行业也由萌发期逐渐转为稳定发展期。

截至 2017 年 2 月底，P2P 网贷平台行业正常运营平台数量为 2 335 家，相比 1 月底减少了 53 家，一定程度上反映 P2P 网贷行业正在走向强者愈强的状态。

P2P 平台过快增长，合适资产数量不足

作为连接和匹配借款人与贷款人的信息平台，P2P 的平均资金成本是 7％～8％，而只有当提供贷款的利率为 11％～12％时，平台才能实现盈利。因此 P2P 平台运作的核心在于将资金匹配到能够以合理方式承受 11％～12％资金成本的资产端。

经历了 2012～2016 年的飞速发展阶段之后，2016 年国内的 P2P 平台数量已经突破了 4 000 家，大量的玩家和资本涌入 P2P 市场。P2P 市场壮大之后，能够以合理方式承受 11％～12％资金成本的资产变得紧俏起来，大量 P2P 平台的资金空转而没有为平台带来真正的效益。

政策管制日益严格，银行存管设立高门槛

P2P 网贷行业的一个重大风险因素就是政策风险，可以说，政策导向对于行业发展起着风向标的重要作用。2016 年 11 月 28 日，银监会联合工信部、工商局发布了《网络借贷信息中介备查登记管理指引》，要求同一借款人在同一平台的借款上限为 20 万元，同一个企业组织在同一个平台的借款上限为 100 万元；同时对 P2P 平台银行存管提出要求，而成功接入银行存管的平台占比不到 5％（见图 24－2）。这对于原本就面临“资产荒”的 P2P 行业来说，无疑是雪上加霜。

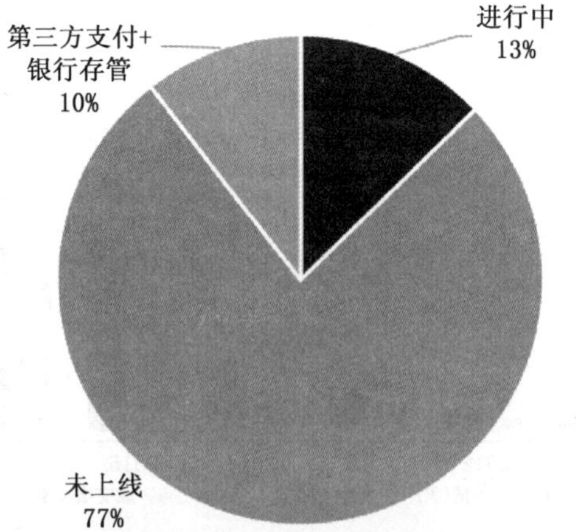

图 24－2　银行存管份额图

随着法律法规的不断完善以及行业监管的规范化落地,在多轮次洗牌之后,P2P 行业的资源集中度正在不断加剧,“领头羊”效应将会持续显现。

强强联合,互利共赢

点融网被广泛称为“中国的 Lending Club”,但由于中国金融服务行业发展还比较落后,所以点融网的业务在 Lending Club 的基础上还多了一点。

Lending Club 帮助开拓了 P2P 借贷或市场借贷业务。不同于像银行使用客户的存款来进行借贷的服务,公司开发了一个聚集借贷者和个人及机构投资者的市场。资本来自投资者,Lending Club 以网站为基础提供贷款的承销服务。其盈利模式是每笔借贷收取 5%的手续费,采用比实体银行系统和消费信用卡更低的利率。

与 Lending Club 的玩法相似,点融网也是一个聚集了借贷者和投资者的市场。点融网控制风险的思路是将投资人投入的资金分散到若干笔资产中以分散风险,例如将 10 000 元的资金分散到 10 000 笔贷款当中,这 10 000 笔贷款同时出现坏账的概率将低于资产端和资金端的利率差以实现盈利。

点融:资金实力雄厚,优质资产紧缺

自成立以来,点融已完成的几轮融资分别来自于 GIC、北极光创投、老虎环球基金、渣打直接投资有限公司、渤海金控、中国互联网金融科技基金(由中民国际资本有限公司与广发投资联合发起成立的基金)及巨溢资本等(见表 24—1)。

表 24—1　　点融融资情况

时　间	轮　次	金　额	投资方
2017.08.02	D 轮	2.2 亿美元	新加坡政府投资公司(GIC) 中民国际融资租赁股份有限公司
2015.08.20	C 轮	2.07 亿美元	渣打银行 北极光创投
2014.10.08	B 轮	数千万美元	新鸿基
2013.08.01	A 轮	数百万美元	北极光创投 线性资本(LinearVenture)
2013.03.01	天使轮	数百万元人民币	上海致景投资

从资金端来看,随着融资金额的增加,点融积累了一定的自有资金,与相关金融机构的对接,也为点融网带来了可观的资金来源。

但是从资产端来说,随着行业整体规模的不断扩大和政府监管的日益严苛,加上点融网自身的风险分散思路和运营模式,依照目前的体量,点融网需要大量的资产来支撑它的运营,相应的,也需要更为精准和有效的风险控制体系。

夸客金融 2014 年成立于上海，目前覆盖了国内 47 个城市，有 71 家借款人服务中心，专注于为中小微企业主和高成长消费人群提供普惠金融服务，核心创业团队均来自于传统银行业巨头和互联网科技公司。

此次并购的标的是夸客金融的资产生成核心——“夸客信贷工场”。作为优质信贷资产的输出方，拥有精准的风控体系的夸客金融“信贷工场”非常符合点融网目前发展的需要，两者的合并是强强联手，互利共赢（见图 24—3）。

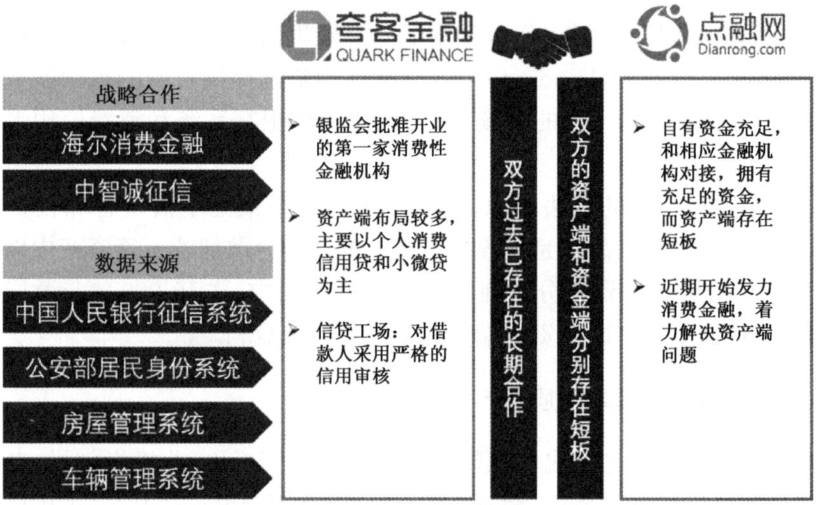

图 24—3　并购形成强强联手

竞品分析如表 24—2 所示。

表 24—2　竞品分析

	点融网	夸客金融	陆金所	宜人贷
累计交易金额（亿元）	363	101	68 158	322
注册人数（万）	915	237	2 838	超 600
目标客户	投资者与有贷款需求的个人或企业	消费者 小微企业主	合格投资人 小微企业及个体工商户 金融机构	城市白领
竞争优势	自动投标工具；分散投资；与一号专车合作的余额生息功能；1 元起投，投资门槛低	独立开发的反欺诈系统以及国际最领先的信用分析和决策管理技术	平安集团背景，客户信任度高；与前海征信合作，打造 P2P 开放平台；定位理财超市、系统解决方案提供商	基于互联网大数据风控的个人信用的极速模式；1 分钟反馈预估额度，10 分钟内完成审核

续表

	点融网	夸客金融	陆金所	宜人贷
现存劣势	新业务存在合规问题;资金并非托管在银行,不能实时到账	品牌优势和社会影响弱;成交规模和风险准备金规模较小	抢标现象严重	D类借户占比不断上升,坏账率持续扩大

资产并购+资金优化:行业持续整合升级

在互联网金融的严冬,各个平台纷纷抱团取暖,P2P 行业持续整合升级,大的 P2P 平台通过并购和优化风控系统来扩大自身的资产端。资产的持续整合吸引更多的资金,从而不断地提升市场规模和效率。未来的 P2P 金融平台仍将继续走得更远。

最新消息

2017 年 8 月 2 日,点融宣布获得 2.2 亿美元 D 轮融资,本轮融资由新加坡政府投资公司(GIC)领投,中民投租赁集团旗下中民国际融资租赁股份有限公司,以及韩国 Simone 集团旗下 Simone 投资管理公司等共同参与。

在成功整合夸客金融资产端之后,点融着手在资金端发力,D 轮融资资金将主要用于增加技术投入、增加市场扩张投入,以及全球化布局投入,从而帮助点融取得更快的业务增长,点融以及中国互联网金融的未来依然值得期待。

主　　笔:袁子岚

资料收集:杨　溢　费海墅　韩欣恒

想成为《投融资观察》报告创作团队的一员吗?微信扫描本书第 234 页二维码,现在就加入我们吧!

No. 25

鲜花电商:表面的繁花盛放

近日,鲜花电商花点时间已完成B轮数亿元融资,投资机构包括经纬创投、东方富海、前海母基金、清晗资本、清流资本、梅花天使创投等。花点时间称,计划面向都市女性拓展多品类产品,加速鲜花产业链上游布局,使之成为女性快消品领域集供应链、渠道、品牌、产品为一体的公司,并将与更多明星及业界人士合作。

与其他鲜花电商最大的区别在于,花点时间不仅提供包月活动、私人定制和明星效应,还提供"主题花系列",主打都市白领女性群体,倡导"悦己经济"。此前花点时间已先后获得了青山资本、梅花天使、清流资本等知名投资机构的投资,高圆圆也是其早期重要的股东之一。

供需不匹配,高质量花处于卖方市场

目前在我国鲜花行业中,上游种植分散且技术低、产出少,而消费者对鲜花的整体需求不大,鲜花消费主要为礼品鲜花,季节性明显,且对价格敏感性较高。由于鲜花市场长期供求不匹配,高质量鲜花处于卖方市场,定价颇高。参见图25—1。

多因素驱动,突破卖方壁垒

从供给侧来看,生产数量和生产地面积逐步提升,鲜花品种也日益丰富。从需求侧来看,消费升级带来广阔市场,除此之外,物流方面的进步,特别是冷链物流的发展和日益完善,都推动了鲜花电商的发展。

目前市面上的商业模式也是围绕这两种驱动因素展开。一种是从供给侧入手,鲜花电商利用设计团队的创意来包装批发商囤积的质量稍次的鲜花,但是这种靠创意取胜的模式需要不断输出新的内容来吸引客户,竞争非常激烈。正如这些年来大热的各种网红,依靠不断输出内容来吸引大众,时间一长,往往后继乏力,观众易产生审美疲劳,迭代迅速。另一种是从需求侧出发,在掌握了一批客户之后,根据客户的周期性需求跟批发商谈判。

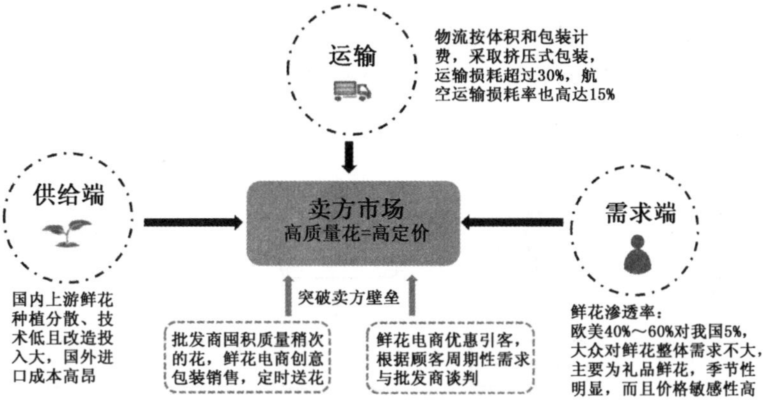

图 25—1　鲜花市场情况

多种模式整合并完善产业链

现阶段我国的鲜花平台企业的主要精力仍在鲜花的销售层面，对上游种植以及下游物流配送的把控力不强，这就影响了鲜花平台的成本控制以及客户体验，因此，未来的发展趋势一定是由中游鲜花销售和分拣向上游种植以及下游配送整合的过程。参见图 25—2。

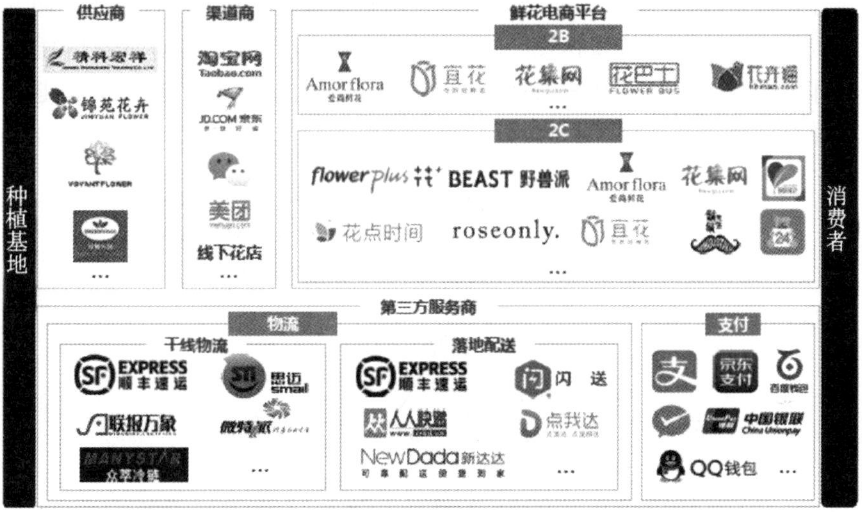

图 25—2　2017 年国内鲜花电商产业链图谱

业务模式

从业务模式来看，目前鲜花电商平台业务包括 O2O、B2B 和 B2C 三大类。O2O 模式是将线上电商平台与线下门店相结合，线上提供流量入口，然后接单转线下，与门店进行收入分成，赚取差价或佣金。2B 模式即平台对接上游种植基地，为广大线下花店提供采购供应服务。2C 模式下又可分为 B2B2C 的同城转单模式，以及 B2C 的高端定制和日常鲜花订阅模式。参见图 25—3。

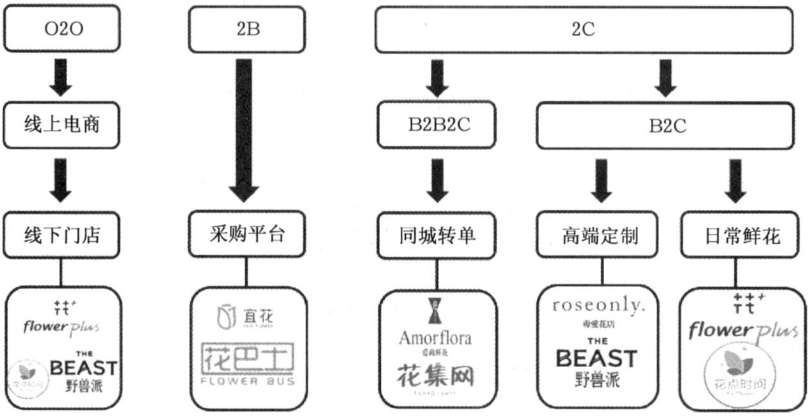

图 25—3　2017 年鲜花电商模式分类

消费结构仍待升级，2B 模式或更有成长空间

综合来看，我国鲜花市场的消费结构仍有待升级，消费者的消费观念和方式与国外消费者差距较大。从雷达图（见图 25—4）来看，高端鲜花对鲜花的质量设计等要求都高，而对于价格敏感性较低，但是受众较小。而定位大众的鲜花电商对鲜花的质量设计要求也高，但同时价格敏感性也高。

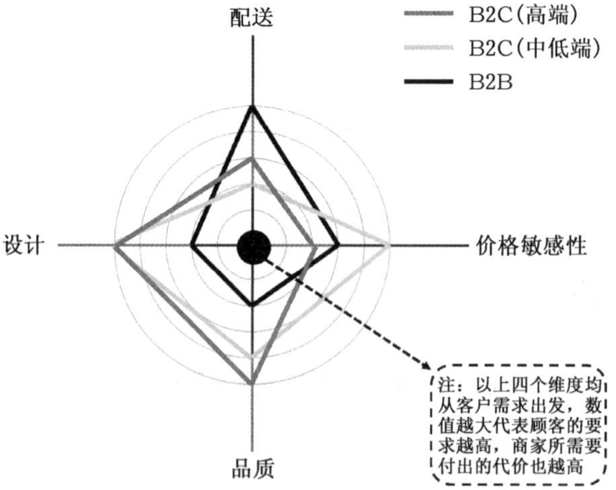

图 25—4　各类电商用户需求对比

反观批发商对于鲜花的质量要求并不高，对价格的敏感性适中，在快递日益发达的今天，或自建物流，或与第三方物流公司合作，都能比较容易地解决配送时效性的需求。因此，在今天供应商掌握话语权的鲜花市场，2B 的模式或许更加走得通。

竞品分析如表 25—1 所示。

表 25—1　　竞品分析

鲜花电商	商业模式	品牌特色	商品定价	物流配送
花点时间	低端标准化鲜花产品，O2O 电商模式	故事营销，每周三推出故事并搭配鲜花，采用月配的模式，提高用户黏性	99～469 元	顺丰
EasyFlower	B2B 电商	是鲜花商的上游供货商，通过对供应链的整合降低成本盈利		自建物流，目前有自己的飞机运花
野兽派花店	高端标准化鲜花产品，B2C、O2O 电商模式与线下门店结合	推行精致生活概念，主打高端标准化鲜切花与永生花销售以及故事鲜花的非标定制鲜花产品	288～19 999 元	目前有快递运输与专卖店自提的方式，快递与联邦快递合作
FlowerPlus	低端标准化鲜花产品，O2O 电商模式	切入日常花消费场景，通过微信端订购，价格低廉，只提供月配服务，用户黏性高	99～399 元	自建种植基地，采用基地直送的模式

反向整合上游产业链

在上述竞品中，FlowerPlus 花＋在云南拥有 6 000 多亩花田和专业基地，2017 年底预计将增长至 2 万亩。优质的花源供给成为吸引消费者的关键，同时从供应链上游着手解决目前市场供需不匹配的问题，是立足行业的长期可持续战略。

主　　笔：袁子岚
资料收集：张浩一　陈夏花　李耀州

想成为《投融资观察》报告创作团队的一员吗？微信扫描本书第 234 页二维码，现在就加入我们吧！

No. 26

电视机大屏：视频网站的最后战场

2017 年 7 月 3 日，TCL 集团旗下子公司雷鸟科技以增资扩股方式引入战略投资者腾讯：腾讯以 4.5 亿元获得本次增资后 16.67%的股权，投后估值约为 27 亿元人民币。

雷鸟科技是由 TCL 多媒体的子公司 FFalcon、深圳市前海芬德投资有限公司和员工于 2017 年 3 月投资设立的公司，主要从事 TCL 新推出的互联网电视品牌"雷鸟"和其未来新开发的智能电视品牌的设计、生产、制造和销售，并负责 TCL 多媒体及其控股子公司在中国地区的智能电视终端平台运营。

雷鸟科技首款电视产品 I55 是 4 000 元价位唯一支持 Dolby Vision 画质的互联网电视，同时具有 4K 分辨率超高清屏、全生态 HDR；在首发后 24 小时预约量突破一万台，首轮开售时雷鸟科技官方商城 2 679 台电视售罄。

传统电视机行业进入瓶颈期，电视机厂商联手互联网公司成电视行业新趋势

■ 互联网电视销量稳步增长

近年来，互联网电视以高性价比、强内容服务迅速打入市场；互联网电视销量远超传统电视，OTT 盒子销量持续下滑；传统电视进入瓶颈期、市场萎缩，互联网电视市场扩大成为趋势（见图 26—1）。传统电视巨头纷纷进军互联网电视领域，带有互联网、平台内容基因的新兴企业也成为互联网电视市场的重要玩家。

■ 互联网电视的商业模式以内容资源和用户为核心

互联网电视商业模式打破了传统以硬件售卖为单一利润来源的模式，以硬件为入口，通过互联网海量优质内容以及应用增值，建立广告收入和用户付费两大收入模式（见图 26—2）。因此，有效控制电视机制作成本、引入海量优质内容资源、树立强大的品牌效应、积累庞大的活跃用户数量成为互联网电视行业关键。

■ 拥有海量内容，与互联网电视公司交互合作

国内互联网公司也在积极布局互联网电视行业。腾讯投资了雷鸟、微鲸和酷

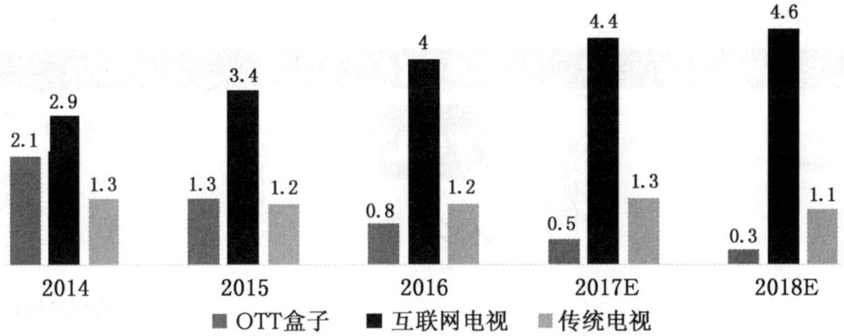

数据来源：乐视互娱 2016 年电视应用报告。

图 26—1　中国电视销量对比(千万台)

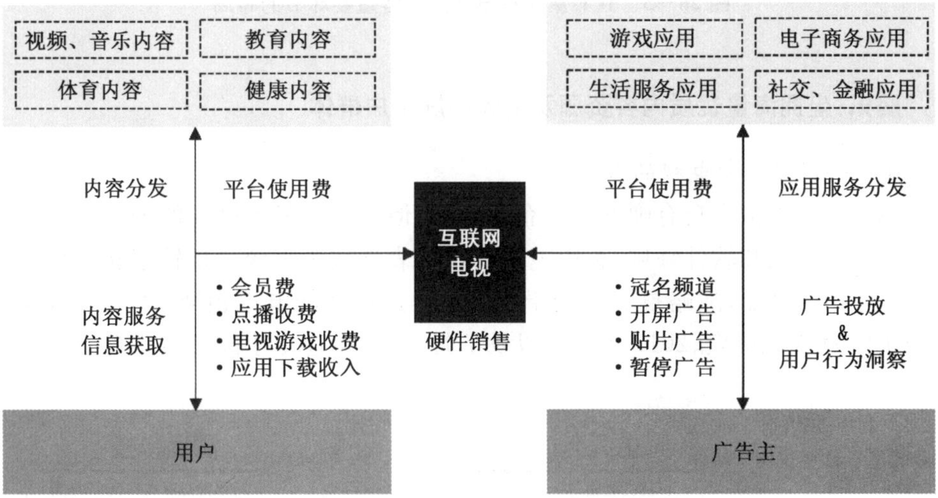

图 26—2　互联网电视行业的商业模式

开；阿里巴巴投资了微鲸；视频行业巨头爱奇艺则投资了酷开。内容平台存在对互联网电视渠道及中屏用户的强需求，同时互联网电视公司存在对大量优质内容资源的需求。

TCL：布局电视全产业链，拥有品牌、产品及渠道优势的传统电视巨头

TCL 是我国电视制造商中唯一全产业链布局的企业，是唯一具有半导体显示面板研发及生产能力的互联网电视生产及运营商，见图 26—3。

TCL 作为老品牌，有着深厚的历史积淀、过硬的质量和较高的性价比。目前，TCL 集团在全球共有 7.5 万多名员工，23 个研发机构，21 个制造基地，在 80 多个国家和地区设有销售机构，业务遍及全球 160 多个国家和地区，逐步建立起一个覆

盖全球的品牌运营网络。

图 26—3 TCL 集团在电视产业链重要环节的布局

腾讯:坐拥海量优质内容资源及庞大小屏用户群体

■ 加快对互联网电视的布局

腾讯曾尝试推出自有硬件产品企鹅电视,但电视及相关硬件的渠道不同于腾讯擅长的互联网和软件领域,企鹅电视的市场表现较为平淡。相较于建立自有品牌或自主研发产品,战略投资有利于腾讯更快进军智能电视领域。2015 年,腾讯参与了微鲸 A 轮融资;2017 年 6 月以及 7 月,腾讯接连出手酷开及雷鸟。参见图 26—4。

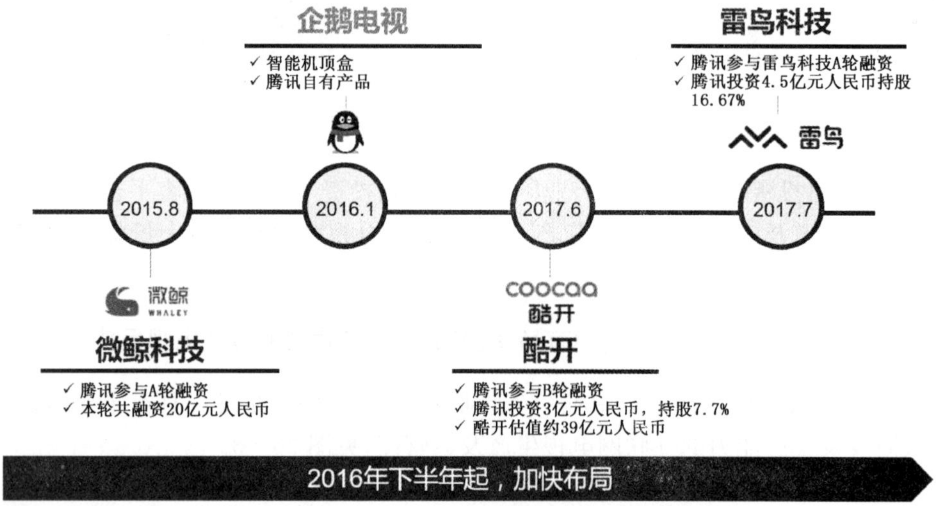

图 26—4 腾讯互联网电视产业布局

■ 拥有丰富的版权资源及优质内容

腾讯拥有丰富的版权资源，覆盖上万部精品电影、电视剧，诸多体育直播赛事、综艺、动漫、纪录片等；同时腾讯在全力推进自制策略，打造有独特竞争力的优质互联网内容，2017 年视频自制内容的占比将大幅提高。参见图 26—5。

图 26—5 腾讯拥有的版权资源和优质内容

TCL—腾讯：携手共同打造智能客厅战略

· TCL 作为传统老牌设备厂商及国内唯一具有半导体显示面板研发及生产能力的互联网电视生产及运营商，能够为雷鸟提供强有力的硬件支持。

· 腾讯与京东市场推广的资源与 TCL 的销售渠道能够形成线上、线下打通的优势。

· 腾讯也将利用视频内容作为进军智能电视领域的重点突破、扩展 TV 端渠道，提高腾讯视频的月活量和用户黏性。

· 腾讯在大数据分析、人工智能、云计算等方面取得的成果有机会应用于雷鸟智能电视，进一步赋予智能电视更多的互联网价值。

互联网电视的主要玩家

如表 26—1，互联网电视的主要玩家可以划分为：

· 传统电视巨头，如 TCL、创维、海信、康佳、长虹等。

· 拥有内容平台资源的企业，如乐视、暴风、风行等。

· 具有互联网基因的企业，如小米、微鲸科技等。

表 26—1

互联网电视主要玩家

	传统电视巨头					拥有内容平台资源的企业			具有互联网基因的企业	
	TCL	创维	海信	康佳	长虹	乐视	暴风	风行	小米	微鲸科技
品牌	雷鸟、XESS THOMSON	酷开 OLED、AIR	VIDAA	KKTV	长虹	乐视 TV	暴风 TV	风行电视	小米 TV	微鲸电视
价格区间（元）	1 400～30 000	1 200～33 000	1 100～20 000	749～130 000	1 800～30 000	2 000～600 000	1 100～8 000	1 500～10 000	1 000～10 000	1 200～40 000
核心数据	TV+智能网络电视平台的累计激活用户超过 2 000 万活跃用户 917 万	用户数量达到 2 000 万	计划 2017 年互联网电视激活用户数达到 3 300 万，日活用户数达到 1 500 万	康佳累计终端用户 1 970 万，月活跃用户 1 088 万（2017.6）	长虹智能电视上的虹领金系统的用户数量已经突破 500 万，月活超 80%	保有量超过 1 000 万	2017 年 1Q 销售 23.5 万台，2017 年计划销售 200 万台	累计激活用户超过 220 万（2016.12）	超过 1 500 万用户量（2016.6）	未披露
内容合作方	腾讯、爱奇艺优酷土豆	腾讯、优酷土豆、爱奇艺	腾讯、优酷土豆、爱奇艺	腾讯、优酷土豆、爱奇艺	腾讯企鹅 TV、爱奇艺、优酷 QQ 音乐、爱游戏、彩虹音乐	乐视视频、腾讯、爱奇艺、优酷土豆	暴风、腾讯、优酷土豆	风行、腾讯、优酷土豆	爱奇艺、优酷土豆、腾讯视频、PPTV、搜狐视频	腾讯视频、TVB、BBC、VICE
牌照商	华数 TV、银河电视、南方传媒	CNTV、银河电视	ICNTV、华数 TV	CIBN	ICNTV	CNTV、华数 TV、CIBN	银河电视	百视通	CNTV、华数 TV、百视通、银河电视、芒果 TV	银河电视
融资情况	2017.7：腾讯 4.5 亿元投资	2016.9：爱奇艺 1.5 亿元投资 2017.6：腾讯 3 亿元投资		2016.4：华侨城、微鲸科技等共计 30 亿元投资			2015.7：联合日日顺、奥飞动漫、三诺数码成立暴风 TV 2016.8：宁波航辰投资增资 2 亿元，估值 20 亿元	2015.8：兆驰股份收购风行网 63%股份；东方明珠持有 9.76% 2016.11：东方明珠及国美电器向兆驰股份定增，以投资风行 TV		2015.8：阿里巴巴、腾讯产业基金、华人文化产业投资基金，共计 20 亿元投资

传统电视巨头具有硬件产品、品牌及销售渠道的优势，但在内容资源运用、用户体验等方面较为薄弱；拥有内容资源的企业具有内容优势，但相较于传统电视企业缺少用户存量积累；带有互联网基因的企业，产品设计及满足用户体验的能力较强，但依赖于与其他资源方的强合作。

现期，传统电视巨头的市场份额仍占有绝对优势，但其他新兴企业的增长极为迅速，各类玩家各有所长；未来，有效的成本控制、优质的内容资源、强大的用户体验与流量变现能力是主要互联网电视玩家的主要竞争力。

主　　笔：李一铭
资料收集：厉佳敏　张德馨

想成为《投融资观察》报告创作团队的一员吗？微信扫描本书第234页二维码，现在就加入我们吧！

No. 27

电视机面板是否可以重新武装“中国制造”

2017年7月13日，TCL集团股份有限公司发布公告宣布以40.34亿元收购深圳市华星光电技术有限公司10.04%股权，交易后将直接持有华星光电85.71%股权。交易以发行股份方式进行，发行价为3.1元/股，发行数量为13.01亿股。本次TCL通过发行股份，收购华星光电少数股东权益，使华星光电高管及核心员工通过持股平台持有上市公司股份，提高公司凝聚力。

全盘收购的第一步

据悉，TCL原打算收购华星光电100%股权，但由于剩余股权分别由国资委和广东省产业基金实际以优先股方式持有，本次重组在获得证券监管部门批准后，TCL集团将实际100%持有华星光电股份。

关于华星光电

华星光电成立于2009年，致力于提高国内液晶面板的自给率，同时提升国际竞争力，拥有国内首条完全依靠自主创新建设的高世代液晶面板生产线，产品覆盖从大尺英寸电视面板到中小尺英寸移动终端面板，是目前中国大陆电视液晶面板制造厂商中市场占有率第二的企业，同时，根据IHS研究数据，公司2016年在全球电视面板市场占有率为13%，已跻身于全球具有一定影响力的TFT-LCD显示面板供应商之列。目前华星光电共有3条生产线投产：

> t1
> 投资额：245亿元
> 建设周期：2010年3月～2011年8月
> 设计产能：10万大片玻璃基板/月
> 当前产能：15.5万大片玻璃基板/月
> 项目于2010年3月动工建设，用时17个月即建成投产，2012年9月份达到月产10万大片玻璃基板的满载产能，目前单月产能突破15.5万大片玻璃基板，超设计能力55%。

t2
投资额:244 亿元
建设周期:2013 年 11 月～2016 年 9 月
设计产能:10 万大片玻璃基板/月
当前产能:12.2 万大片玻璃基板/月
项目于 2013 年 11 月 16 日启动建设,2015 年 4 月 24 日提前 50 天实现量产,目前产能已超 130K。

t3
投资额:245 亿元
建设周期:2010 年 3 月～2011 年 8 月
设计产能:10 万大片玻璃基板/月
当前产能:15.5 万大片玻璃基板/月
项目于 2014 年 9 月 16 日开工建设,仅用 10 个月的时间完成主体厂房及所有配套设施,瞄准 400PPI 以上的智能手机及移动 PC 面板,项目满产后,将实现年产中小尺英寸显示面板或模组约 8 800 万片,产值超百亿元。

截至 2017 年 6 月,华星光电共拥有 2 705 项境内专利,2 102 项境外专利,且低温多晶硅(LTPS)、氧化物半导体(Oxide)、有机发光显示(OLED)等新型显示技术的研发也在按计划进行中,具有显著的技术优势。

同时,华星光电还在武汉及深圳在建两条 6 代柔性 LTPS-AMOLED 显示面板生产线和第 11 代 TFT-LCD 显示器件生产线,有望在 2019 年一季度和 2020 年上半年实现量产。

面板行业较为集中,国产面板跻身市场前列

液晶面板中游主要是面板制造商为主的加工制造,有较高的生产和技术门槛。过去十年,我国的面板产业实现了跨越式发展,整体产业规模已跻身全球前三,中国一批面板龙头企业已跻身全球细分市场前列。见图 27－1 及表 27－1。

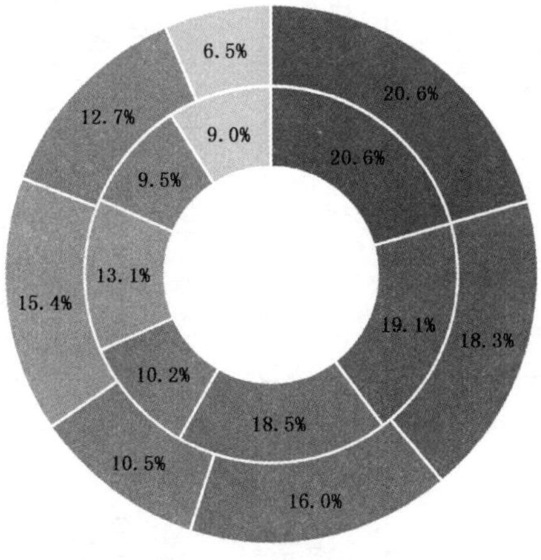

图 27－1　2015～2016 年面板市场份额图

表 27—1　　全球主要面板生产企业

企业	生产线	产品	年产量	规划	布局
三星（韩国）	在产：L6～L8 共 3 线（L1～L5 关闭，L6 转为 LTPS 产线，L7 转为 OLED 面板）	电视用面板（LCD、LED、AMOLED）和高端智能手机 OLED 面板及移动 PC 用面板	苏州 8.5 代线年产量 66 万片，主要产能分布在韩国	维持霸主地位	维持 AMOLED 面板 90%以上的市场份额，增加投产
TCL-华星光电（中国）	在产：两条 8.5 代线（深圳），一条 6 代 LTPS 线（武汉） 在建：第 6 代柔性 LTPS-AMOLED 生产线和第 11 代 TFT-LCD 及 AMOLED 新型显示器件生产线	电视用面板（TFT-LCD，LTPS）和高端智能手机及移动 PC 用面板	2017 年 Q1 生产玻璃基板 922.79 万片 液晶电视面板出货量全球第五位，其中 32 英寸液晶面板出货量全球第二，55 英寸液晶面板出货量全球第三	从下游向中游面板倾斜	通过股权收购完全控制华星光电，投产第 11 代液晶面板生产线，投资 350 亿元在武汉建设 LTPS-AMOLED 显示面板生产线项目
京东方（中国）	在产：三条 8.5 代线（北京、合肥、重庆），一条 5.5 代 AMOLED 线（鄂尔多斯）	TFT-LCD、AMOLED 等手机、平板电脑、笔记本电脑显示屏用面板	6 亿片	增加投产，挑战三星霸主地位	2016 年投资 1 000 亿元在成都、绵阳建设了两条 6 代柔性 AMOLED 面板生产线
LGD（韩国）	在产：一条 8.5 代线（中国广州），P1～P11 十一条生产线（韩国，P1 转研发用，P2、P3 停产，P4 转做 OLED 面板，P5 变为可挠式 OLED 面板，其他产线继续生产）	OLED 和 LCD 电视面板，显示器、手机、车载用面板	广州 8.5 代线年产量 72 万片，主要产能在韩国	加大投资 OLED，扩大技术优势	准备投资 7.8 万亿韩元（约合 70 亿美元）扩建生产设施，制造大型、小型 OLED 面板
群创光电（中国台湾）	14 个工厂和完整的各世代生产线（台湾）	专业制造 TFT-LCD 面板	6 代 LPTS 线月产量 2.3 万片，主要产能在台湾	在大陆面板产业赶超台湾的背景下重现昔日辉煌	将大陆 25%～30%的生产线移回台湾
富士康—鸿海（中国台湾）	在产：三条生产线（中国大陆）	手机、显示器、电视等面板	成都 6 代 LTPS 产线年产能 36 万片	整合夏普的资源，进行技术升级	收购夏普，在贵阳投资建立 6 代 LTPS 线

面板销量及价格均处于上升期，液晶面板全面涨价

面对中国面板产能的急速扩张，日本和韩国面板厂商虽有技术材料和设备优势，但逐渐失去成本和规模优势，价格上不再具有竞争力，因而陆续关闭液晶面板产线，压缩产能。

2016 年上半年，受中国台湾地区地震、三星制程转换不顺利关停 7 代线，以及 2017 年 1 月夏普停止向三星供货等冲击，面板的供给紧张进一步加剧，导致液晶面板全面涨价，部分尺英寸涨幅高达 40％。见图 27－2。

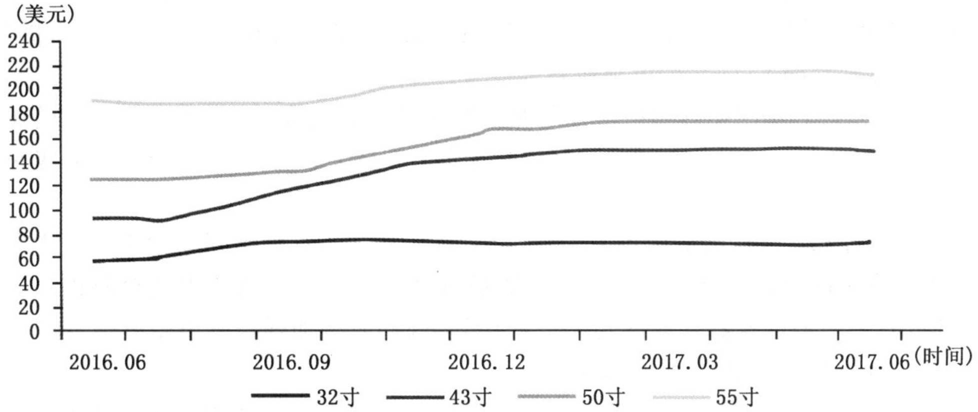

资料来源：投资界。

图 27－2　2016.06～2017.06 面板价格变化趋势图

2016 年 4 月至 10 月，32 英寸面板的价格从 56 美元涨到 75 美元，40 英寸面板的价格从 100 美元上涨到 140 美元。

另一方面，目前液晶面板的应用已经越来越趋向于大尺英寸高清的方向发展，根据中怡康的数据，2016 年上半年线下液晶市场 4K 的渗透率已经接近 50％，55 英寸和 65 英寸的电视已成为畅销产品。

在显示器以及笔记本电脑市场基本饱和，手机用屏幕即将被 OLED 取代的情况下，大尺英寸面板成为过去一年内涨价的主要品种。

华星光电是 TCL 集团的重要战略组成部分

作为 TCL 集团的利润奶牛，从 2015 年至 2017 年一季度，华星光电的净资产占集团总资产占比从 39.02％上升到 57.28％，净利润占比也从 57.50％提升到 145.70％，是 TCL 资产的重要组成部分。此次收购一方面可以增加 TCL 集团归属母公司股东的净利润，持续盈利能力得到增强；另一方面加强了对子公司的管控力度，提高上市公司综合竞争力。

TCL是华星光电产品的最大买家，原计划将华星光电分拆赴香港上市

华星光电的产品包括了电视用面板、智能手机及笔记本电脑显示器面板，并逐渐开始发展高端产品线，第6代LTPS-AMOLED柔性生产线也已于2017年6月在武汉开工建设，预计在2020年投产。公司OLED研发试验线已经建设完成，技术开发和人才储备工作稳步推进。

TCL是华星光电产品的最大买家

TCL的业务量占华星光电总销量的比重不断提升，从2015年的21.64%提升到2017年一季度的39.24%。作为TCL的子公司，华星光电对于TCL的"支援"很大程度地帮助了TCL的电视业务。

未来，TCL集团将继续扩张其电视业务，提升国际化能力，增加海外产品的业绩表现和高端产品销量；在移动智能终端和家电产品方面，将继续通过产品升级来提升品牌价值。

在智能和互联网服务业务上，TCL多媒体组建的以智能电视应用服务为主的雷鸟科技累计激活用户超过2 000万，活跃用户达到917万，而在其得到腾讯注资以后，TCL有望在家庭互联网转型方面得到突破，通过加强与腾讯及其他互联网企业在电视端的合作，增加协同效应。

不难看出，执行这套战略的TCL将比之前的任何一个时刻更需要高端可靠的面板，华星光电的前景值得期待。

华星光电收购华显光电

作为集团资产重组的准备，也为了推动华星光电和华显光电产业链一体化整合，公司实施了内部重组，华星光电于2017年二季度完成了对华显光电53.83%股份的收购，成为华显光电的控股股东。此次重组将促进双方在生产制造、供应链、产品结构、客户结构等方面的深度协同，有利于双方合力拓展高端客户及开拓海外市场。

华星光电借壳上市失败

2016年12月18日，TCL集团和深纺织A双双发布公告，终止此前筹划的重大资产重组事项。理由是国内证券市场环境及政策发生了一定的变化，实施本次重组的条件尚不成熟，考虑到2016年9月的借壳上市重组新规，风险太大。

技术风险：行业或迎来OLED时代

日韩企业逐步退出液晶面板市场，重点布局OLED面板方向，这体现出其对显示技术未来发展的判断，见图27—3。

由于小尺英寸 OLED 技术的不断发展，良率不断提升，成本逐渐下降，产能的陆续释放，在手机应用端已经出现了 OLED 代替的趋势。而目前电视端依然以 LCD 为主，市场上高端电视的代表就是 OLED 和量子点，其中量子点的推广厂商主要包括三星、索尼、TCL 等厂商，OLED 则由 LG 力推，长虹、康佳等跟进。

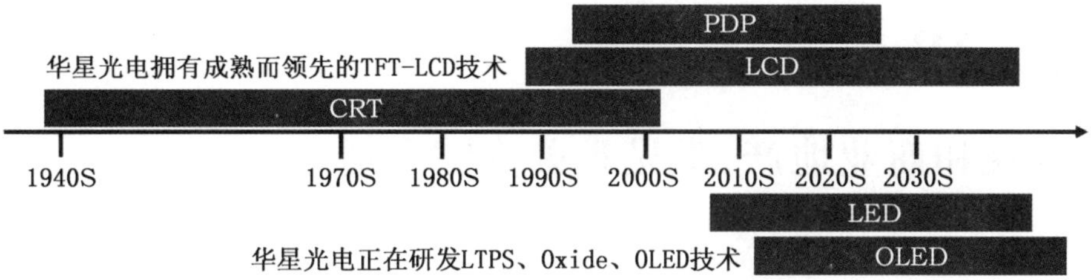

资料来源：渤海证券研究所。

图 27—3　各类显示技术发展时间轴

从成本上来看，量子点电视依然要比普通的 LCD 增加 100 美元左右的成本。如今的量子点，在售价上相对 OLED 更具竞争力，但是随着 OLED 技术的不断成熟，成本的进一步降低，OLED 电视有望在高端电视市场占据更多的市场份额。

主　　笔：李一铭

资料收集：厉佳敏　张德馨

想成为《投融资观察》报告创作团队的一员吗？微信扫描本书第 234 页二维码，现在就加入我们吧！

No. 28

IP 变现和商业地产,难兄难弟抱团取暖

2017 年 7 月 31 日,线下实境娱乐公司“筑梦文化”宣布完成由华耀资本领投的千万元级 Pre—A 轮融资,本轮融资将用于产品研发、团队扩容、版权拓展和市场拓展。

筑梦文化成立于 2015 年,思路是基于线上头部 IP 做线下“快闪式”主题乐园,推行沉浸互动体验式的实境娱乐产品,涵盖展示、演出、游艺、餐饮和衍生品等。其产品最初切入的是动漫领域,曾操刀《火影忍者》、《海贼王》等知名日漫 IP 的国内落地活动与衍生品开发。

团队背景:

创始人薛凌昊曾在交互式数据营销领域创业 8 年以上,为快消类品牌提供数据化营销与交互式营销解决方案;

联合创始人兼 COO 程沸龙生自小受地产家族耳濡目染,对综合类商业地产开发有着非常深入的理解;

衍生品开发总监杨典晏来自中国台湾,熟悉文创行业,同时为前富安娜、晨光生活馆、苏宁电器高管,有 17 年零售行业运营经验。

整体游览时间:2 小时;占地面积:500～1 000 平方米;主题:偏向浪漫。

盈利模式:C 端:门票、衍生品;B 端:企业用户。

IP 产业链条延伸:偏女性的包袋、洗漱用品及与国内大型文具厂商合作。

电商触网黄金十年,线下零售艰难过冬

2006 年后,电商进入持续高速发展的阶段,线下商业地产及传统零售业普遍承压。以鞋王百丽国际为例,2015 年利润大幅下滑,2017 年 5 月退市,其净利润率下降至 18.1%,零售网点减少了 700 家。电商和快递的迅速崛起,蚕食了线下商业体赖以生存的客流。

同时,商业地产也受到了不同程度的影响,以百联、百盛为例,其营业收入和毛

利率均从 2013 年开始出现不同程度的下跌，见图 28—1。

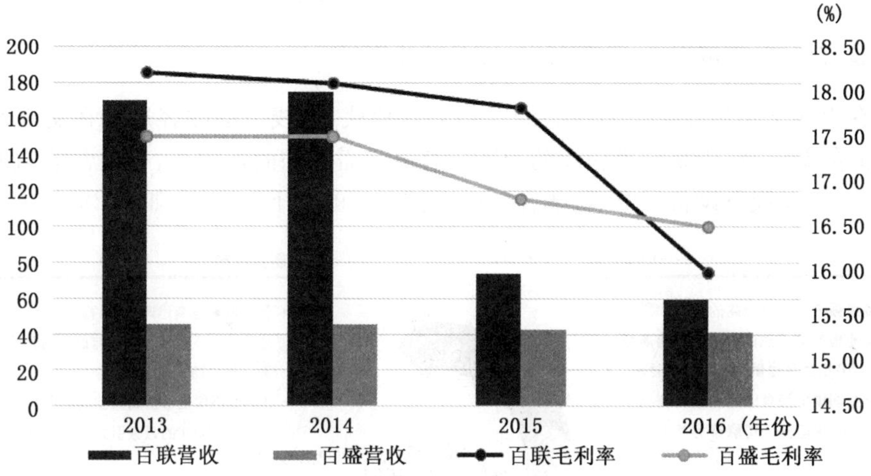

图 28—1 百联、百盛的营收和毛利率

IP 内容线下曝光需求，推动商业地产客流回暖

在线上触网的革命基本完成之后，新生流量的优势和增量红利正在逐步减退，线下零售及商业综合体提供了一个更加实惠，又更加直接的曝光引流渠道，线下 IP 运营者应运而生。

以朝阳大悦城为例，2016 年朝阳大悦城全年举办了超过 33 场"快闪"主题活动，销售额同比增长 28.7%，客单价同比增长 15.4%，会员销售占比达到了 28.2%。见图 28—2。

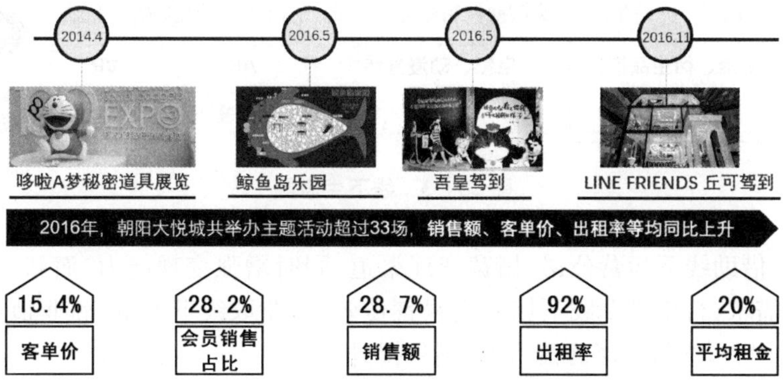

图 28—2 朝阳大悦城 2016 年主题活动及影响

2010 年前后，大悦城的活动还集中在签售和发布上，2015 年后，"守望先锋"、

“兔斯基”、“鬼吹灯”等开始进入商场，2016 年，大悦城每平方米年租金相比其他同类公司，有了明显的突破，而商场本身丰富的活动也为它积累了大量人气。

多方协同，构成“IP—新零售”相结合的生态链

在以线下零售商业体为核心的“新零售”模式下，线下的顾客追求在交互及体验方面的新鲜感，于是自带粉丝的 IP 方、有流量需求的商业地产、有运营能力的线下公司，以及线下设备提供商，融合形成一种全新的线下生态圈，如图 28—3 所示。

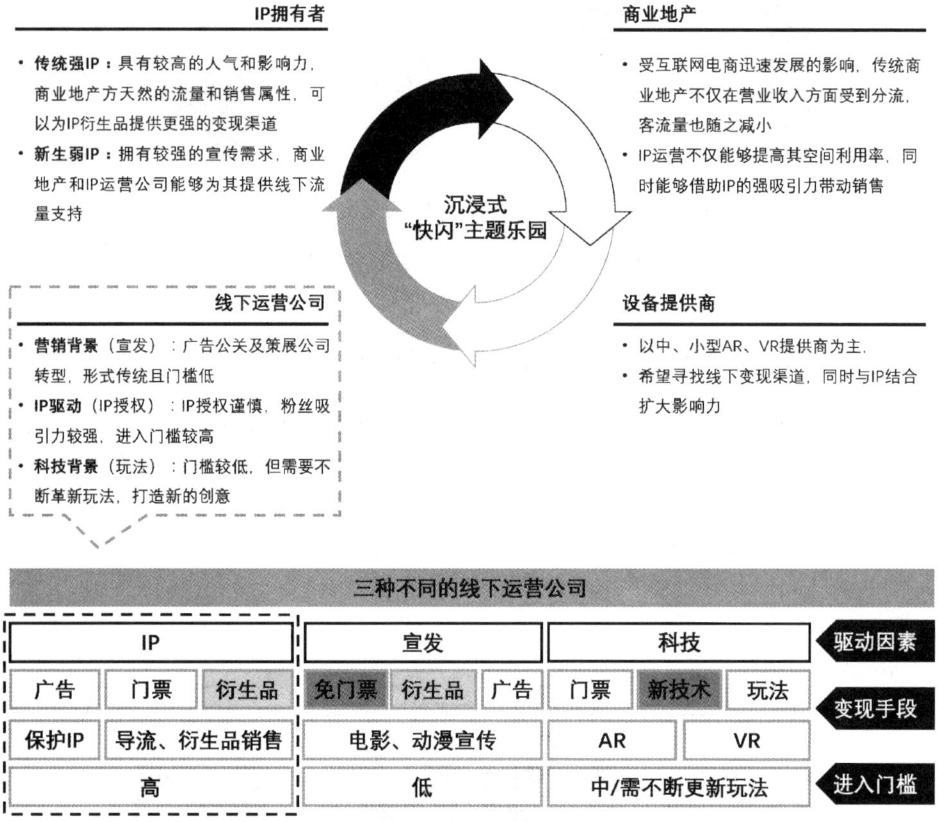

图 28—3　线下生态圈

强 IP 借助线下运营公司，拓宽变现渠道，同时增强变现能力，而新 IP 则有较强的宣发需求，希望借助线下场景增强宣传效果，获取线下流量；商业地产则借助 IP 本身吸引力，增加商场客流，带动销售提升。

而 IP 运营公司可以承接 IP 落地活动，为商场带来更好的虹吸效应，另一方面也可主动获取强 IP 授权，增强话语权和分成比例。

另外，得益于 AR、VR 技术的不断发展，一些设备提供商也成为其中的一环，但其本身的技术门槛较低且同质化严重，仅帮助线下运营者提高现场体验，同时，

由于目前 VR/AR 优质内容的缺乏，其本身的玩法和创意也需要不断更新。

表 28—1　　竞品及 IP 矩阵分布

	筑梦文化	万娱引力	艾影	LINE FRIENDS
公司背景	创始人与日本多家动画及电视台保持良好合作	创始人曾是爱德曼公关最年轻的娱乐营销总监	哆啦 A 梦地区授权总代理	LINE FRIENDS 公司
融资情况	Pre-A 轮 数千万元 华耀资本	天使轮 数百万元 微影时代 CEO 林宁 梅花天使、AC 天使	数千万美元投资 阿里巴巴	—
商业模式	强 IP 授权结合 线下实境 打造“快闪式” 主题乐园	门票、沉浸式游戏体验；以 IP 为驱动，加强衍生品售卖	门票、展览、衍生品 线下实境还原	IP 及衍生品售卖 与商场合作 互相导流
IP 阵列	火影忍者 航海王 三生三世十里桃花	鬼吹灯、整容液 仙剑奇侠传、诛仙 暗黑黎明 2、西游	哆啦 A 梦 蜡笔小新 Post Pet 村松猫	LINE FRIENDS
合作商场	上海大悦城	北京、上海等	港台地区、马来西亚；北上广、青岛、厦门等	上海、北京、成都、杭州等

稀缺强 IP 成为关键因素

纵观目前线下实境娱乐生态圈，对于商业地产和有宣发的广告主来说，其流量需求始终存在；站在各个强 IP 的角度来说，又需要在拓展变现渠道的同时保护好自己羽毛；只有能够拿到强 IP 线下运营授权的公司，才更有可能在未来占得先机。

主　　笔：马超杰
资料收集：李耀州　陈夏花

想成为《投融资观察》报告创作团队的一员吗？微信扫描本书第 234 页二维码，现在就加入我们吧！

No. 29

物联网标签——有多少应用能够负担

8 月 7 日，科大智能(300222)发布《关于重大资产重组进展公告》，称公司已于 2017 年 7 月 31 日与英内物联(837970)及其主要股东签订意向协议书，采取发行股份和现金相结合的方式，以 9 亿元的对价收购英内物联 100％的股权。

英内物联：公司成立于 2006 年，2016 年 7 月挂牌新三板，主营业务为 RFID 铝蚀刻天线、标签和智能卡的研发、生产和销售。拥有全球同行业中最为先进的生产流水线和检测仪器，具备年产 100 亿张以上的 RFID 高频(HF)和超高频(UHF)铝蚀刻天线的能力，同时参与制定了该产品的行业标准，其生产的 RFID 标签天线占全球产出量 40％。

公司产品广泛应用于零售、交通、防伪、图书馆、物流等行业和领域，并致力于成为物联网整体解决方案的提供商。

按 2016 年净利润估值，本轮转让的 P/E 约为 21 倍，而科大智能的 P/E 是 66.30x，约为 3.1 倍，同类上市公司如思创医惠(66.36x)、远望谷(398.86x)等均远高于英内物联。

技术发展

射频识别(Radio Frequency Identification，RFID)技术，是一种利用射频通信实现的非接触式自动识别技术。最早起源于英国，第二次世界大战中被用于识别敌我飞机身份。后由于美国国防部及 FDA 要求在军需物资及药品上使用，RFID 技术得到推广，21 世纪初 Walmart、Metro 等零售业的推动，使 RFID 在世界范围内得到广泛应用。见图 29—1。

RFID 产业链

RFID 产业链如图 29—2 所示。

得益于网络通信、集成电路、信息安全，以及物联网技术的普及和迅猛发展，

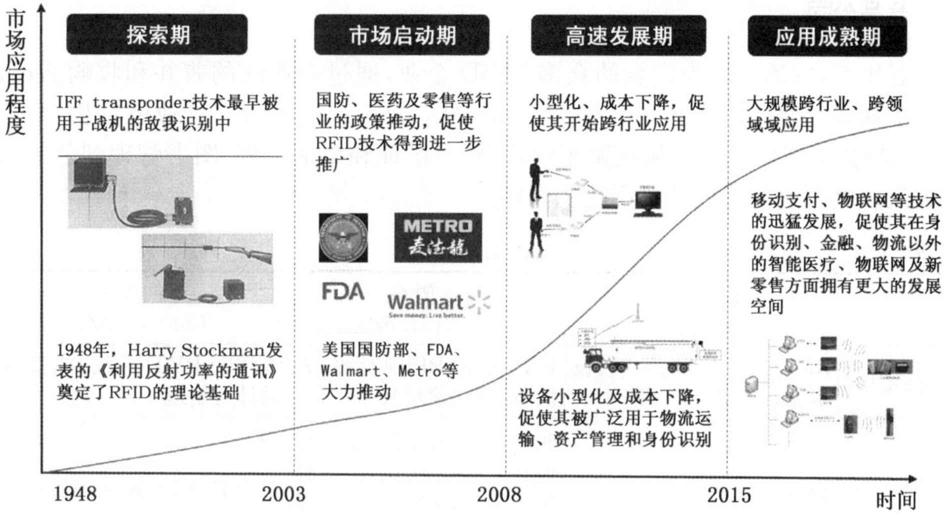

资料来源:方正证券。

图 29—1 RFID 技术的发展历史

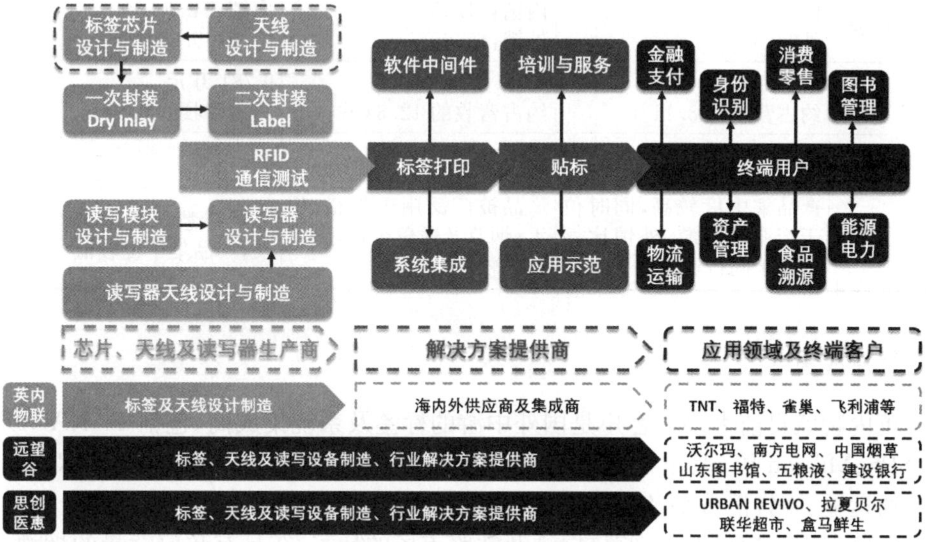

图 29—2 RFID 产业链

RFID 技术逐渐成熟并广泛进入商业化应用阶段。2010 年后,国内二代身份证的更替及银行卡更新,使得国内 RFID 技术出现井喷式的增长,2015 年后增速有所放缓。

竞品公司

近年来，以远望谷为代表的众多RFID企业，通过企业间的兼并和收购活动，整合了众多产业链的上下游企业，增强了协同效应，同时完善了产业链结构，中国的RFID技术已经应用于从铁路车辆辨识、身份证和票证管理、图书管理到公共运输细化和生产流程管理等更广泛的领域。

表29—1　　竞品公司对比

	英内物联 (837970)	远望谷 (002161.SZ)	思创医惠 (300078.SZ)
产品结构	RFID电子标签、天线、读卡器、集成系统	EAS为主，RFID(标签、天线)份额快速增长	专注于RFID天线、标签的设计与制造
兼并收购	拟被科大智能收购	收购：毕泰卡文化34.36%股份；SML公司10%股份；TAGSYS RFID相关资产	收购Ewell HK 60%股份
收入规模	2016年为2.67亿元，其中RFID标签及天线占到了营收的100%	2016年为4.86亿元，其中电子标签及读写装置占到营收的88%	2016年为10.90亿元，其中RFID标签及系统集成约占营收的24.60%
收入构成	内销：34.8% 外销：65.2%	内销：51.45% 外销：46.69%	内销：54.20：% 外销：45.80%
研发投入	2 167万元 约占营收的8.11%	6 005万元 约占营收的12.34%	9 781万元 约占营收的8.97%
毛利率	39.80%	44.87%	35.20%
总体评价	产品集中度较高，同时位于产业链上游，外销比例远高于同行业公司	产品被广泛用于铁路、化工、烟草及通信企业，研发投入较高	公司智慧医疗业务快速增长，产品集中度较低

行业应用

英内物联目前大多数客户是国外中游的标签及系统集成商，包括PARAGON ID、SPS、Mikron等，其下游客户包括TNT、FORD、Philips、VISA、NESPRESSO等交通运输、零售消费品及金融支付领域的公司。

远望谷作为较早涉入烟草、白酒及铁路市场的玩家，在具有政府背景的烟酒及铁路方面拥有较高壁垒，并在铁路电力等基建市场拥有优势；

思创医惠则在零售及服装领域有较多客户，包括联华超市、盒马鲜生、拉夏贝尔及URBAN REVIVO等；

“新零售”或将带动超高频RFID迎来增长

继亚马逊推出Amazon Go之后，国内涌现出各类无人便利店，缤果盒子、小麦便利店、淘咖啡等的落成，以及永辉、苏宁、全家等企业均在积极涉足新零售领域。

而基于移动支付的结算系统、高频 RFID 的库存管理和身份识别，以及基于 RFID 技术开发的 ESL(Electronic Shelf Label)电子货架标签系统，为“新零售”环境下的企业，提供了从硬件到智能平台，从供应链到客户端的整体解决方案，高频 RFID 应用也呈现出更多的可能。

不同频段下的应用

不同 RFID 频段信号特征对比如图 29—3 所示。

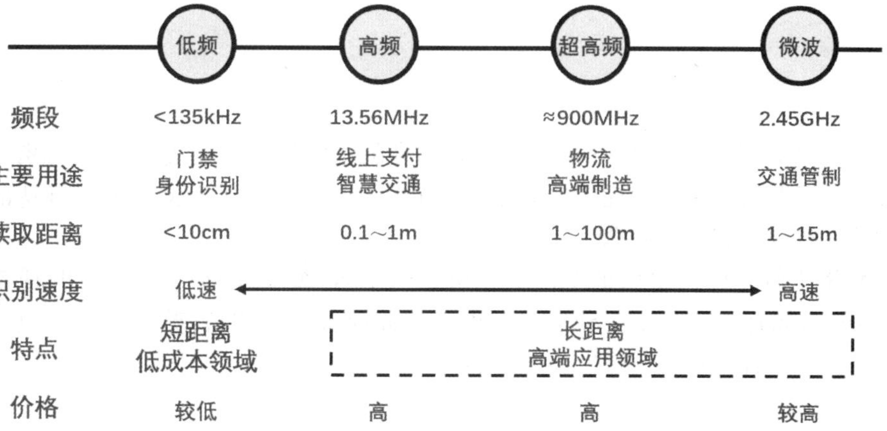

图 29—3　不同频段下的应用

而过去，RFID 在零售、食品等市场不能推广的一个重大原因，是相对于现在正在使用的二维码和条形码技术来说，RFID 造价太高。

而如果 RFID 能够借助“新零售”的发展，在改善或解决无人便利店现在面临的供应链及身份、物品识别等问题，在提升消费者的购物体验的同时降低成本，RFID 应用的范围将继续放量，形成更大的规模效应。

考虑到 2007 年到 2013 年，RFID 标签最低成本已经由 2 元降到了 0.6 元，现有厂商如果能够继续降低成本，激活 RFID 应用的潜在行业，未来 RFID 的发展值得期待。

主　　笔：马超杰
资料收集：罗　珂　陈思佳

想成为《投融资观察》报告创作团队的一员吗？微信扫描本书第 234 页二维码，现在就加入我们吧！

No. 30

生鲜电商，最后一公里的商机

8 月 3 日，易果生鲜宣布获得来自天猫和阿里巴巴的 3 亿美元 D 轮融资。阿里已先后参与易果生鲜三轮融资，此次融资将主要用于易果生鲜旗下安鲜达的冷链物流基础设施建设和扩张。

易果生鲜是国内最大的全品类生鲜运营平台，覆盖北京、上海、广州、成都等 36 个城市，拥有 4 000 余个 SKU。阿里巴巴此前曾多次增持，苏宁等巨头也参与其中，易果生鲜融资历史如图 30—1 所示。

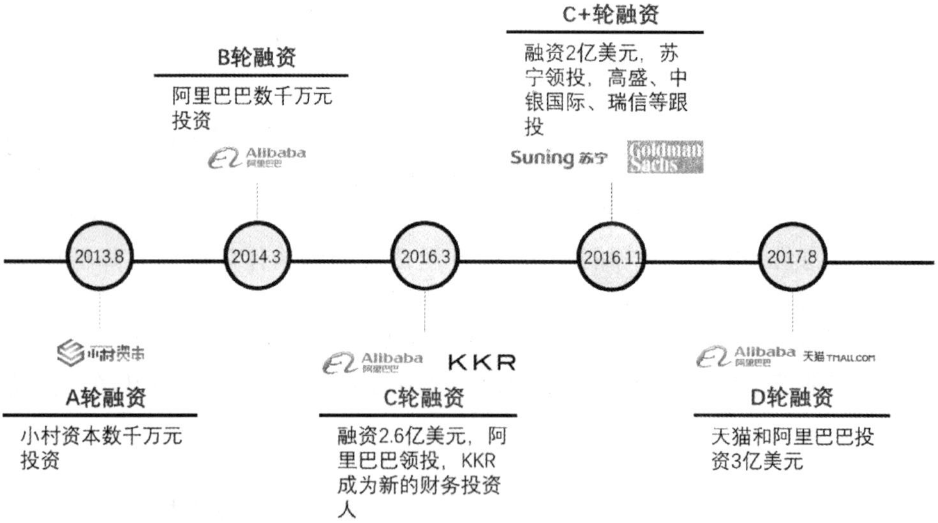

图 30—1　易果生鲜融资历史

生鲜行业规模不断增长，渗透率却持续疲软

2016 年，国内生鲜电商的整体交易额约 900 亿元，同比增长 80%，预计 2017

年整体市场规模达 1 500 亿元。但我国生鲜电商渠道占比仅为 7%，远低于线下商超等渠道，而导致了生鲜电商渗透率持续疲软的原因主要有以下三个：

1. 冷链物流基础设施严重缺乏

这直接导致了运输过程中生鲜产品品质的下降，甚至完全败坏。我国水果蔬菜、肉类、水产品流通环节的损耗率分别为 25%、12%、15%，冷链物流使用率仅为 5%、15%、23%，低使用率直接影响到农产品流通的效率。

2. 信息化管理水平较为落后

国内大多数生鲜消费均发生在农贸市场等管理较为混乱的场所，超市进货同样缺乏规划，货物积压较为严重，而美国超市凭借其卓越的用户需求管理能力，生鲜损耗率仅为 3%～5%。

3. 线上价格远高于线下

高损耗率的直接结果就是线上的产品价格显著高于线下价格，以消费者购买量较大的三种水果、海鲜、蔬菜为例，线上电商给出的价格至少比线下超市等量和相近品质的商品高出 11.4%，如图 30－2 所示。

产品	线下	线上			线上线下价格差异
	永辉超市	天天果园	易果生鲜	本来生活	
奇异果（12个）	21.2～28.1	68～139.8	43.6～125.3	59～118	超过200%
三文鱼（250g）	27～59	39～80	22.9～108.9	30.2～85.3	约50%
娃娃菜（600g）	7.1	14.9	10.5	10.6	约10%

图 30－2　线上线下产品价格对比

而传统的线下生鲜零售商和新兴生鲜电商为了更好地发展其线上生鲜业务，都必须突破如源头分散、商品标准化低、损耗高、物流不完善等巨大瓶颈，在这些方面，线下玩家则更具优势。生鲜产业链的整合如图 30－3 所示。

易果生鲜：从垂直电商到全产业平台

易果生鲜在全产业链均有布局，并将其平台开放给同产业的合作伙伴。通过收购新加坡食品公司“Sunmoon”并与“一亩田”等其他上游的企业和平台合作，易果生鲜能够从原产地直采生鲜产品，并通过自建的安鲜达冷链物流运输。仓库方面，目前安鲜达已有 7 大仓库，范围覆盖以上海、北京、广州、成都为中心的全国网络，同时覆盖线上线下多个消费场景，如图 30－4 所示。

下一步易果将致力于把前端客户、上游供应商和中间物流连成一个平台，打造一个新的生鲜生态体系。

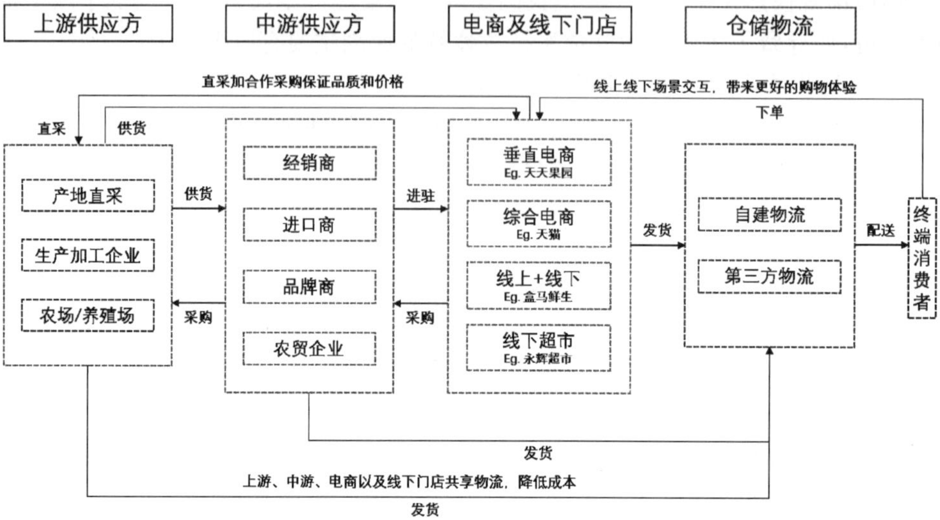

图 30—3　生鲜产业链的不断整合

图 30—4　易果生鲜行业布局

表 30－1

竞品情况

企业名称	易果生鲜	盒马鲜生	天天果园	京东到家	顺丰优选	本来生活	每日优鲜	中粮我买网	多点商城	百果园	永辉超市
商业模式	线上生鲜电商、目前已转型为全链条运营平台	线上电商＋餐饮外卖与线下超市＋餐饮体验相结合	主打全球进口鲜果产品及服务，采用O2O模式，开始采用自营门店的方式，现将门店改为前置仓库	基于传统B2C模式打造的O2O模式	依托线上电商平台与线下社区门店，提供日常所需的全球优质美食	复合O2O模式（自营＋合作便利店）	O2O电商模式	B2C电子商务模式	线上线下一体化全渠道新零售平台	以线下为主，通过并购水果电商一米鲜进军线上	线下零售搭配“超级物种”，给顾客“消费＋餐饮”的完整体验
购买渠道	官网、APP天猫超市生鲜专区	APP（接入淘宝APP）线下门店13家	官网、APP、电话订购、企业定制、IPad《果实》杂志在线下单	官网、APP	官网、APP	官网、APP	官网、APP	官网、APP 京东旗舰店	官网、APP	官网、APP、微信公众号、越过2 200家线下门店	超过580家连锁超市
投资方	阿里巴巴、苏宁、高盛、瑞信等	阿里巴巴	错明投资、京东、张江高科	原隶属于京东、分拆后与达达合并、京东以京东到家的资产、京东集团的业务资源以及两亿美金换取新达达约47.4%的股份，并成为单一最大股东。	暂未融资	鼎晖投资 信中利资本 九阳股份	腾讯 华创资本 KTB投资集团 浙商创投 联想集团 光信资本	泰康人寿、百度 赛富基金、IDG	IDG、2016年6月挂牌新三板	天图资本	京东斥资3.1亿元入股永辉超市10%的股份
性质	阿里系	阿里系	京东系	京东系	顺丰系	垂直电商	垂直电商	垂直电商	垂直电商	传统商超	传统商超

续表

企业名称	易果生鲜	盒马鲜生	天天果园	京东到家	顺丰优选	本来生活	每日优鲜	中粮我买网	多点商城	百果园	永辉超市
供应链	拥有上海易果供应链公司和冷链物流平台安鲜达，全程冷链运输	线下门店兼做仓储，通过自动化物流体系实现配送，目前部分供应链已与天猫超市打通，通过协同采购进行原产地直采	原产地直采约占 60%，已实现水果电商平台前后端无缝衔接，冷链损耗率低；入股上海城市超市（有成熟的全球高端进口食品供应链）	采用超市合作模式，消费者订货后，众包送货员到附近超市取货，送货给消费者	和产地的大企业和政府合作，自建冷链物流，利用顺丰速运进行运输	严格品控，提供冷链运输和宅配	100%总部统采，冷链运输至前置微仓	具有央企基因，依托中粮集团在全球遍布 140 多个国家和地区的产业链	与传统超市共享供应链，成为利益共同体；目前多点已经与物美超市达成合作	批发市场采购占 15%；从全球的基地（产地）采购，产地采购会和供应商合作占 55%；百果园合作基地占 30%。	坚持所有生鲜商品直营，在全国建立起 20 多个采购基地，以现款直接去农户家采购，并集中管理和陈列
覆盖区域	包括北京、上海、广州、成都等 367 个城市	北京、上海、宁波、深圳（筹备中）	覆盖北上广、河北、天津、江苏、浙江、安徽等 8 个省份的 74 个城市	300＋个重要城市	48 个城市	全国各地上百座城市	30 余个一、二线城市	全国 300 余个城市	全国 20 余个城市	全国 13 个省的 30 多个城市	19 个省市
SKU	4000＋	5000＋（来自超过 100 个国家）	正在逐渐扩充未来将超过 3 000 个	上千个	5 000—6 000	5 000—6 000	300 个左右精选 SKU	30000＋	8000＋	每家门店 70 个左右 全年 SKU 达到 600 多个	4 000—6 000
配送服务	当日达（一线城市）、次日达（主要城市）、隔日达、定日达	5 公里范围内 30 分钟送达	闪电送：下载 APP，可享 2 小时送达	一小时送达	3 天内送达，优先派送	次日达、24—48 小时达、48—72 小时达、偏远乡镇村 2—4 天送达	2 小时极速达冷链配送服务，但投诉较多	半日达（北京）、24 小时、48 小时、最长不超过 72 小时	2 小时送达	一米鲜次日送达	N/A
运营数据	2016 年实现日订单 5 万＋；单日成交金额超过 1000 万元；综合毛利率超过 80%	2017 年 6 月月活用户数达 45 万人，日均线上订单 40000 单左右，占比达 66%；平均客单价 70 元左右，2016 年上海金桥店日均销售额达 52 万元	2017 年 6 月月活用户达到 68 万人，计划今年达到日均 100 万单，2016 年“双 12”销售额达数千万，同比增长 66%	2017 年 6 月月活用户达 180 万人	2017 年 6 月月活用户达 43 万人	2017 年 6 月月活用户达 112 万人	2017 年 6 月月活用户达 224 万人，2016 年宣布实现区域规模化盈利，复购率超过 80%	2017 年 6 月月活用户达 64 万人	2017 年 6 月月活用户达 386 万人，在所有生鲜电商中是最多的	2016 年零售额达 60 亿元，损耗率仅为 5%，低于行业平均	2017 年一季度，永辉超市实现营业收入 152.6 亿元，较上年同期增长 13.76%，归属于上市公司股东的净利润为 7.44 亿元，较上年同期增长 57.55

阿里加码生鲜行业

阿里在生鲜电商产业链的各个环节均有布局:

1. 上游产品:与多个行业标准化机构以及农场合作,合作方包括美国国家渔业协会、美国阿拉斯加海产协会和美国肉类出口协会;

2. 配送物流:除了安鲜达和菜鸟,还与以德迅物流为代表的外国知名物流企业有深度合作;

3. 消费场景:投资三江购物和联华超市,将触手伸到了线下,全面推进"新零售"。

竞品分析展现产业内抱团趋势,在保证质量的同时降低成本成为必需

目前,冷链物流设施的缺乏、订单密度不足和物流成本高,成为生鲜电商盈利的阻碍。生鲜市场玩家解决措施的核心逻辑都是通过采购共享、仓储物流共享和终端订单共享(线上线下订单交叉配送)三个维度的合流来提升运营效率。

生鲜玩家们控制上游的农场或者合作采购从而降低原材料成本;原先自建的冷链物流被升级为服务全行业的平台;线上和线下的终端订单共享节约了平均下来的大件货物物流成本,并为消费者提供线上线下交叉式的消费体验。

易果—阿里:相互融合发挥更大协同效应

阿里再度投资易果,标志着两者的全面融合:天猫超市将借力其冷链物流能力,持续发力生鲜品类;易果则可以深度融入阿里生态,在生鲜原产地直采、全球采购方面进一步加深协同,成为天猫超市生鲜频道的支柱。

对于阿里而言,投资易果生鲜可以增强其电商物流的实力,易果生鲜旗下的安鲜达不仅能够帮助易果生鲜自身进行物流配送,同时也为淘宝、天猫、聚划算、天猫超市和农村淘宝的众多商家提供了一站式的生鲜冷链物流服务;对于易果生鲜而言,阿里强大的资金、数据和流量支持,也至关重要。

主　　笔:李一铭
资料收集:陈昊宇　陈夏花

想成为《投融资观察》报告创作团队的一员吗? 微信扫描本书第 234 页二维码,现在就加入我们吧!

No. 31

VIPKID，寻找空间与时间的交点，让父母更轻松

2017 年 8 月 23 日，VIPKID 宣布完成 2 亿美元 D 轮融资，由红杉资本中国基金领投，腾讯战略投资、云锋基金、经纬创投、真格基金等跟投。

创始人兼 CEO 米雯娟表示，本轮融资将用于继续强化在自主研发教材、引入优秀北美外教、提升产品技术等方面的优势，同时推进全新的中文平台业务，让更多国外小朋友享受 VIPKID 的服务。

VIPKID 获得众多重量级投资者青睐，红杉资本中国基金多次增持，如图 31－1所示。

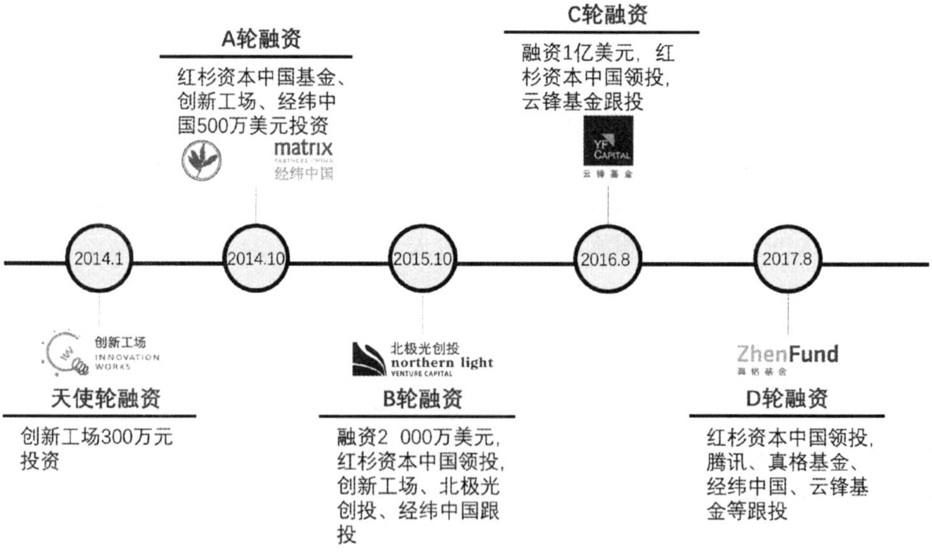

图 31－1　VIPKID 融资历史

模式创新：K12 在线教育行业的突围

婴儿潮推动了城市新生人口持续增长，为 K12 市场奠定了良好基础。而中国教育资源的长期分配不均匀，加上移动互联网和移动支付的发展，为原本难以实现的在线付费教育提供了可能。不同模式的机构，从线上到线下，从应试教育到素质教育，都在不同程度地进行互联网化的初期探索（参见图 31—2）。

（1）低年级应试：由于受众多为 3～6 岁儿童，难以独立完成网络课程，因此这部分培训机构多为线下浸润式教学模式。以 VIPKID 为代表的线上教育机构则在一定的模式创新的基础上，使线上少儿教育成为可能。

（2）高年级应试：由于其受众大多已经拥有了一定的自主学习能力，因此多为线上教学或题库练习，精锐以线下一对一模式获得了部分家长的青睐。

（3）素质教育：低年级的艺术教育多以体验及兴趣培养为主，因此多为线下模式，但以 Roland 为代表的机构，已经开始尝试线上艺术教学；而高年级的艺术教育则多为专业技能的培训和练习，需要大量线下的练习。

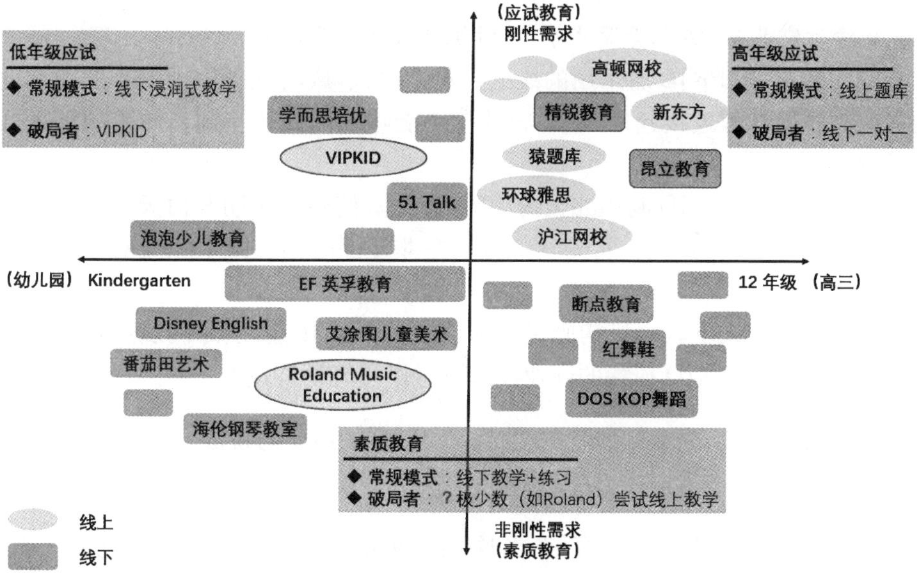

图 31—2 K12 在线教育象限图

破局者往往在自身领域，通过不同于常规的商业模式创新，使得其能够突破行业传统壁垒的限制，成为其中的佼佼者。VIPKID 就通过其跨时空共享的概念，获得了投资人的青睐。

VIPKID 的独特模式：线上独有模式突围，跨时空共享解决资质问题

■ 线上独有模式突围，跨时空共享解决资质问题

由于幼儿教育的特殊性，家长普遍认为线下会是更好的教学场所，因此 K12 英语教育多以线下模式为主。英孚、凯顿美语、瑞思学科英语、迪士尼英语和新东方泡泡少儿英语等线下玩家占据了大量的市场。

但随着“互联网＋”的大潮涌进教育领域，像 51Talk 和 VIPKID 这样的创业者开始将 K12 英语教育搬到线上。而一部分中国家长良好的教育水平，和节省空间和时间成本上的需求，使 K12 线上英语教育能够在一定程度上得到家长的认可。

■ 现金流优势与资本助力，帮助 VIPKID 保持行业领先

在线上 K12 英语教学的玩家中，先行者 51Talk 已赴纽交所上市，但 51Talk 的低成本模式使其亏损不断增大，盈利遥遥无期。

相较之下，VIPKID 着眼于中高端用户，在 2016 年 9 月成为少儿在线教育领域首家单月销售额破亿元的公司之后，2016 年 11 月月销售额接近 2 亿元。

而其预付费的商业模式，为 VIPKID 带来了良好的现金流，再加上投资机构的介入，使 VIPKID 能够在泛教育领域结合自身业务进行投资，这使得 VIPKID 在不断扩张自身业务的同时保持行业领先。

■ 跨时空共享：实现资源共享，同时绕开外教资质问题

空间共享：VIPKID 所采用的线上 1 对 1 模式，成功地把中国的小朋友和北美地区的高水平外教连接起来，让中国的孩子能够在国内享受到高质量的浸入式英语教育。

时间共享：VIPKID 利用北美与中国的时差，使中国小朋友白天上课的时间正好是教师当地时间的晚上，北美教师得以在非授课时间在线上完成对中国小朋友的教学。

而国内传统线下教学机构聘请外教需要克服工作签证和外教资格证的障碍，而这个问题在 VIPKID 独特的商业模式下可以被轻松绕过。

风险与挑战：从线上到线下的对抗，VIPKID 的风险与挑战

■ 线上还是线下：K12 教育模式的困扰

对于现在的 VIPKID 而言，在 K12 线上英语教育领域已经成为绝对优胜者，但站在诸多投资者和家长的角度，仍然面临线上和线下的选择。K12 阶段更适合线下教育的概念仍然深入人心。

另一方面，在 K12 教育整体市场体量不断扩大的同时，线下教育的市场规模可能仍然高于线上教育，这也是诸多投资机构和上市公司在拓展线上教育的同时，不断加码线下的重要原因。

■ 标准化难题：质量控制成本高

标准化一直是在线教育行业的一个困境。对于像 VIPKID 这样的平台型企业，标准化不足就意味着平台难以把控每一节课的教学质量。而 VIPKID 目前的

方法是通过人工监控课程来保证课程内容，而这在规模化之后会导致成本大幅度升高。

另一方面，VIPKID 本身对北美教师的共享概念，使得平台与部分教师间的关系并不像雇佣关系那样稳固，这也使得 VIPKID 未来更容易受到同类机构高端项目的竞争压力。

主　　笔：李一铭

资料收集：陈曳扬　徐恩东

想成为《投融资观察》报告创作团队的一员吗？微信扫描本书第 234 页二维码，现在就加入我们吧！

No. 32

本土化管理到本土持股，洋快餐的不归路

8 月 4 日，中信股份发布公告，麦当劳（NYSE：MCD）与中信股份（SEHK：00267）、中信资本及凯雷投资集团（NASDAQ：CG）（以下合称收购方）于 2017 年 1 月签订的战略合作获得中国相关监管机构批准，并于 7 月 31 日完成交割，收购方以 20.80 亿美元（约合 161.41 亿港元）的总对价，收购麦当劳在中国内地和香港的业务。至此，中国成为麦当劳在美国本土之外规模最大的特许经营业务所在地，新公司将运营和管理中国大陆（约 2 400 家）和香港市场（约 240 家），合计 2 700 余间麦当劳餐厅。收购后，新麦当劳中国股权结构如图 32—1 所示。

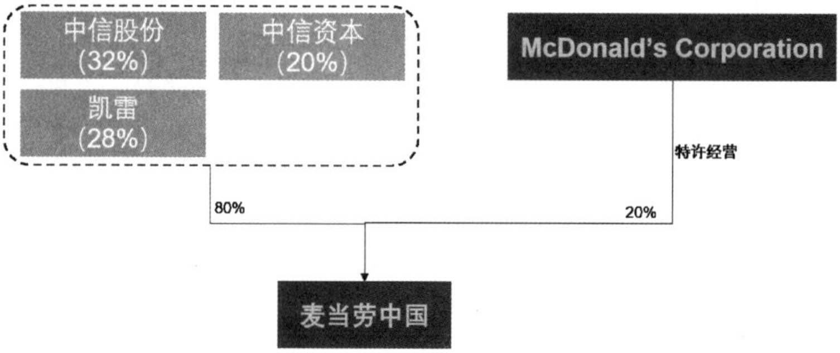

图 32—1　新麦当劳中国股权结构

麦当劳：借力中信凯雷，提出“愿景 2022”计划

搭上中信和凯雷之后，麦当劳还在当日宣布了针对中国内地的“愿景 2022”加速发展计划，内容包括未来五年销售额年均增长率保持在两位数等，如表 32—1 所示。

表 32－1　　麦当劳"愿景 2022"发展计划

	2017	2022
年均开店速度	250/年	500/年
麦当劳餐厅总数	约 2 740 家	4 500 家
三四线城市餐厅数量占比	约 35%	45%
外卖服务提供占比	超过 75%将提供外送服务	

这一计划所提及的速度无疑是惊人的，"完婚"后的麦当劳在未来 5 年的展店速度比原来快了 1 倍，这意味着几乎每天就要新开一家店。而这次大规模的提速，中信及凯雷的作用不容小觑。

中信和凯雷：麦当劳高速发展的催化剂

中信作为一家以金融和地产为核心业务的综合性国有企业，仅中信银行在全国就拥有 1 400 多家网点，且多数位于三四线城市，这将为麦当劳在选址及物业方面提供帮助，以缩短其开店准备时间。

另一方面，中信及旗下子公司与众多房地产巨头有紧密的业务合作关系，通过中信的地产资源网络，短时间内就能为麦当劳提供实质性的合作资源，与更多的地产开发商建立合作关系。

而中信出版社在儿童图书方面拥有很多优秀的知识产权，因此新公司或将启动与中信出版社在家庭市场方面的合作。

另一合作方凯雷则在中国投资了包括天喔国际、乐友、中渔集团、7 天集团、巴贝拉等餐饮公司，未来是否会产生新的协同效应，值得期待。

百胜中国：拆分中国区业务，引入春华资本和蚂蚁金服

麦当劳出售中国业务并不是新鲜的玩法，2016 年 9 月，百胜宣布在分拆中国业务之前出售部分股权，购买者分别是春华资本以及阿里巴巴集团旗下的蚂蚁金服。根据协议，春华资本和蚂蚁金服将分别向百胜中国投资 4.10 亿美元和 5 000 万美元。

百胜集团分拆旗下的中国业务后，百胜中国成为百胜集团在中国大陆的特许经营商。截至 2016 财年结束，春华资本仍为百胜中国第一大股东。

麦当劳与百胜中国交易对比如表 32－2 所示。

表 32－2　　麦当劳与百胜中国交易对比

	麦当劳中国	百胜中国
投资方	中信、凯雷	春华资本、蚂蚁金服
标的资产	麦当劳在大陆和香港的业务	百胜中国旗下所有品牌在华业务（肯德基、必胜客等）

续表

	麦当劳中国	百胜中国
交易对价	20.8 亿美元	4.6 亿美元
买方是否控股	是	否
卖方主要动机	1. 麦当劳在中国业绩低迷，市场占有率持续下滑 2. 麦当劳债务问题严重，出售资产可获得资金并转为轻资产、收益稳定的特许经营模式	1. 拆分前百胜在中国的发展遭遇瓶颈，消费者饮食习惯发生改变，营收下滑 2. 受到食品安全丑闻的影响，百胜集团的声誉受到损害 3. 人民币汇率贬值使得百胜决定出手其人民币资产

"洋快餐卖身"的背后：国外餐饮巨头身陷泥潭

洋快餐从直营向特许经营模式的转变，并不像表面上那么轻松，就麦当劳而言，特许经营已经成为其主要利润贡献来源。但从 2014 年开始，麦当劳在快餐市场占有率就不断下降，从 2011 年近 40%的份额跌至 2016 年的 13%。

同时，麦当劳在股权回购方面的支出不断攀升，债务负担愈加沉重，资产负债率从 2014 年的 62.45%暴增至 2016 年的 107.11%，此次出售大陆和香港的资产也是防止债务状况进一步恶化。同时特许经营模式还能为麦当劳带来急需的稳定现金流。

百胜和麦当劳在全球市场和中国市场的力量对比截然相反

从全球范围来看，近三年，麦当劳全球净利润远高于百胜；但若仅看中国市场，2016 年百胜中国的营收（67.52 亿美元）甚至高于麦当劳在整个高增长市场（包括中国市场在内）的营收（53.78 亿美元）。见图 32—2、图 32—3。

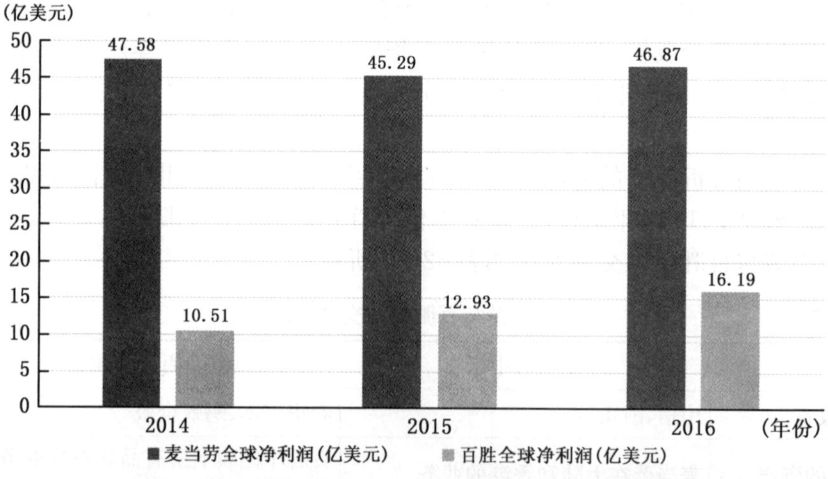

图 32—2　2014～2016 年麦当劳和百胜全球净利润对比

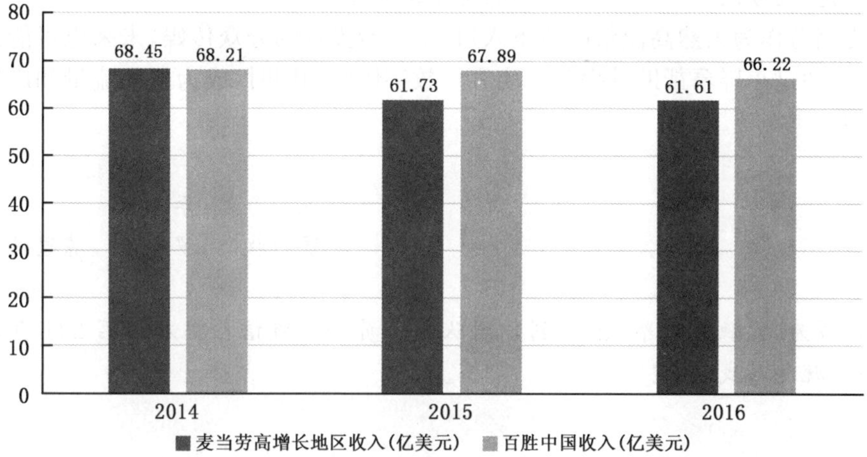

图 32—3 2014～2016 年麦当劳高增长地区收入和百胜中国收入对比

三四线城市：肯德基提前布局，麦当劳亡羊补牢

随着中国经济的发展以及城镇化水平的提高，三四线城市的中产阶级也快速增长，已经形成了一定的消费能力，更低的成本也提供了更大的利润空间。2012年，肯德基就宣布将三四线城市作为发展重点，目前已经远远领先于麦当劳。麦当劳亡羊补牢能否奏效，效果值得期待。

中式餐饮：强势崛起，快餐巨头面临更大的竞争压力

相比西式快餐，中式快餐也在迅速崛起，针对中国消费者的偏好，中式火锅以其多样化的选择和独特的优势，迅速获得了消费者的青睐。加之中式火锅对后厨加工能力和服务员数量的需求不高，标准化和规模化成本较低，非常适合连锁化，中式火锅连锁店获得了快速的发展。

关于麦当劳未来的猜想

猜想一：摇身一变，中国风麦当劳驾到！

在融入中信浓厚的中国国企元素后，新麦当劳中国的本土化或将更加彻底。比起早已被贴上"垃圾食品"的炸鸡汉堡，或许中式的油条豆浆肉夹馍会更受欢迎也说不定。

猜想二：中信×麦当劳，麦当劳信用卡闪亮登场？

金融在中信集团的业务中占据很大的份额，此次联手中信，麦当劳很有可能在金融方面也有所动作。限量款信用卡、珍藏秒杀礼盒、积分计划送小吃送饮料兑换周边，从此走上剁手之路。

猜想三：分众×麦当劳，数字体验与分发渠道？

麦当劳作为天然高流量的线下入口，凯雷所投资的分众传媒，未来也可能进入麦当劳，通过小屏幕帮助其提升入店客户数字体验的同时，成为新的流量和广告分发出口。

主　　笔：李一铭
资料收集：罗　珂　陈思佳

想成为《投融资观察》报告创作团队的一员吗？微信扫描本书第 234 页二维码，现在就加入我们吧！

No. 33

联通混改,巨头的盛宴还是陪太子读书

2017 年 8 月 20 日晚,中国联通在上交所挂出公告,联通混改正式方案公开。战略投资者向联通 A 股公司(600050)认购约 90 亿股新股,并向联通集团公司购入 19 亿股联通 A 股;同时拟向核心员工授予约 8.5 亿股限制性股票;总对价约 780 亿元人民币。

联通混改进程如图 33—1 所示。

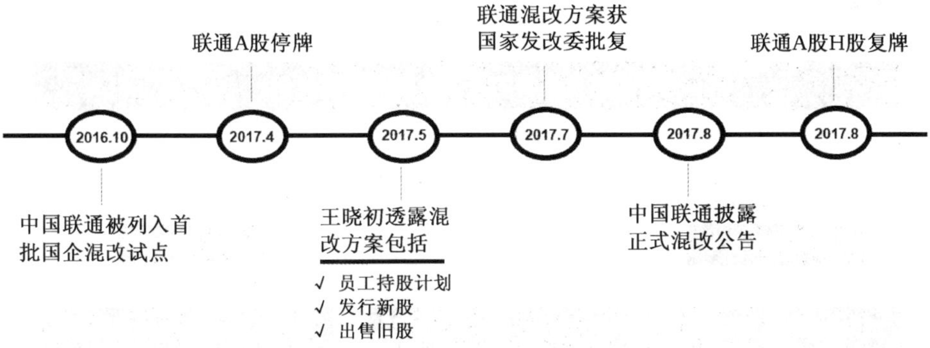

图 33—1　联通混改时间线

14 家战略投资者包括 5 家互联网公司:百度、阿里、腾讯、京东、苏宁云商;5 家垂直行业公司:光启 Kuang-Chi、滴滴、网宿科技、用友、宜通世纪;2 家金融企业产业集团:中国人寿、中国中车;2 家产业基金:中国国有企业结构调整基金股份有限公司、前海母基金。

本次募集的资金将由联通运营公司用于 4G 能力提升、5G 组网技术验证、相关业务使能、网络试商用建设项目和创新业务建设项目。

混改后,联通将加大投入 4G 网络补强、5G 技术储备验证以及其他新业务推进,下半年将至少投入 360 亿元进行建设,对主设备、光纤光缆、光器件、天线等通

信产业链将产生直接的拉动。

股权变动：联通集团持股比例降至36.7%，但国有资本仍处绝对控股地位

混改后，中国联通集团公司将持有联通A股公司36.7%，战略投资者持股比例约为35.2%，员工持股2.7%，公司股东持有25.5%，形成混合所有制多元化股权结构，如图33—2所示。

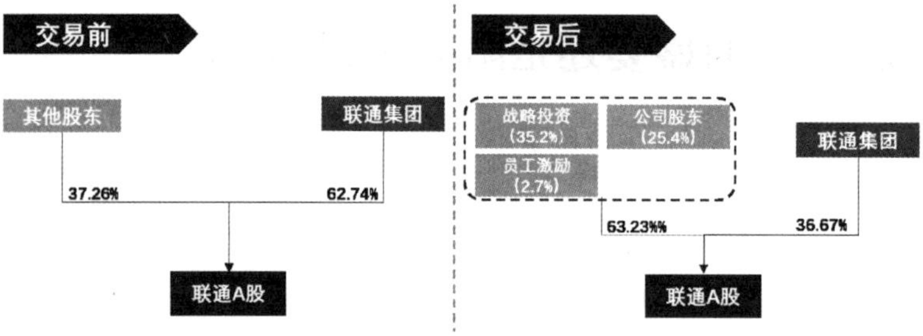

图33—2 联通混改股权变化图

此次参与混改的企业有14家，而持有联通A股的公司总计10家，如图33—3所示。联通、中国人寿、国有企业结构调整基金总持股约53%，国有资本仍处在绝对控股地位。

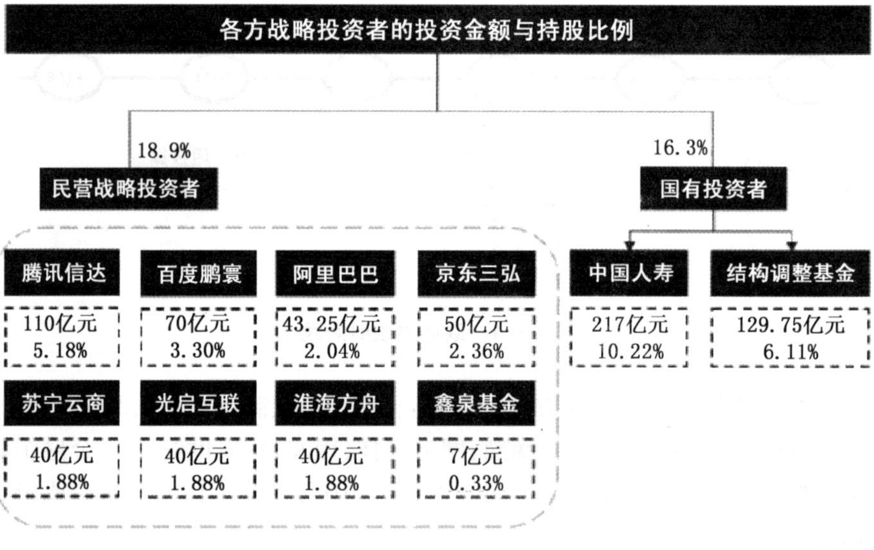

图33—3 战投投资金额及持股比例

各方获益：与战投方关联度高互补性强，有望推进更深合作

针对此次混改，对于联通来说，一方面有助于解决当前联通的网络建设资金困局；另一方面，BAT 等巨头的进入可以强化产业链的布局并相互渗透，通过混改使传统企业互联网化、互联网公司传统化。

- 与 BATJ 的重点合作领域：零售体系、渠道融通、内容聚合、家庭互联网、支付融合、云计算、大数据与物联网；
- 与垂直行业公司的合作：集中于物联网、CDN 和系统集成；
- 与金融领域、产业集团的合作：集中于产业互联网与支付金融；
- 与产业基金的合作：与其投资的大量央企、地方国企、民营企业进行更多对接，共同发掘合作机会。

联通混改会改变什么？

当前我国电信行业中，中国移动在除宽带以外的市占率都远超其他两家，而在移动用户、4G 用户和固定宽带用户市场份额上，联通均处于不利地位，如图 33－4 和表 33－1 所示。

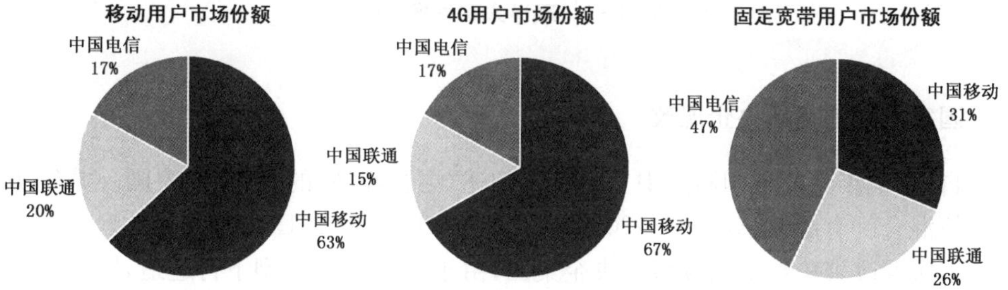

图 33－4　国内电信用户市场份额的分布情况

表 33－1　国内电信用户规模

	移动用户	4G 用户	固定宽带用户
中国移动	8.67 亿	5.94 亿	9 304 万
中国联通	2.69 亿	1.39 亿	7 892 万
中国电信	2.30 亿	1.52 亿	2.28 亿

未来，中国移动将依托 4G 网络优势地位，大力加强 5G 提前布局，5G 推动处于三大运营商领先地位；而中国电信基于 800MHz 频谱建设 NB-IoT 网络，全面领跑物联网。

而联通自 2014 年进入 4G 时代，业绩就出现负增长并持续了三年之久。针对增长乏力的现状，中国联通在战略上制定了“聚焦、合作和创新”的发展战略，以合作的方式短期聚焦 4G 业务，中长期推动 IDC、云计算、大数据和物联网等创新型业

务，并在经营模式上致力于"开源节流"，希望实现低成本下的规模化收益，如图33－5所示。

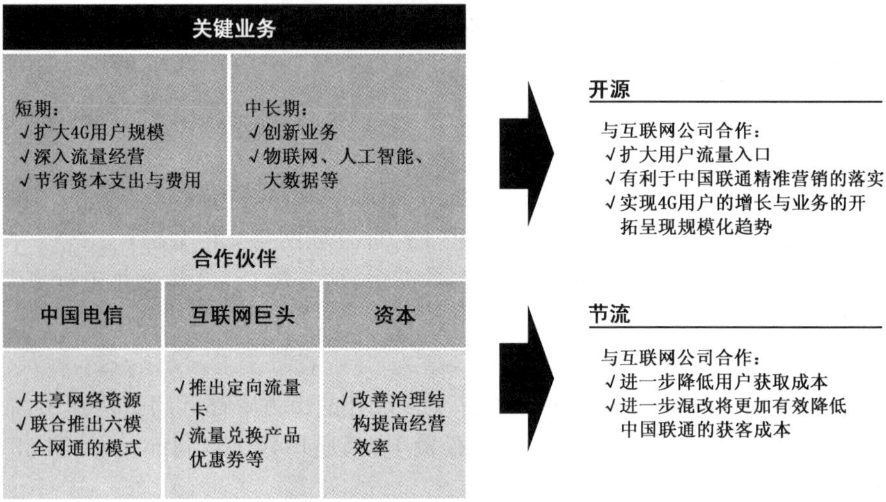

图 33－5　联通未来发展战略

国家推动的垄断央企混改

自 1993 年党的十四届三中全会首次阐述"混合经济"的思想后，中国一共经历了三轮混合所有制改革(1998～2000 年、2006～2007 年、2015 年至今)。

本次混改聚焦在垄断领域的央企集团，由于经济步入 L 型下行通道，国企部门绩效下滑，垄断央企首当其冲。入选的第一批混改试点的七家垄断央企，其业绩在业内均较差。就联通本身来看，它已经远远落后于行业其他两大玩家，但此次加入混改的民企，究竟是来买票看电影，还是猴子搬来的救兵，暂时还难下结论。如果希望混改帮助联通扭转战局，或许还需一些时日。

当然，本次联通混改对国企改革有重要示范意义，或将就此拉动央企垄断集团混改的序幕，成为未来混改的一大方向。

从央企混改，到地方国企混改，产业链协同的改革模式都具有广阔的空间，而六大垄断领域里，通信、铁路和民航三个行业产业链的混改都还有很大的空间。

主　　笔：马超杰
资料收集：陈曳扬　徐恩东　付佳慧

想成为《投融资观察》报告创作团队的一员吗？微信扫描本书第 234 页二维码，现在就加入我们吧！

No. 34

基因决定成就,百度终将回归纯技术市场

“谷歌造火箭,百度送外卖”时代终结。

——某位不愿意透露姓名的投资人

2017 年 8 月 24 日,饿了么宣布以 8 亿美元的价格合并百度外卖。其中百度外卖以 5 亿美元出售,百度打包流量入口资源,作价 3 亿美元卖给饿了么。这 8 亿美元中 2 亿美元为现金,饿了么增发股份 3 亿美元,交易完成后百度占饿了么股份 5%,剩余 3 亿美元锁定期五年。此外,百度外卖品牌保留 18 个月给饿了么使用。

此次收购阿里全程参与其中,就连收购百度外卖的钱都是阿里给的。这笔钱算做是饿了么的 G1 轮融资,金额为 10 亿美元,其中 2 亿美元用来支付收购百度外卖的现金部分。

饿了么吞下百度外卖,或成外卖老大

根据艾媒咨询的数据显示,2017 年一季度中国在线餐饮外卖市场中,饿了么以 41.7%的用户份额排在第一,如图 34—1 所示。

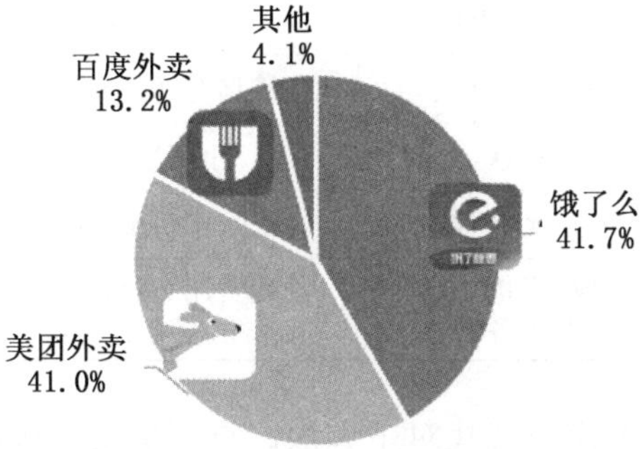

资料来源:艾媒咨询。

图 34—1　2017H1 中国在线餐饮外卖平台用户份额

同时，在各平台外卖用户的满意度评分中，为平台打分 10 分的饿了么用户占比 19.1%，位列各平台之首，美团外卖的这一数据为 17.8%，见图 34—2。

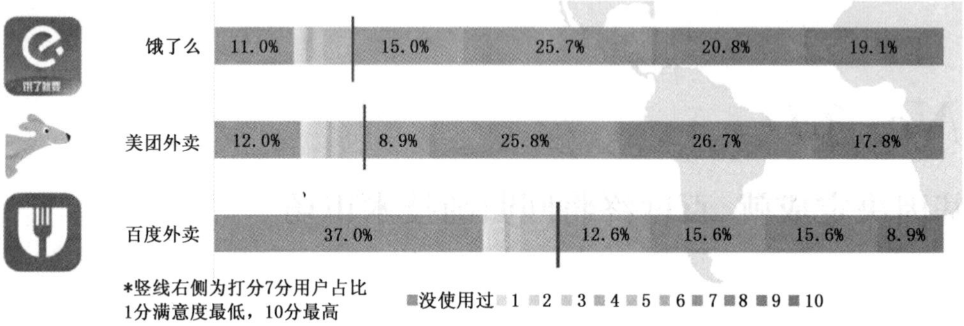

资料来源：艾媒咨询。

图 34—2　2017H1 中国在线餐饮外卖平台用户满意度分布

显然，吞下百度外卖后的饿了么，其在外卖市场的份额将突破 50%。而饿了么在白领市场的短板，也将被本次收购的百度外卖填补。另外，百度外卖和饿了么用户的重合率极低，饿了么有望通过此次收购，和美团拉开至少一个身位的差距。

往事不堪回首：从炙手可热到低价卖身

百度外卖上线于 2014 年 5 月，主攻白领市场，当时的美团和饿了么在校园外卖市场打得火热，相对于学生市场，白领明显具有更强的消费能力和更高的客单价。表 34—1 列示了三大外卖平台的对比。

2015 年下半年，李彦宏高调表示要拿出 200 亿元支持 O2O 的发展，百度外卖也借助集团强大的支持，一年内就做到了白领市场外卖的第一名。

表 34—1　　　　三大外卖平台对比

平台	百度外卖	饿了么	美团外卖
顾客定位	中高端白领市场	高校市场	高校、白领、家庭
物流配送	专职+派单	蜂鸟配送及众包	美团专送及众包
入驻商家	品牌餐饮	小店居多	商家较全
入口	百度外卖、百度糯米	APP、支付宝、淘宝	APP、微信
盈利模式	外卖抽成、竞价排名、大数据服务费	管理费用、竞价排名、增值服务、广告	广告

但找对了市场，并不代表就找对了方法。重要决策的失误导致了百度外卖的份额大幅度缩水：

(1)深陷生态链搭建。百度外卖选择了将人力财力放在了生态链建设上，开始投资中央厨房、注册餐饮商标、上线生鲜、食材等项目。然而这一系列措施并没有给百度外卖在下半场的竞争带来任何优势。

(2)错过融资大潮。2015 年底，美团和饿了么分别迎来巨额融资：8 月中信产业基金 6.3 亿美元领投饿了么；合并后的新美大 1 月迎来腾讯 33 亿美元 E 轮融资。而错过融资潮的百度外卖 2016 年春节后的市场份额直接下降到了 19%，而当时饿了么和美团市占率分别为 36.7%和 29.9%。

(3)加盟制导致响应速度减慢。与美团、饿了么的直营为主的模式不同，百度外卖采用的是加盟制，这在一开始确实有利于城市的拓展，但代理商模式直接导致了庞大体系下决策链的增长，加上加盟商并无业绩压力且自负盈亏。在其他平台纷纷完成配送和服务标准化之后，复杂而混乱的汇报体系使得百度腹背受敌。

衣食住行：头部公司间并购，更强的寡头优势

此次并购很容易让人联想到 2015 年国内最大的互联网并购案——滴滴打车与快的打车合并，两个行业头部公司合并后产出的滴滴出行一跃成为国内网约车第一平台。

两大业务巨头的结盟使得"烧钱补贴大战"降温，同时也加速了整个行业的整合进度，形成了更强的寡头垄断，滴滴、快的合并的背后，则是腾讯与阿里的首次联手。这也让接下来外卖行业的发展充满了悬念。

而此次饿了么背靠阿里巴巴并购百度外卖，则是阿里与百度的结合。而新美大本身就曾在 B、C 两轮获得了阿里巴巴的投资，腾讯也曾在 E 轮和 F 轮连续投资饿了么。如果参照网约车市场的发展历程，考虑到烧钱竞争难以持续，在未触及垄断的情况下，未来外卖行业仍然存在进一步整合的可能性。

主　　笔：马超杰
资料收集：罗　珂　陈思佳

想成为《投融资观察》报告创作团队的一员吗？微信扫描本书第 234 页二维码，现在就加入我们吧！

No. 35

越碎片越珍贵，短视频告诉你“时间都去哪儿了”

8月14日，国内短视频品牌“二更”宣布完成1亿元B+轮融资。本轮融资由云锋基金领投，源码资本跟投。

经过近期的几轮融资之后，二更方面表示将从以下四个方面进行战略布局：(1)完成城市站的升级与拓展；(2)重点打造二更学院，通过教育培训，大规模孵化影视创作人才，保持持续原创能力；(3)继续在全国布局内容营销体系；(4)建立线上的视频内容生产制作平台。

用户时间碎片化现象加剧，短视频产业链初具规模

随着生活节奏的加快，信息获取的碎片化时代到来，以明星、网红、PGC、UGC生产的内容为主、长度在20分钟以内的短视频，以其短小精悍、不受时间空间的限制等特点，迅速满足了用户利用碎片化时间的需求。其与长视频的竞争分野也逐步清晰，如图35—1所示。

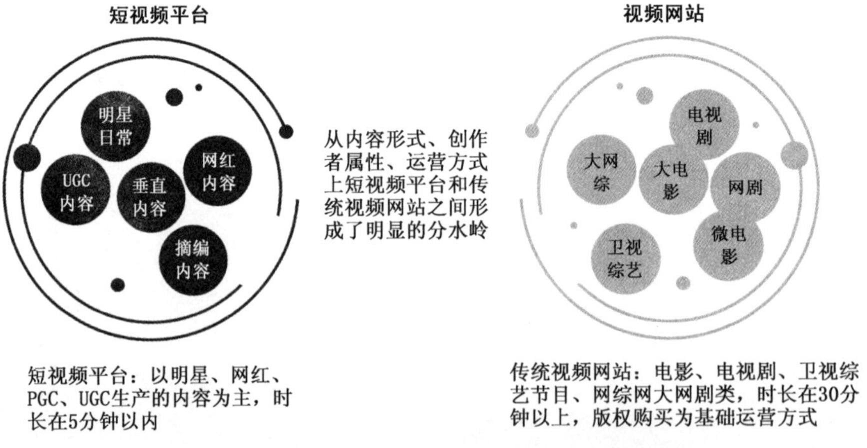

图35—1　短视频与长视频的竞争分野逐步清晰

同时,短视频的社交属性可以更加直观地满足用户的表达及沟通需求。在这样的大环境下,短视频用户规模迅速增大,如图 35—2 所示。

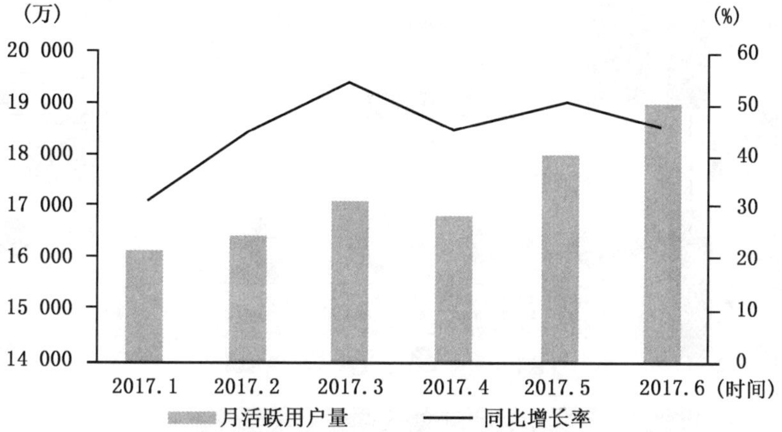

图 35—2 短视频平台月活跃用户数量(来源:QuestMobile)

内容—平台—分发:短视频产业链的核心

短视频产业链(见图 35—3)有三个核心端:内容生产端、平台端、分发端。内容生产商给平台端提供内容,平台端通过自有平台分发,或内容生产商直接在平台端和分发端分发。

内容生产端:向 MCN 化转变

优质内容是短视频行业的核心竞争力,那些拥有强大的创意驱动,关注社会热点,具有一定产品调性且能够直击人心的作品越来越多地成为短视频中热逐的对象,而纯粹靠同质化的搞笑娱乐已无法在短视频商业市场立足。

短视频将平台与内容高度绑定,使得业界形态由个体小团队生产制作内容向 MCN(Multi—Channel Network)模式管理转变。2016 年一批头部短视频公司 MCN 化,通过签约和内容生产者或网红达成协议,短视频平台帮助他们解决运营内容孵化开发、推广运营、资金扶持等问题,为商业变现奠定基础。

平台端:争夺优质内容

随着短视频行业进一步发展,相关内容种类将进一步多元化,内容深度也会进一步提升。2017 年,短视频分发平台持续从流量和补贴等方面对优质短视频内容进行推广,对于优质内容的争夺已经初现端倪,如表 35—1 所示。

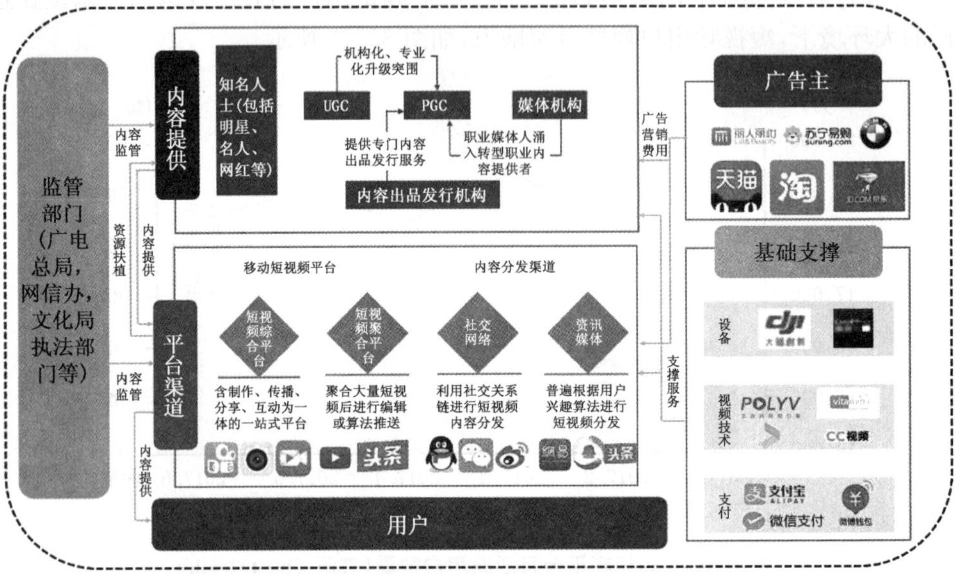

图 35—3 短视频产业链图

表 35—1 平台对优质内容的争夺

平　台	时　间	内　容
秒拍（一下科技）	2015 年底	联合微博拨出 1 亿元扶持短视频内容生态
	2016 年 11 月	以 10 亿元全面补贴短视频内容创业者
头条视频	2016 年 9 月	至少投入 10 亿元补贴头条号上的短视频创作者，给予每一条优质原创短视频 10 万次加权推荐
二更视频	2017 年	重点打造二更学院，联合政府和高校资源，大规模孵化行业人才，布局内容行业上游，维持原创产能
西瓜视频	未来	未来将会在短视频领域补贴 10 亿元
大鱼号	N/A	计划投入 20 亿元资金支持创作者
美拍	计划 2017 年	计划投入不超过 3 000 万元聘请名人制作短视频或做直播

分发端

目前短视频的分发端主要有三种类型：(1)资讯智能分发；(2)社交分发；(3)传统中心化分发。如图 35—4 所示。

目前移动互联网带来碎片化的生活方式使得短视频逐渐成为人们日常娱乐消遣的方式之一，短视频行业产业链已初具规模，作为核心竞争力的优质内容紧俏，主要玩家分占赛道，一部分正在转型做电商如近期也获得融资的“一条”，另一部分

图 35—4　分发端类型

专注深耕内容端。

二更视频:国内领先原创精品短视频内容平台

二更诞生于 2014 年 11 月，在每晚“二更”时分，推送一部原创视频。2015 年 4 月，二更正式注册成立“杭州二更网络科技有限公司”。

2017 年 1 月，二更完成 B 轮融资 1.5 亿元，同年 8 月完成 B+轮 1 亿元人民币融资。上线至今，二更累计发行了 2 904 部作品，视频累计播放量近达 191.49 亿次，日播放量超过 5 000 万次，全网粉丝数近 5 000 万。与此同时，二更还集聚了大量创作人才。此次融资之后，二更将从以下四个方面进行战略布局，见图 35—5。

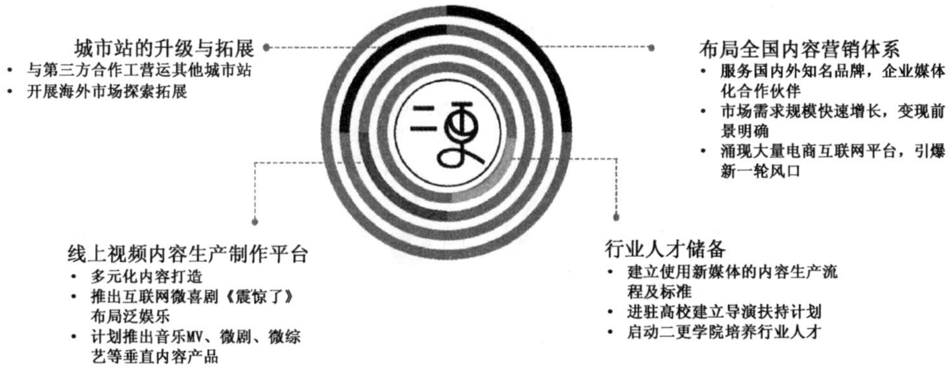

图 35—5　二更的战略布局

二更的四大板块:文化、娱乐、生活、财经

二更内容采取垂直化频道策略，旗下拥有文化、娱乐、生活、财经四大板块，二十多个子品牌，如图 35—6 所示。

同时，二更联合了北京、上海、成都、广州等国内外上百支影视制作团队，建立了华北、华东、华南、西南四大区域公司，影视生产能力覆盖全国。二更的“更城市”

系列覆盖了北京、上海、杭州、成都等二十多个城市，打造深度城市文化影像系列，未来二更将建立更多的城市站以及拓展相关的海外业务。

图 35－6　二更的四大板块

二更的视频分发模式及 IP 变现的可能

二更的分发模式如图 35－7 所示。

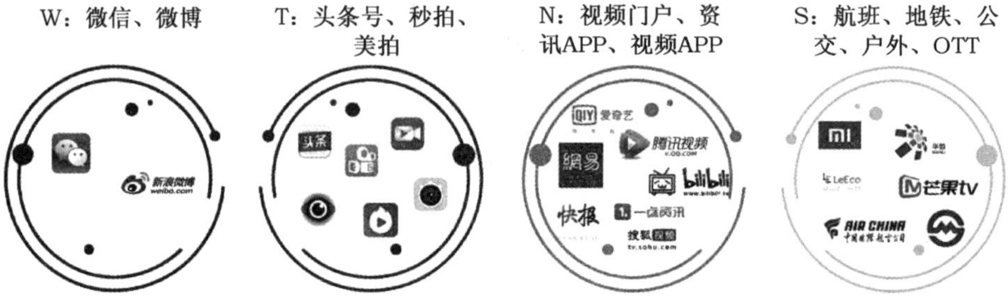

图 35－7　二更的分发模式：W＋T＋N＋S

短视频行业的商业变现途径主要在四个方面：广告营销、电商、IP 和付费分成。而目前二更主要的变现模式是广告，尤其是短视频定制化广告。

二更视频 2017 年上半年已在这一领域完成上亿的订单合同制作，同比增长达 800％，公司已经实现盈利。另外，目前二更 70％～80％的短视频是常规内容，剩余的超 20％为可变现的商业内容。除了广告变现，IP 变现也是二更未来的发展方式之一。短视频 IP 变现主要有以下三种方式，如图 35－8 所示。

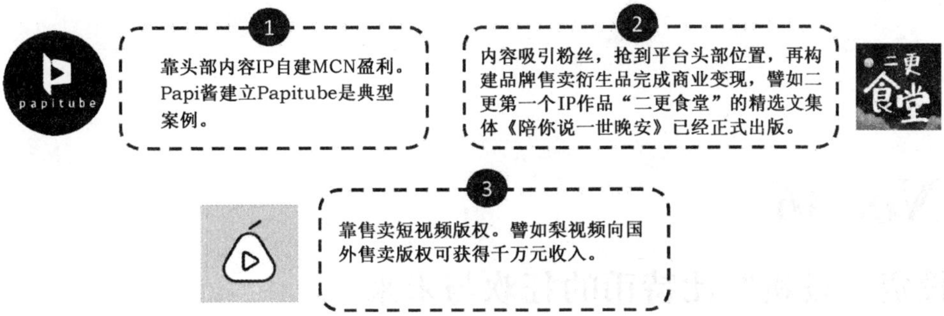

图 35—8　短视频 IP 变现的主要方式

二更手上现在已经有一些 IP 作品,旗下的子栏目也在计划走 IP 孵化的路径。除了粉丝基础和知名度,一个好的 IP 更需要强大的题材和较强的故事性来支撑,未来二更视频能否依靠 IP 变现仍需实践检验。

主　　笔:袁子岚
资料收集:陈吴宇　陈夏花

想成为《投融资观察》报告创作团队的一员吗?微信扫描本书第 234 页二维码,现在就加入我们吧!

No. 36

投资？投机？比特币的狂欢与未来

2017年9月5日，数字货币矿场“矿世云算”获得极豆资本数千万元人民币战略投资。本轮融资资金将主要用于扩大业务、团队建设以及基于标准化机房的建设，目前矿世云算有四个自建大型矿场，分别位于四川、云南、新疆及内蒙古。

9月4日新浪援引彭博社消息，红杉资本和IDG资本将投资全球最大的比特币挖矿公司：北京比特大陆科技有限公司。红杉资本和其他公司还计划为比特大陆提供更多管理上的指导。

比特币自从2009年诞生后，价格便不断上涨，币价在2011年达到1美元，2013年达到1 200美元，截至发稿，币价位于3 600美元附近，其最高价格曾达到5 013.91美元，如图36—1所示。

图36—1　比特币历史价格走势图

作为全球最火的数字货币，比特币及相关的企业和公司最高吸引了1.16亿美元的风险投资，其中不乏IDG、高盛等知名投资机构（见表36—1）。

表 36－1　　比特币历史相关投资事件

公司	领域	投资方	金额(美元)
Circle	支付及消费金融	IDG、百度、光际资本、宜信财富、高盛、中金甲子等	1.36 亿
Chain	比特币 APP 开发者服务公司	SV Angel、Thrive Capital、RRE ventures 等	3 000 万
21INC	比特币技术研发和服务提供商	Andreessen Horowitz、RRE Ventures、高通风投	1.16 亿
Coinbase	提供比特币交易及流通服务	Institutional Venture Partners、DFJ 德丰杰(全球)等	1 亿
Bitpay	比特币支付平台服务商，提供支付技术支持	Index Ventures	3 000 万
Bitstamp	交易平台	Pantera Capital Management	1 000 万
比特币中国	交易平台(中国)	光速中国	500 万
OKcoin	交易平台(中国)	蔡文胜、创业工厂、策源创投、曼图资本、隆领投资等	约 1 100 万
火币网	交易平台(中国)	红杉资本中国、真格基金等	数百万

也有部分风险投资资金直接购买了比特币，例如硅谷最知名的投资人之一 Tim Draper(百度，Hotmail，Skype，特斯拉的领投人)斥资 2 000 万美元购买了 3.2 万个比特币，美国的比特币投资信托基金(Bitcoin Investment Trust)购买了 4.8 万个比特币等等。

比特币是什么？

比特币(Bitcoin，缩写 BTC)是一种总量恒定 2 100 万的数字货币，和互联网一样具有去中心化、全球化、匿名性等特性。用比特币向地球另一端转账，就像发送电子邮件一样简单和低成本。因此被广泛用于跨境贸易、支付、汇款等领域。

我可以用比特币做什么？

目前比特币经历了无数次市场和技术的考验，成为一个在全球有数百万用户，市值最高达到百亿美元的货币及支付系统。目前支持比特币支付的商家如表 36－2 所示。

表 36－2　　目前支持比特币支付的商家

商　家	覆盖业务
DELL	接受比特币购买产品
Microsoft	接受比特币为 MS 账号充值及购买电子内容产品
Steam	接受第三方平台实现比特币结算
Virgin Galactic	接受比特币支付太空旅行
Namecheap	在线域名注册服务商
Word press	允许比特币支付插件(第三方)接入

比特币的本质是什么？

账单。比特币其实并不是一个需要钱包来储存的货币，比特币本质就是一份交易账单，整个比特币市场就是一大堆交易账单。

比如：账单，从 A 转到 B 转了 x 个比特币。

任何人只要加入了比特币市场，都能接收到从比特币成立的那一天起所有的交易账单，所以只要把所有账单全都下载下来，自然就知道每个账户上有多少钱。

而为了方便理解，我们将这个"账单"称为"比特币"，因此比特币的交易自然就是一段账单数据，而这段数据包括：

(1)钱是谁给你的？(任何你要给别人的钱，理论上都是另一个人先给你，你需要出示上一笔账单)

(2)你要把比特币付给谁？要付多少？对方的账户是多少？然后签名。

当你完成上述步骤以后，比特币会自动向整个网络发送消息，然后全网都会验证你的签名，计算你是不是有这么多钱(根据历史交易可以轻易推算)，如果这个交易所有人算过都没有问题，那么转账就成功了。

那么最初的钱从哪儿来？

看完上面那个解释应该都有一个问题，那最初的钱是从哪儿来的？答案就是：计算。

上面提到账单发到全网以后，需要所有人去计算是否正确。于是比特币在一开始就规定，大家可以一起计算一个公式，第一个算出正确结果的人就获得奖励。而这个计算的过程就是"挖矿"，第一个算出结果的人会得到一个特殊来源的账单(整个体系认可这个来源)，而这个特殊来源的账单，就是一枚被新挖出来的比特币(同时写死了最终能产出的比特币的数量)。其过程如图 36－2 所示。

图 36－2 "挖矿"过程

刚才提到比特币是通过计算公式来获得，而如果网络中计算公式的人增多，那么确认交易的数学问题的难度就会变难，保证只有一台电脑能算出来，并且每隔 4 年还会减半。

但如果你拥有很多台运算能力极强的电脑，那么算出正确答案的几率和速度也会越高。而我国作为一个制造业大国和资源大国，充足的资源和部分地区低廉的电价，造就了本次融资的两个主角：矿世云算和比特大陆。

矿世云算成立于 2016 年上半年，挖矿为基础布局全产业链，开始开发比特币银行、比特币理财、比特币量化交易等；比特大陆则成立于 2013 年，当时比特币价格开始飙升，比特大陆凭借出色的芯片设计能力、耗电量和故障率控制，制造出了更适合挖矿的矿机，迅速占领了市场。

比特币有什么特点？

简单来说，比特币的核心价值建立在去中心化、不可复制以及匿名性三个关键特性上，而比特币的价值则来源于它的稀缺性。

■ 去中心化

众所周知，银行是一个中心化账本，账本存储在银行的中心数据库，上面写着：张三的 A 账号余额 3 000 元，李四的 B 账号余额 2 000 元，当张三想要从 A 账号转账 1 000 元给李四的 B 账号时，需要先向银行提交申请，然后确认身份并检查余额后调整账户余额，在完成之后再发送转账成功通知。

而这在比特币的世界发生了变化，当张三想要转账给李四 100 元时，只需要向全网喊一声，我要转给李四的 B 账户 100 元，所有人都会检查张三的账户有没有 100 元，如果检查通过，就会在自己的本子上记录，A 账户 100 元转给了 B 账户，然后全网同步，最后所有人都会记录这笔交易。

中心化和去中心化下的转账流程如图 36—3 所示。

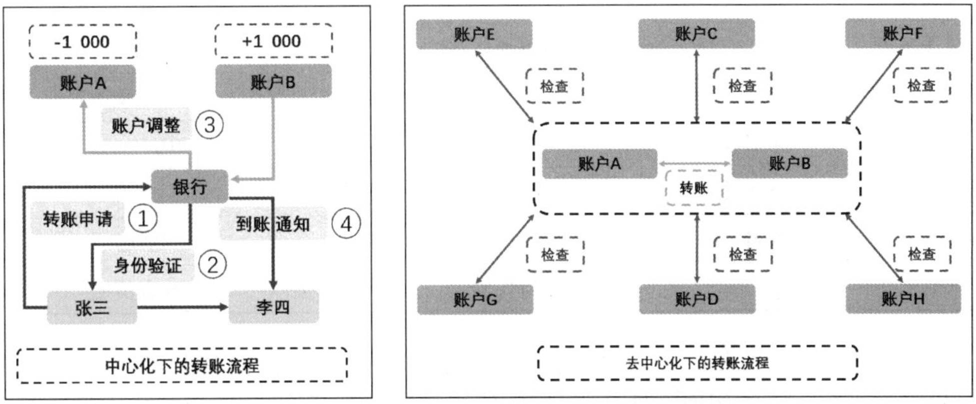

图 36—3　中心化与去中心化下的转账流程

■ 不可伪造

在现实世界里，你给了别人100元钞票，你自己就没有了。但数字世界里的东西大都是可复制的，你复制给了别人一个文件，你还有这个文件。你复制给了别人100元，你还有100元（这称为双花 double-spending）。这导致在数字世界里的货币必须用中心化方式来管理，比如由银行的中心服务器来管理你的钱。

但比特币解决了这个问题，你给了别人一个比特币，你就没有这个比特币了（周围的人都已经验证过一次），如果你试图再付给别人同一个比特币，周围的节点会检查你，并拒绝传播你这笔非法支付。

■ 匿名性

所有比特币交易都必然是公开透明的（全网记录）。尽管交易是公开的，但是交易双方的身份却是保密的，而这正是比特币系统能够保护隐私的原因。任何查看区块链的人都能够看到“1Mcqmmnx 发了 1.232 1 比特币给 1V1tAL”，但是他们看不到现实世界中究竟是谁发给谁，有可能是奶奶为了给孙子从比特币商店买新电脑而发。

■ 比特币的价值：现在或许介于珠宝与黄金之间

比特币作为一种支付手段，经常与实体货币甚至法定货币进行比较，而其表现出的金融属性、具有开采成本及总量一定等特性，而从流通市场来看，它和黄金以及珠宝也存在一定的相似之处。它们的对比如表36－3所示。

表36－3　　比特币、黄金、珠宝、法定货币对比

	比特币	黄金	珠宝	法定货币
总量	有限	有限	有限	无限定
发行/开采	去中心	去中心	去中心	中心化
流通成本	低	较高	较高	中等
流通速度	快	实物流通较慢	流通速度慢	中等
流通范围	70%交易在中国	全球	全球部分市场	国家及国家间
安全性	加密，较安全	低	低	中
透明度	公开透明	不透明	不透明	不透明
匿名性	匿名	匿名	匿名	非匿名
价值依托	???	历史与权威	稀缺和美丽	政府信用

由于比特币的总量一定，造成其本身具有一定的稀缺性；而其匿名性，也与珠宝和黄金存在一定的相似之处；同时相比传统的货币结算系统，低流通成本和较快的流通速度，使其具有一定的优势。而挖矿成本必然随着挖矿难度逐步走高，即使没有任何一个国家和政府会允许一种完全不受监管和控制的货币出现，比特币本身的固有成本和特性，也使其具有一定的价值。

比特币各环节产业链如图 36—4 所示。

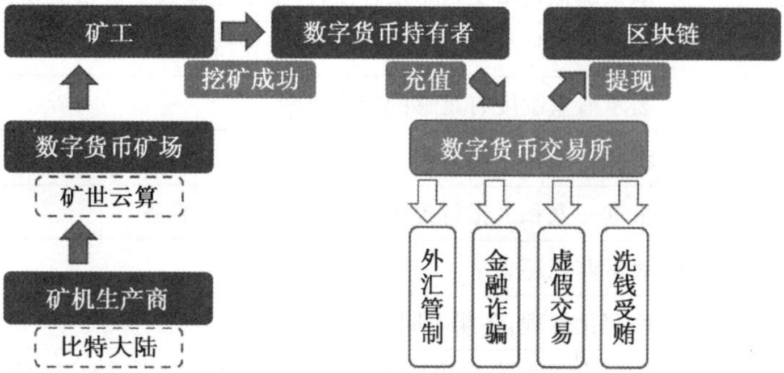

图 36—4　比特币各环节产业链

但对于中国来说，交易平台的存在会为外汇流动和洗钱提供无法监管的便利通道，甚至部分诈骗行为已经危害到了正常的金融秩序。当前国内的金融经济状况下，严控甚至关停也符合国情和国内需求。

What happened?

9 月 6 日，中国人民银行联合银监会、证监会等七部委联合发布了《关于防范代币发行融资风险的公告》，宣布代币发行融资等业务非法，同时交易平台不得从事法定货币与虚拟货币相互之间的兑换业务。9 月 14 日，比特币中国宣布将于月底停止比特币交易及新用户注册，比特币价格剧烈波动并应声下跌至 3 600 美元附近；次日靴子落地，北京下发关停比特币交易所的通知，明确要求所有虚拟货币交易的最终时间。至此，中国交易量前三的比特币交易所均宣告于月底关停。

价值源于交易(基于截至发稿的政策解读)

各国对于比特币的态度耐人寻味，在中国比特币交易所关停止之后，日本交易所成为目前全球唯一的比特币流通出口。而纵观世界各国对比特币的态度，中国和韩国是较为苛刻的两个国家。目前有部分国家政府认可比特币具有货币属性，但大多数政府并不认可比特币是货币，更多的则保持观望的态度，或者将比特币定义为商品。未来比特币将如何发展，或将受到各国政府政策的巨大影响，同时也值得期待。

各国比特币相关法规见表 36—4。

表 36—4　　各国比特币相关法规

日本(最宽松)	承认虚拟货币支付手段合法,并批准免除数字货币交易税
新加坡(友好)	等同于商品处理,不干预商户接受比特币
英国(友好)	表示沙盒制度有足够的容错空间
澳大利亚(友好)	将减轻比特币交易税
瑞士(友好)	批准一家私人银行提供比特币资产管理服务
法国(友好)	表示监管还太早
美国(复杂)	牌照化管理,各州不同
俄罗斯(由严到松)	2014 年初宣布将比特币视为与法币并行的货币加以使用是非法的,但目前正在讨论合法化监管框架体系法案
泰国(由严到松)	2013 年宣布比特币交易、买卖及使用均为非法;2014 年允许比特币在境内流通,但仅以泰铢结算,不得涉及海外货币
中国(严苛)	认定 ICO 及交易平台为非法行为 关停境内比特币交易网站
韩国(严苛)	加大对数字货币的监管, 对利用数字货币进行违法交易展开调查

主　　笔:马超杰

资料收集:杨　溢　王思嘉　王霄楠

想成为《投融资观察》报告创作团队的一员吗?微信扫描本书第 234 页二维码,现在就加入我们吧!

No. 37

映客借壳上市——直播的盛宴终结还是升华

2017 年 9 月 4 日，宣亚国际发布重大资产购买报告书。报告显示，宣亚国际拟以现金 28.95 亿元收购蜜莱坞（网络直播平台“映客”的运营主体）48.2%的股权。交易完成后，宣亚国际将成为蜜莱坞第一大股东暨控股股东。而宣亚国际的控股股东宣亚投资在 2016 年 2 月就曾以 3 815 万元的代价获得了映客 1%的股权（后被稀释到 0.74%）。

映客的融资情况如图 37—1 所示。

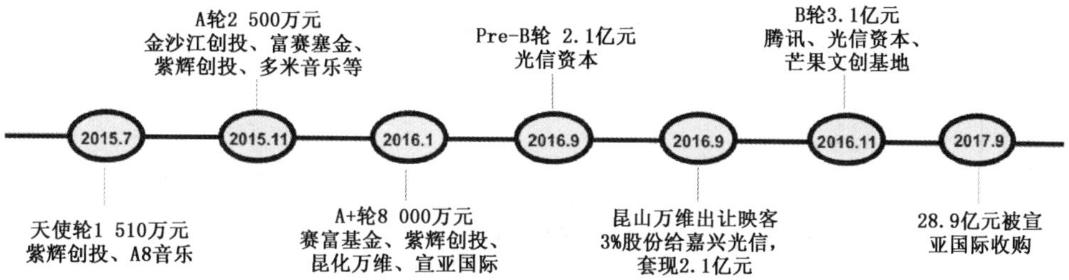

图 37—1 映客的融资情况

网络直播的下半场

我们在高金投融资报告中曾提到，网络直播行业在 2016 年迎来爆发，借助移动互联网和移动支付迅速发展，形成移动泛生活、游戏电竞和传统秀场多线开花的局面，内容也越来越碎片化和丰富。

而随着监管趋严，同质化严重等问题日益凸显，平台收入和用户的增长速度都在放缓，还留在场内的玩家开始各寻出路，或转型或购买头部内容，或嫁入上市公司，直播的下半场洗牌开始。

■ 资本腾挪蛇吞象

自从 2017 年 4 月宣亚国际（300612.SZ）宣布将收购映客半数股权以来，此收购案一直吸引着业内外的关注。9 月 4 日收购方案终于随着宣亚的公告浮出水面，而此次公告的收购方案可谓十分巧妙。

公告显示，宣亚国际拟以现金方式收购创始人及员工持股平台（奉佑生、廖洁鸣、侯广凌、映客常青、映客欢众和映客远达）合计持有的蜜莱坞 48.25%的股权，交易作价 28.95 亿元。以 2017 年 3 月 31 日为评估基准日，蜜莱坞经评估的股东全部权益价值为 60.6 亿元。

如果对比宣亚和映客的财务状况会发现，其实宣亚赚钱能力远不及映客，2016 年宣亚国际营收 4.67 亿元，净利润为 5 871.01 万元，而映客同期营收为 43.38 亿元，净利润达到 4.8 亿元，几乎是宣亚的 9 倍。现金流上，宣亚账上也没有那么多现金，根据宣亚 2017 年上半年的财报，宣亚账上的现金仅 2.95 亿元，与收购映客所需的近 29 亿元相比，连零头都不够。

那么钱从哪里来呢？

宣亚国际股东说：我可以借。

映客股东说：交割之后我可以再增资给你。

宣亚收购映客的交易方案如图 37—2 所示。

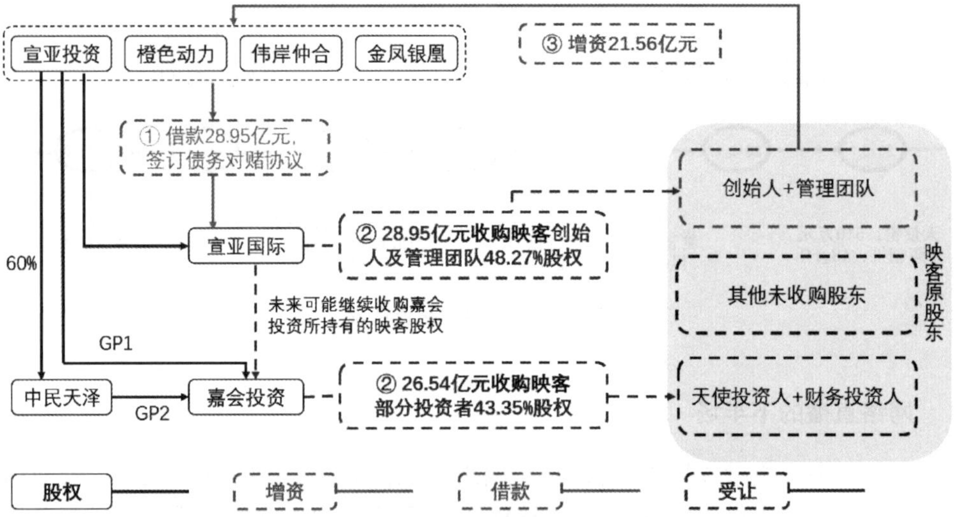

图 37—2 宣亚收购映客的交易方案

■ 宣亚国际向股东举债收购映客 48.27%

（1）于是宣亚国际的 4 位股东（宣亚投资、伟岸仲合、金凤银凰、橙色动力）决定以银行同期基准利率向宣亚国际提供两笔共计 28.95 亿元的借款（3 年期借款合计

7.39 亿元、15 年期借款合计约 21.56 亿元)，同时根据《业绩承诺与补偿协议》，宣亚的 4 个股东承诺 2017～2019 年净利润不低于 4.92 亿元、5.75 亿元和 6.65 亿元，如果未达到约定，则宣亚国际将获得相应部分借款的豁免。

(2)宣亚国际将用这合计 28.95 亿元借款完成对映客的收购。

(3)收购完成后，映客的部分股东将分别对宣亚国际的 4 位大股东进行增资，增资完成后，映客股东将对宣亚国际上述 4 位股东均持有 42.007 9%股份。

■ 嘉会投资 26.54 亿元收购映客 43.35%股权

嘉会投资成立于 2017 年 1 月，系双 GP 结构，一个 GP 是宣亚国际的股东宣亚投资，另一个则是宣亚投资占股 60%的中民天泽。同时我们还能在嘉会投资的 14 位股东名单中发现，除了宣亚投资及其股东张秀兵以外，还出现了映客创始人奉佑生；投资了蜜莱坞的郑刚，也是其中一家投资机构青之白的股东之一。

此次收购及增资完成后，宣亚国际控股股东仍是宣亚投资，控制权未发生改变，因此不构成借壳。而现金交易未涉及发行股份，从而绕过了证监会并购重组委员会的审查。未来宣亚国际或将继续收购映客的其余股权。

映客的机遇或困局?

■ 市场增速放缓，活跃用户数量下降

2016 年随着带宽、企业云服务等相关支持性行业的迅速发展，移动直播的技术门槛大大降低；同时受变现快速、成本较低的商业模式影响，众多玩家涌入，进一步推高同质化水平。而随着监管的加强和市场竞争的白热化，互联网直播行业在保持快速增长的同时逐步走向规范发展，增长率将同比下降，见图 37—3。

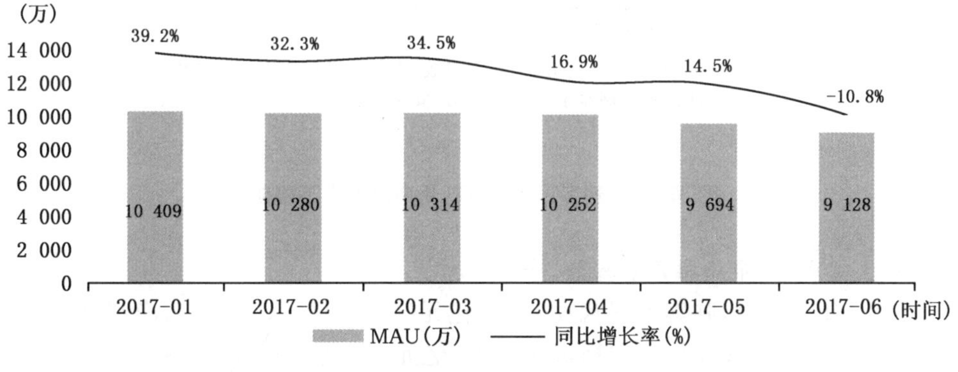

来源：36Kr；QuestMobile TRUTH 数据库。

图 37—3 直播行业用户规模及同比增长率

回顾映客的情况，2017Q1 新增注册用户数、活跃用户数及充值用户数均出现了不同程度的下滑，如图 37—4 所示。另外，映客直播的周活跃用户渗透率也下降明显，如图 37—5 所示。

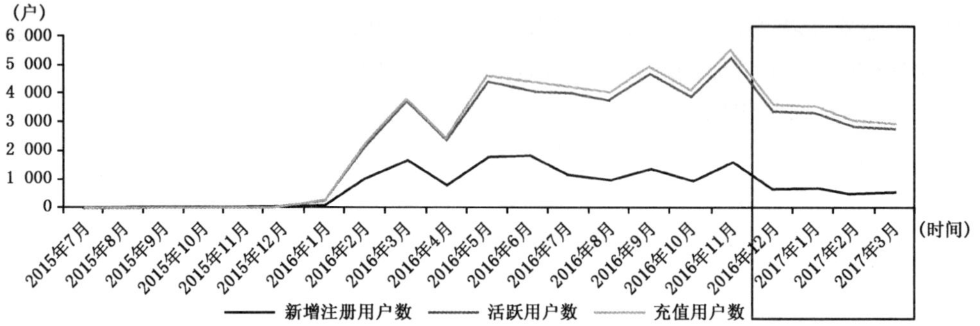

资料来源:重大资产购买及关联交易报告书草案。

图 37—4 映客用户数量变化

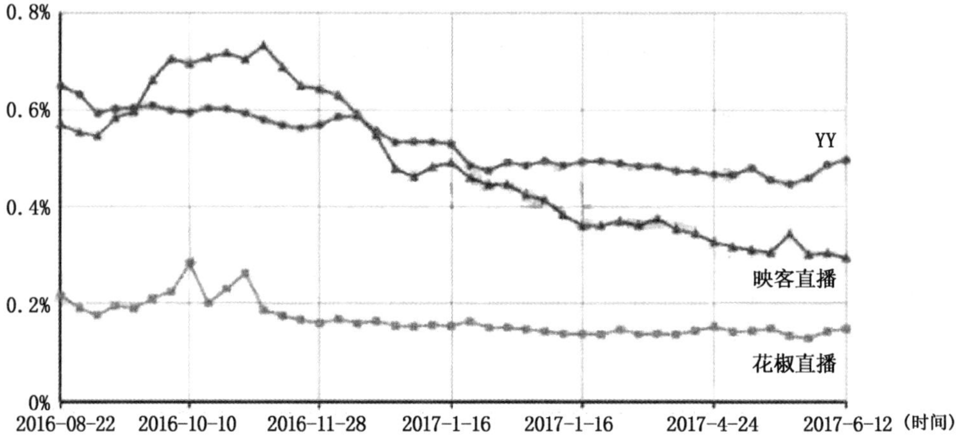

纵轴：周活跃用户渗透率=app的周活跃用户数/中国市场总周活跃用户数。

注：数据截至于2017.6.18，安卓端数据。

资料来源:36Kr。

图 37—5 映客直播周活跃用户渗透率下降明显

■ 主播成本、市场推广费骤降,净利率增长 1 倍

2017 年一季度,映客实现营收 10.35 亿元(43.38 亿元,2016A),净利润 2.44 亿元(4.8 亿元,2016A),其中主播成本 5.17 亿元,占到了营收的 49.9%(57.21%,2016A),市场推广费 5 713 万元,占到了营收的 5.52%(11.86%,2016A)。2017 年第一季度营收及净利润分析见图 37—6。

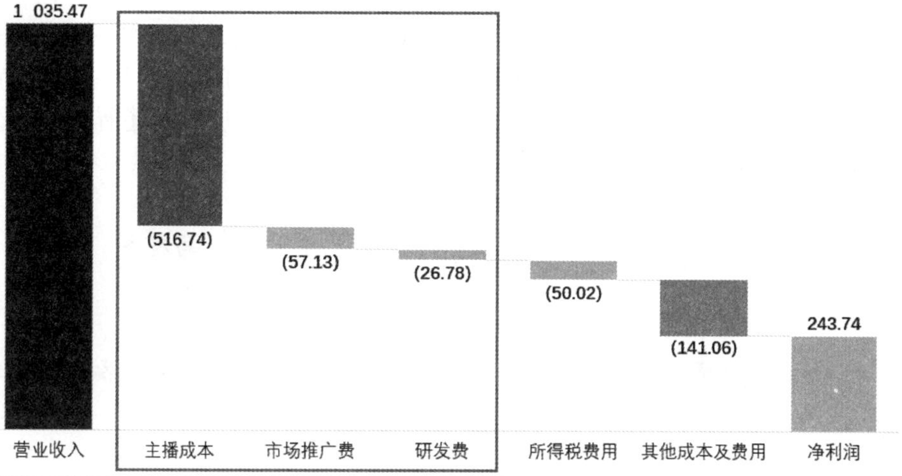

其他营业成本包括：平台使用费、主播服务商手续费、服务器托管费、审核成本、专业服务费、音乐版权费、内容成本和其他业务成本。其他包括：其他销售费用、其他管理费用、财务费用、营业税金及附加、资产差值损失、投资收益、营业外收入及支出。

图 37－6　2017Q1 营收及净利润分析

尽管有所下降，但映客的主播成本仍占据收入近一半的比重；另一方面，映客对主播的应付账款金额自 5.16 亿元(2016 年 12 月 31 日)上升至 5.8 亿元(2017 年 3 月 31 日)，主播应付账款的周转天数由 75 天上升至 102 天。这对于全民直播为主打的映客来说，如果不能绑定优质主播或者优质内容，未来将面临更大的竞争压力。

主播应付账款周转天数＝主播应付账款/主播成本×365(2017Q1 的主播成本进行了简单年化计算)

而对比 2016 年的数据，我们会发现 2017Q1 映客主播成本占营收的比例(以下比例均为相关费用占营收的比重)下降 7.3%，降至 49.90%，市场推广费用下降 6.35%，降至 5.52%，研发费用从 4.08%下降到了 2.59%，而净利率从 11.08%上升到了 23.54%。

但通过降低主播成本、市场推广费用换来的净利率的上升，是否会损失主播及用户基数？这样的增长是否具有可持续性？能否支撑业绩对赌？仍然有待时间的验证。

■ 关于交易所问询

9 月 5 日，深交所针对此次宣亚国际的重大资产重组发出了问询函，主要针对借款资金来源、2017 年上半年财务及运营数据，以及收入核查情况等方面进行了问询。而本应 9 月 10 日回复的问询函，截至发稿，宣亚国际仍未公布相关答复。

总结

直播作为一个典型的2C泛娱乐商业，其业务模式与游戏行业在一定程度上具有相似性，客户极其分散，收入难以核查，可能存在“自充值问题”。另一方面，宣亚国际的股东借款究竟来自何处仍未公布，本次交易能否顺利达成，还有待上市公司的股东会决议以及商务部经营者集中反垄断审查的批复。

主　　笔：马超杰
资料收集：王　哲　费海墅

想成为《投融资观察》报告创作团队的一员吗？微信扫描本书第234页二维码，现在就加入我们吧！

No. 38

Google:大家好,给大家介绍一下,这是我新老婆@HTC

2017 年 9 月 21 日,HTC 宣布与谷歌达成协议,原参与打造谷歌 Pixel 手机的 HTC 成员加入谷歌,此外,HTC 将其所拥有的部分知识产权非专属授权予谷歌使用,HTC 则会收到来自谷歌的 11 亿美元。

HTC:从代工厂到安卓一哥

说起 HTC 大家都不陌生,它由台塑集团创始人王永庆的女儿王雪红 1997 年 5 月创办于台湾,并在 1998 年 3 月造出了全球范围内的第一台被微软 NSTL 认证的掌上电脑 Kangaroo PalmPC,2000 年又帮助 Compaq(后被惠普收购)做出了使其名声大振的 iPAQ 系列掌上电脑,随即确立了代工厂市场的领导地位,并于次年 3 月挂牌,后逐步发展成为全球最大的 PDA(Personal Digital Assistant)代工厂商(见图 38—1)。

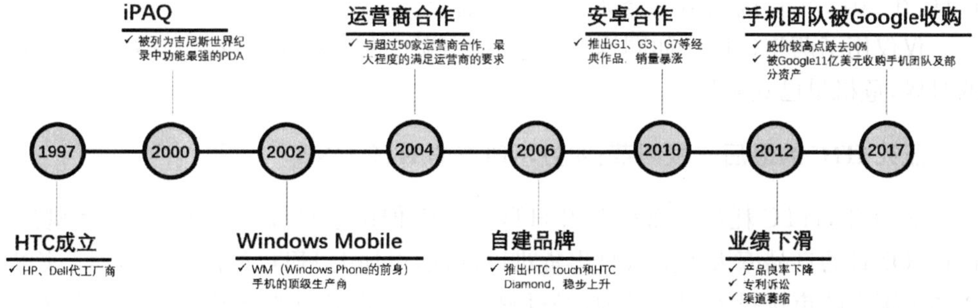

图 38—1 HTC 发展时间轴

而在 Google 收购 Android 之后,当时已经建设起自主品牌的 HTC 意识到,未来智能手机会进一步蚕食桌面操作系统,随即加入安卓联盟(OHA),并生产出了全球第一台搭载 Android 操作系统的商业性手机——T-Mobile G1。

而 Android 在最开始其实并不被市场看好，直到 2009 年 HTC Hero（G3）诞生，它凭借当时超前的人体工学设计＋流畅的 Sense UI 系统，一举夺得了巴塞罗那“移动通信世界大会”上的最佳移动终端奖。

这个时候世人逐渐意识到，对比 Windows phone 和塞班系统，不久前发布的 3GS 和搭载安卓系统的 HTC G3 才是真正的智能手机，当时的 HTC 也被视为整个安卓阵营里为数不多的能够与苹果抗衡的厂商。

明星机型和机海战术：运营商捆绑销售帮助 HTC 成功登顶

2010 年和 2011 年，Android 和 HTC 迎来了爆炸性的增长，HTC 推出的 Desire（G7）凭借当时强大的配置和日渐完善的 Android 系统，一举获得了全球市场的认可。

随后的一年里，HTC 推出了将近 50 款手机对市场进行了一轮又一轮轰炸，高定价策略和北美营运商的助力为 HTC 的销售业绩带来爆炸性的增长，彼时 HTC 占到了全球智能手机出货总量的 9.1%，销售量达到 4 300 万部，HTC 的市值直接翻了一番并在最高时达到 340 亿美元，一举超越诺基亚。而当时沉睡的三星还寄希望于通过自己研发的 BADA 系统来超越安卓和苹果，HTC 早已追着苹果一阵穷追猛打。

陨落：从中端智能机到苹果和盖乐世的狙击

而随着苹果 4 的发布和三星在 Galaxy 系列上逐渐找到感觉，如今的双巨头开始崛起，而 HTC 则开始从顶峰滑落。

中国的手机厂商制造出了功能和售价都更加适中的中端智能手机，并模仿 HTC 通过运营商进军市场，运营商选择他们为自己带来更广大的中端用户群。HTC 在 2012 年直接跌出了全球手机销量前十。

仅仅用了两年，HTC 如同当年被它踩在脚下的诺基亚一般，当它察觉到危机的时候，危机早已兵临城下。

压死 HTC 的最后一根稻草：叫好不叫座的 HTC ONE

2013 年，HTC 耗尽心血打造出 HTC ONE，但由于坚持金属材质＋一体机身，HTC ONE 的良品率大大降低且出货难以保证，再加上 HTC 先前并没有对增长极快的中国大陆市场投入营销精力，经过整合后的大陆市场被苹果、三星、华为、OPPO、VIVO 等厂商纷纷瓜分，使 HTC 在中国大陆无法获得良好的渠道支撑，而专利诉讼使得 HTC 在海外市场渠道几乎被封死，HTC 所期待的救命稻草最后被三星 S3 和 S4 前后绞杀。

机海战术、高度依赖运营商、专利诉讼、供应链压力，这一系列策略失误使得 HTC 的市场份额在短短两年里不断萎缩，从最高时近 10%下跌到不足 1%，股价跌去了 80%,市场传出 HTC 将被收购的传言。

Google 这次不买套餐了,选择单点

其实就在 G7 上市前 3 个月,Google 的“亲儿子”Nexus One 也由 HTC 代工完成,成为谷歌 Nexus 系列的第一代机器,谷歌就此借 HTC 开始“搞机”。

而早在收购摩托罗拉时,Google 就表现出了想要整合 Android 软硬件的意图。但摩托罗拉最后证明买套餐对于 Google 来说并不是明智的选择。这次收购 HTC 团队,除了获得经验丰富的专业团队人才,谷歌也将取得 HTC 知识产权的授权,以支持其 Pixel 系列后续产品的研发。

收购后的 Google:Android 系统软硬件同步整合

这次收购,再一次增强 Google 作为一家智能手机公司的品牌属性,同时也正好能够获取 HTC 在智能手机产品代工、研发、制造以及供应链方面的丰富经验,从而及时提升下一代 Pixel 产品产能,加强高端 Android 手机的竞争力。

从更长远的意义上来说,Google 从 HTC 这里获取的硬件能力不仅可以用于智能手机,同样能够用于其他硬件,加上 2014 年收购的智能家居厂商 Nest,Google 将拥有对硬件更强的控制和制造能力,可以让包括数字助手在内的新服务有更强的载体,这不仅可以帮助该公司推广软件产品,通过强大的移动设备的研发制造能力,也可以支撑公司的传统广告业务的发展。

Google 拿走 Pixel+HTC 专心做 VR:双赢

相比上次 125 亿美元收购摩托罗拉,这次花的 11 亿美元对于 Google 来说或许并不算什么,甚至很可能是对 HTC 这位老朋友给出的友情价,而 HTC 可以通过卖掉一个团队为它的 VR 团队继续供血,以期未来能在 VR 中翻身。

表 38-1　　Google 收购摩托罗拉和 HTC 部分团队及资产对比

被收购方	MOTO 移动业务	HTC 部分团队及资产
总价格	125 亿美元	11 亿美元
收购业务	摩托罗拉移动业务	参与打造 Pixel 手机的员工及部分相关资产和知识产权
标的状况	两年半以来累计亏损超过 10 亿美元,盈利预期无望	连续亏损 9 个季度,二季度税后净亏损 19.5 亿新台币
专利技术	摩托罗拉在全球范围拥有约 1.7 万个专利	HTC 的专利远不如 Moto 雄厚,甚至需要谷歌专利保护
对 Google 的后续影响	收购后带来每年 7 亿美元的税收减免	加强手机制造能力

重新洗牌的手机版图

回顾手机市场的发展，国产手机从波导、夏新、首信等一代"战斗机"到诺基亚、三星、苹果等企业攻城略地，再到目前三星和苹果双强，从奢侈品"大哥大"发展到日用品甚至是消耗品，手机在中国走过了一段极其精彩的历程（见图 38—2）。

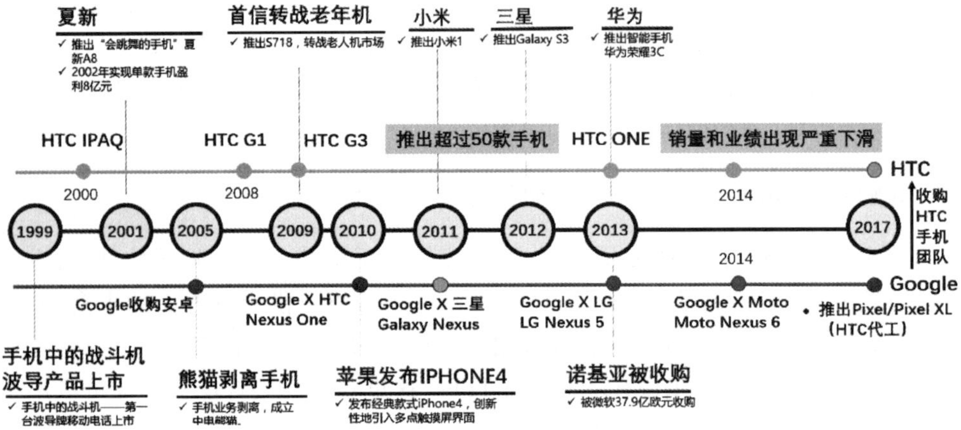

图 38—2　手机市场变更时间轴

曾经的王者诺基亚选择回归中端机战场，摩托罗拉则等待着联想对其进行整合，国产玩家里，华为、中兴、小米、VIVO、OPPO 等都已经杀入了全球前列，局外还有国美、格力等家电厂商跃跃欲试。

HTC 的此次收购也算是给诸多厂商敲钟，生产技术、营销手段与全球化视野，无论缺少了哪一个，在今天的移动设备市场上，恐怕都难以存活。

主　　笔：马超杰
资料收集：杨　溢　王思嘉　王霄楠

想成为《投融资观察》报告创作团队的一员吗？微信扫描本书第 234 页二维码，现在就加入我们吧！

No. 39

从五道口到硅谷，中国特色互联网券商的全球化之路

9 月 21 日，互联网券商老虎证券(Tiger Brokers)宣布获得新一轮来自美国老牌券商盈透证券(Interactive Brokers，NASDAQ：IBKR)的战略投资，同时宜信新金融产业投资基金也参与了本轮投资。老虎证券的发展历史如图 39—1 所示。

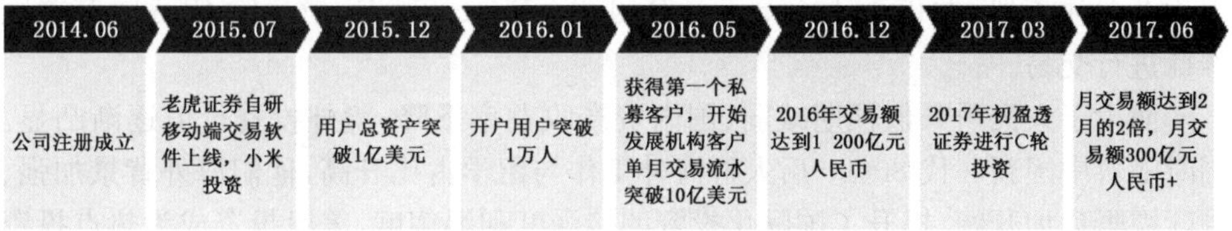

图 39—1　老虎证券发展历史

这也是美国老牌券商盈透证券首次对中国金融科技创业公司进行投资。本轮融资将主要用于优化产品和用户体验，扩充研发团队以及采购数据服务。

新形势下的风口：海外资产配置

随着经济全球化的深入，中国正处于全球资产配置的萌芽阶段，BCG 预计到 2020 年，中国个人境外资产配置比例将从目前的 4.8%上升到约 9.4%，新增市场规模达到 13 万亿元人民币(见图 39—2)。

政府监管逐步放开海外多渠道投资

国内来看，从 2007 年 QDII 产品，到 2013 年 QDLP 在上海自贸区破冰启动，2014 年 QDIE 在前海试点落地，再到 QDII2、深港通等一系列的政策层面动作，国家也表明了一直在有条不紊地推进个人跨境投资的开放进程。尽管近期外汇管制有所收紧，但中长期有序放开是大势所趋。

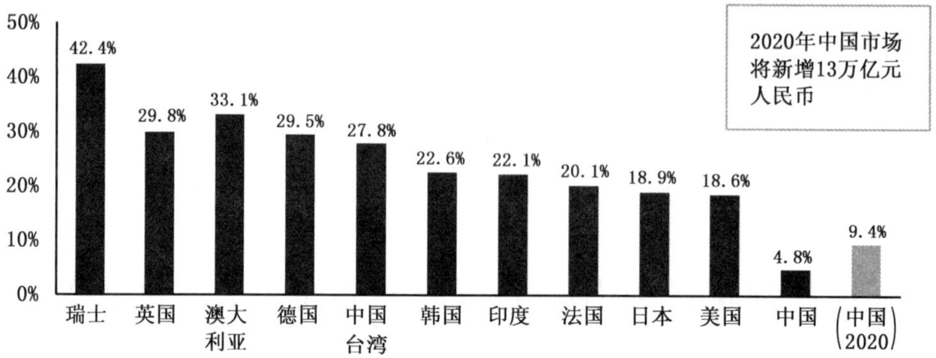

图 39—2　各国(地区)对外投资占总体可投资金融资产比例

证券互联网化深入,海外证券投资需求上升

随着证券交易互联网化趋势的深入,海外证券投资也成为全球资产配置中的重要组成部分。而 2000 年以后,新浪、搜狐等第一波中国互联网公司赴美 IPO,华人逐渐关注美股,并借由 Interactive Brokers、Firstrade、Scottrade、Etrade 等美国券商进行交易。

而由于人民币升值预期减弱、国内资产收益率下降,境外投资价值逐渐凸显。同时随着中国新一代 80/90 后人群海外工作与留学占比升高,他们海外背景加强、国际视野愈加开阔,提升了国际化投资的接受度和渴望度,美股投资成为热点投资领域之一。

老虎证券:新型互联网券商的代表

老虎证券创始人巫天华在创立老虎证券之前,曾在网易有道负责搜索技术,作为当时国内最强的 IT 团队之一,为后来的创业提供了良好的技术支撑。

而随着网易等诸多中国互联网公司的海外上市,越来越多的国内民众的日常生活,其实已经离不开这些在海外上市的中国互联网科技公司,但他们找不到合适的途径参与这些企业的发展并从中分享红利。

当时大多数美股券商还没有中文网站与客户端,同时伴随着繁杂的开户审核与步骤,中国的投资者即使想要投资,也难以找到合适的渠道与方法,痛点与需求也随之凸显。老虎证券团队由于自建了底层交易系统,加上对国内互联网产品的深刻理解,为用户提供了更优秀的用户体验和更及时的功能迭代,迅速获得了市场的认可(见图 39—3)。

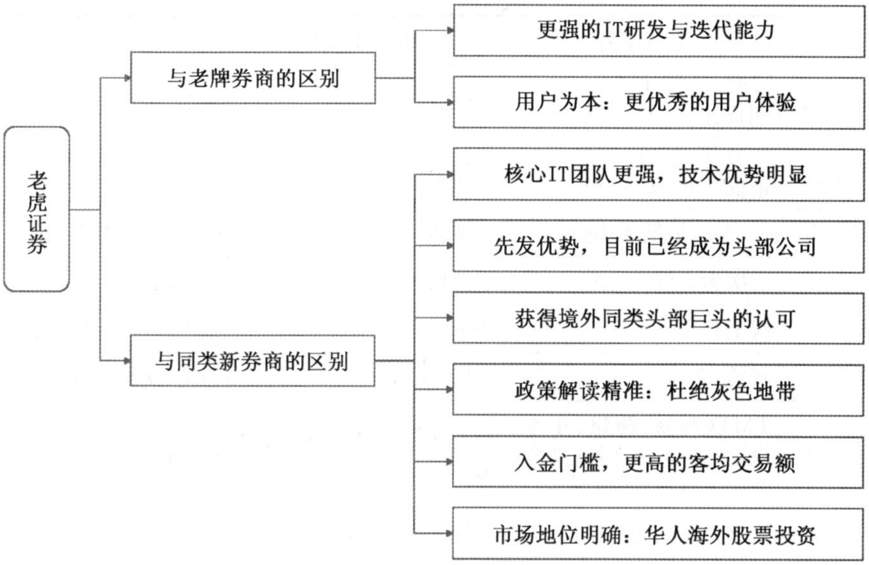

图 39－3　老虎证券与传统券商、同类新券商的区别

盈透证券：对中国大陆及华人市场持续看好

炒港美股的用户对盈透证券应该并不陌生，盈透证券于 1977 年在美国创立，是全球首个提供电子交易的券商。在行业中，盈透以其佣金结构、保证金利率以及支持全球交易而闻名。盈透通过提供一个全能账户，客户可在多个国家的 120 多个市场交易股票、期权、ETF、期货、外汇、债券以及差价合约。而大部分国内的跨境互联网券商产品的清算合作方都是盈透证券，包括雪球的雪盈证券、富途牛牛、美豹金融、福米科技旗下的微牛等。

对盈透证券而言，早期与老虎证券的合作更多在商业层面，老虎证券利用盈透的数据与清算渠道，而老虎则作为盈透在中国境内的销售渠道之一。而盈透此次对老虎的战略投资也证明，以前长期的合作是成功的，同时盈透也对中国及华人海外投资市场持续看好。而老虎除了为盈透带来大量来自中国大陆的流量以外，双方也将进一步合作推进除了中国和美国以外的市场，做大整个蛋糕。

可比公司：Robinhood & 富途证券

目前中国投资者可接触到的美股投资渠道除了老虎证券之外，主要还有富途证券和零佣金的 Robinhood，下面对这三个公司做简单对比，见表 39－1。

表 39－1　　老虎证券、Robinhood、富途证券对比

	老虎证券	Robinhood	富途证券
交易产品	港股、美股、债权期货、期权、CFD 等	美股、ETF 等	港股、美股
美股佣金	0.01 美元/股 最低 2.99 美元/单	零佣金	5 美元/单
港股佣金	0.08%，最低 45 港元	零佣金	0.05%，最低 50 港币
入金门槛	首次为 3 000 美元	零门槛	零门槛
开户方式	线上开户	线上开户	线上开户＋线下认证
服务范围	行情、交易、社区	行情、交易	行情、交易、社区
创始团队	TMT（网易、腾讯、小米、百度）＋金融背景（高盛、摩根士丹利、国信证券）	绝大部分是工程师和设计师	核心成员多来自腾讯
月交易额	突破 300 亿元人民币	累计突破 500 亿美元	突破 500 亿港元
用户数量	20 万＋	200 万人（日活跃用户）	350 万＋

面对体量庞大的中国市场，所有玩家都保持了高度的兴趣和敏感度，而这些互联网券商都在一级市场上获得了极高的估值，富途证券在 C 轮融资后估值一度超过了 10 亿美元，Robinhood 的估值对应其收入更是达到了天价，对比已经上市的盈透证券 13.64x 的 P/S，初创公司动辄几十倍甚至百倍的 P/S 更是让投资人感叹太贵。但互联网券商这辆车，上还是不上，最后会往哪里开，大家都很期待。

主　　笔：马超杰
资料收集：何　柳　王嘉怡　王心怡

想成为《投融资观察》报告创作团队的一员吗？微信扫描本书第 234 页二维码，现在就加入我们吧！

No. 40

还要多少钱，菜鸟才能飞起来

9月26日，阿里宣布投资旗下菜鸟网络53亿元人民币，预计未来五年将持续投入1 000亿元，并新增一个董事席位，从而占董事会7个席位中的4席。未来菜鸟财报将合并到阿里报表。

阿里：布局菜鸟，物流进入新加速时期

10月10日，阿里巴巴的盘中市值时隔两年再度超过亚马逊，市值飙升的背后其实早已经不再是简单的电商概念，成长为巨无霸的阿里巴巴，近几年围绕自身核心业务进行投资与收购，装入了大量资产和公司，完善了各阶段和领域的布局，同时也撑起了自己庞大的网络帝国股价和市值（见图40—1）。

图40—1　阿里巴巴、亚马逊市值对比

物流作为中国电商高速发展的重要支撑和骨干设施，可以说在中国电商蓬勃发展的历程中扮演了极其重要的角色，而在菜鸟网络成立的这四年来，整个物流行业效率和智慧化水平都有了大幅度的提升，从过去“车马很慢”到“江浙沪包邮区朝发夕至”。物流如同新时代的血管一般，为剁手族源源不断地输送着血液和营养，而此次阿里巴巴再度加码菜鸟，物流领域或许将会进入一个新加速时期。

这只还没起飞的鸟，可以飞多高？

菜鸟网络可以说是含着金钥匙出生，2013 年 5 月阿里巴巴宣布联合银泰、复星等财团，加上顺丰和三通一达成立菜鸟网络，当时给菜鸟网络定下了国内快递24 小时可达的目标。

一年后，菜鸟完成百亿元人民币的首轮融资，淡马锡、GIC、春华资本和马来西亚国库控股公司等主权财富基金进场。

相比资本和物流巨头的高调进入，菜鸟本身却显得十分低调甚至有些神秘，但如果梳理一下菜鸟的路线可以发现，虽然目前的菜鸟还处于起步阶段，但它一直在摸索并建立自己独特的竞争壁垒（见图 40—2）。

资料来源：格隆汇。

图 40—2 菜鸟大事件

低调拿地建仓，不做物流却希望掌控物流

从低价拿地建立骨干网络，到农村淘宝和菜鸟乡村的覆盖，再到菜鸟驿站和物流实验室。菜鸟希望通过建立巨型仓储中心，来打造物流中的核心节点，提高运营效率，通过各种物流工具，来提升买卖双方的物流体验，通过智能仓储配送打通“最后一公里”。

而在未来的 1 000 亿计划里，还将持续在数据、智能仓储、智能配送，全球物流枢纽四个方面加大投入。作为掌握着中国 5.07 亿用户流量的淘宝来说，虽然不做物流，但有想要通过菜鸟来掌控物流的决心。

目前菜鸟已经拥有了 30 000＋合作伙伴，40 000＋菜鸟驿站，30 000＋乡村服务；数百万平方米智能仓库，全国 1 000 多个区县提供当日/次日达服务，实现了天猫超市核心城市 1 小时送达，盒马鲜生 30 分钟送达，俄罗斯、西班牙等国实现 72 小时送达。

这个由电子商务巨擘牵头成立的物流平台，目标成为中国商业系统里一个像水和空气一样的基础设施的小鸟，正在一步一步摸索如何提升社会物流效率，创造更高效的协同网络。

是伴娘还是狼，物流路上，京东向左，菜鸟向右

在央视《对话》栏目中，刘强东曾“炮轰”菜鸟吸走快递公司利润，一时激起千层浪。马云虽然承诺永远不做物流，但事实是“四通一达”一半以上的快递件都被牢牢地掌握在天猫淘宝手中，背靠阿里的菜鸟拥有着天然的合作伙伴。

从刘强东决定力排众议，开始自建物流的那一刻起，菜鸟和京东这两种模式就成为中国电商和物流史上的两座里程碑(见表 40－1)。

表 40－1　　菜鸟模式与京东模式对比

公司	菜鸟网络	京东物流
规模	覆盖全国 2 800 个县城 合作伙伴超过 3 000 家	覆盖 2 691 个县城 335 个大型仓库
模式对比	地产＋社会化物流结合	自建物流
特性	模式开放 灵活提供更多定制化服务	模式封闭 确保自营商品配送服务及质量
智慧物流	电子面单、大数据路由分单 物流预警雷达、鹰眼等	京东快递电子签收 京东“亚洲一号”、无人仓

选择重资产自建物流的京东，可以说为了仓配，放弃了迅速发展起来的第三方物流运力红利，但这样的模式下，未来是否会为了给自家物流腾出更大空间，挤压第三方物流的生存空间，反将物流公司推向菜鸟平台？

而选择开放的轻资产模式的菜鸟，面对京东不断提升的物流效率，不可避免地

也走上了仓配模式，但在未来面对UPS、FedEx在全球已经建立起来的物流网络，菜鸟起飞后该如何出海也是一个难题。

从快递员到外卖员，如何留住他们？又如何留住利润？

曾几何时，江湖上流传快递员月入万元的传闻，一时间大家一拥而上，而2016年春节后不少快递员跳槽到外卖平台，快递点人走楼空快递积压。最近，中通、韵达相继宣布涨价，面对即将来临的快递高峰，还要面对外卖平台在人员方面的竞争和分流，快递只能选择涨价保住利润留住人。

其实送快递和送外卖都是送货，但快递不仅需要收送件，还要登记分类；而送外卖则只有用餐时段高峰期，其他时间的工作则相对轻松。

而从一线城市到三四线城市的房价上涨，将会进一步推高物流这个人力密集行业的成本，显然，最近正在积极推进无人机送货的京东已经意识到了这一点，但无人机越来越窄的可飞行空域和中国特殊国情，让人不得不为刚刚开始盈利的京东捏一把汗。

主　　笔：马超杰
资料收集：韩欣恒　赵　珂

想成为《投融资观察》报告创作团队的一员吗？微信扫描本书第234页二维码，现在就加入我们吧！

No. 41

电竞游戏退潮后的坚实大道

9 月 27 日，香蕉游戏完成 2 亿元人民币 B 轮融资，由经纬创投和竞远投资联合领投，新番资本与 A 轮投资机构 IDG 资本跟投。此轮融资完成后，香蕉游戏将继续在内容层面出发，布局电竞地产、赛事 IP 出海及电竞影视。

游戏 VS 电竞:从全民游戏到全民电竞

对于现在的年轻人来说，玩游戏已经成为非常重要的娱乐消遣方式，各种手游更是成为网瘾少年们的日常。

2013～2016 年，手游呈现出爆发式的增长。2016 年手游市场规模达 1 023 亿元，同比增长 82%，用户数量突破 5.28 亿人，首次超越端游成为网络游戏最大细分市场。而 2017 年随着用户红利渐尽，手游市场规模增速有所放缓，整体进入平稳发展期。

相比用户对于游戏的热情，游戏的资本寒冬似乎来得更早了一些。从 2015 年开始，传统的游戏制作与宣发拿到的投资越来越少(见图 41－1)。随着游戏行业的玩家越来越多，开发与制作新游戏的公司之间的竞争也日益激烈，只有头部公司才能获得投资者的青睐。

而在亚洲金融危机后，电子竞技在韩国得到迅猛的发展，中国移动互联网的飞速进步，使得游戏衍生出了直播、解说、竞猜等众多周边行业。而从单机游戏连接好友，到网络游戏连接陌生人，再到电子竞技的加入，使得游戏形成一个全新的体系，未来随着移动互联网和 AR、VR 的不断发展，游戏的娱乐性、移动性、以及竞技性也将进一步得到提升(见图 41－2)。

但是由于中国的电竞行业才刚刚起步，目前来看尚未出现独角兽，还存在较多的投资机会，这也是为什么在游戏制作及宣发等环节的公司投资普遍遇冷的情况下，电竞领域的香蕉游戏还能够拿到投资。

电子竞技(Electronic Sports)即电子游戏比赛达到“竞技”层面的活动。电子

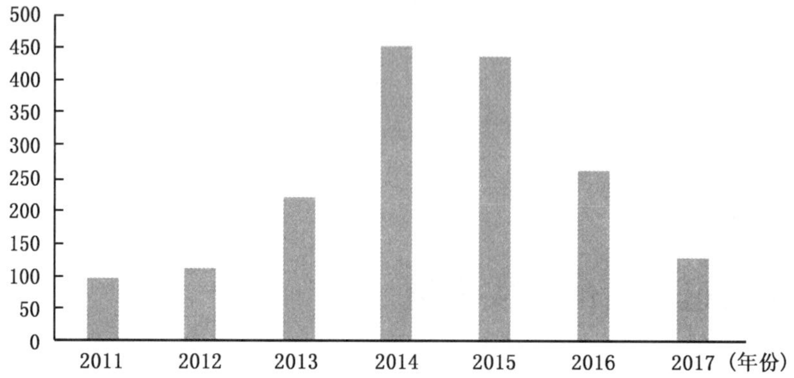

图 41—1　游戏行业投融资事件

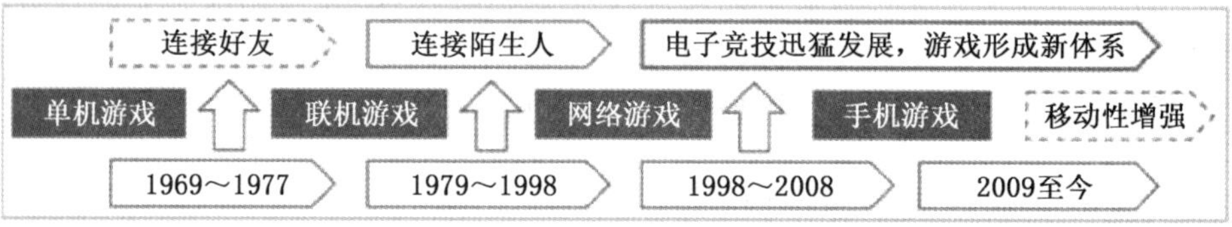

图 41—2　游戏体系的发展

竞技运动就是利用电子设备作为运动器械进行的、人与人之间的智力对抗运动。

而移动电竞是指移动端(平板电脑、手机、PSP 等电子设备)电竞活动。

2017 年中国移动电竞市场规模达到 462 亿元，超越端游电竞市场规模，其中《王者荣耀》是市场增长主力。移动电竞内容需求飞速增长，赛事呈现阶梯化和职业化，相关直播平台呈现井喷。电竞市场新用户转化中，电竞习惯正在培养，细分移动电竞游戏与新玩法受到用户期待。

香蕉游戏:用顶级内容,布局电竞泛娱乐生态

香蕉游戏传媒成立于 2015 年下半年，属于香蕉计划旗下电竞事业部门。其核心业务是围绕电竞赛事内容，连接电竞综艺、主播经纪、战队等内容生产商，以此形成内容闭环。除此之外，香蕉游戏还面向广告主，为其提供直播内容的营销解决方案。

发展简介

过去一年，香蕉游戏主办或承办了多项主流游戏的顶级赛事，包括《英雄联盟》IP 赛事、《香蕉计划 B. I. G 嘉年华》、《守望先锋职业系列赛》、《皇室战争》亚洲皇冠杯，以及《球球大作战》、《王者荣耀》等热门移动游戏赛事。此外，在自研综艺节目上，香蕉游戏传媒出品的《Pandakill 狼人杀系列节目》成为现象级的游戏内容，节目前两季累计播放量超过 3.7 亿次，最新第三季，同时最高在线观看超过 870 万人次。

香蕉游戏的野心

得益于头部游戏的火爆，2017 年移动电竞游戏收入快速增长带动整体市场规模的飞速上升。移动电竞整体产业链迅速完善，其中头部厂商保持领先优势(见图 41—3)。

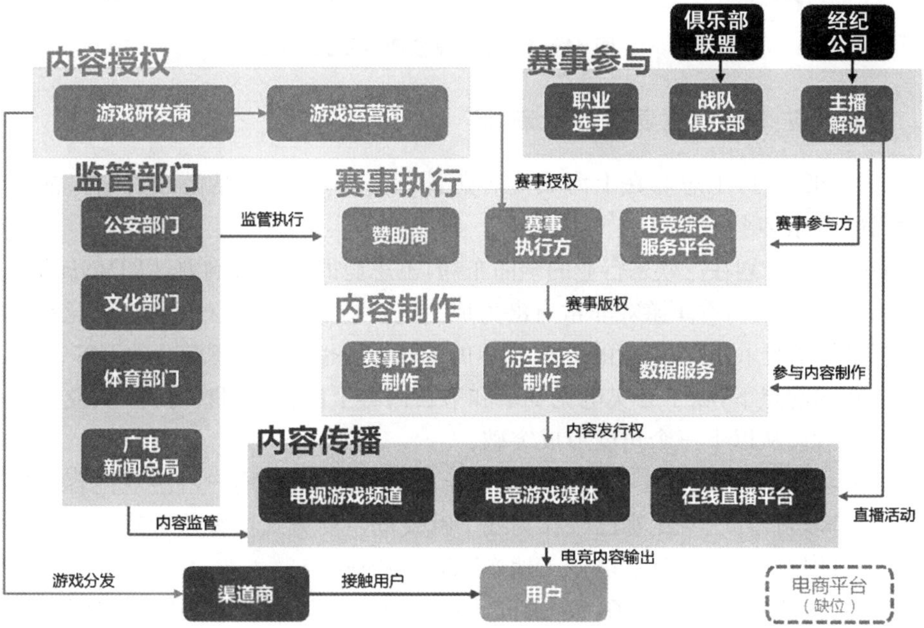

图 41—3　2017 年中国移动电竞产业链

随着 KPL 等赛事取得成功，2017 年上半年移动电竞产业逐渐成熟，形成了以内容授权方、赛事运营商、战队俱乐部、艺人经纪公司、播放媒体渠道等由上自下的产业链。除内容授权方以外其他环节的企业均已开始盈利。

同时，因为互联网的发展，游戏从单机到网游，玩家之间的联系与互动日益频繁，“游戏”正在成为继文字、图片、视频之后的第四代内容媒介，而电子竞技使得游戏成为一个拥有完整体系的系统，并且拥趸众多。

从粉丝经济的角度来看，目前的电子竞技商业模式主要可以分为四类，如图 41—4 所示。

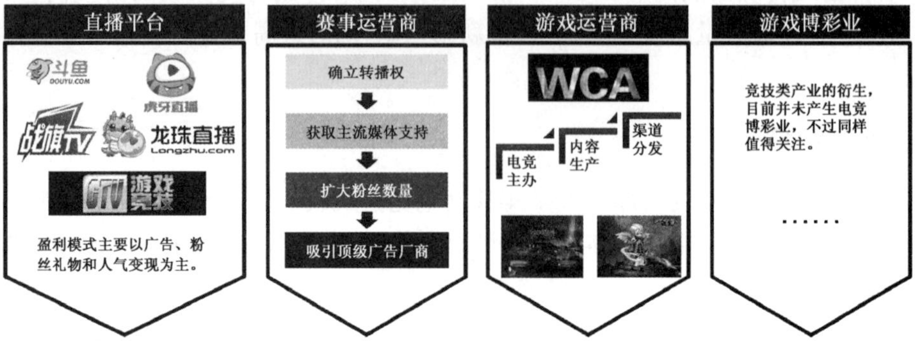

图 41—4　电子竞技商业模式

撕葱效应：玩游戏也要搞个"大新闻"

2015 年 6 月，王思聪在上海成立香蕉计划公司，旗下包括游戏、体育、演出经纪、影视、音乐多个子公司。

背靠香蕉计划在泛娱乐行业的全面布局，王思聪的个人影响力，以 Panda TV 在线直播平台为媒介，香蕉游戏非常有潜力成为电竞行业的头部公司。在电竞领域已经投资了大圣娱乐、魔杰电竞的 IDG 资本的本轮投资也是对香蕉游戏的看好。

在新的起点下，除了夯实电竞赛事和节目内容上的核心目标之外，从业务方向上香蕉游戏会从以下三个角度形成突破。

第一，电子竞技产业生态线上线下结合趋势日益明显，用户对游戏内容的接受度逐步提高，玩游戏、看比赛已经作为线下社交的主要方式。香蕉游戏传媒将联手国内一线的地产集团，促成"电竞＋地产"的新业态；

第二，围绕整个亚太市场，致力打造国际化的电子竞技内容品牌，拓展如 Facebook、Twitch、Youtube 等国际渠道，形成泛亚太内容影响力，搭建辐射亚洲的职业联盟与赛事体系；

第三，研发泛游戏主题的网络大电影、院线电影以及电竞纪录片等原创 IP，通过各种不同类型载体提供精品内容。

表 41—1 是相关竞争公司的对比。

表 41—1　　竞品分析

公司名称	香蕉游戏	VSPN	网映文化	爆宇文化	七煌娱乐
融资情况	轮次：B 轮 金额：2 亿元		已上市 市值：4.8 亿元	已上市 市值：5 亿元	轮次：B 轮 金额：2 亿元
投资方/创立方	· 经纬创投 · 竞远投资 · 新番资本 · IDG 资本	· 乐竞文化传媒成立 · 与 PLU、英雄体育战略合作	—	—	· 上海新文化传媒集团 · 成都联创博瑞 · 东方富海

续表

公司名称	香蕉游戏	VSPN	网映文化	爆宇文化	七煌娱乐
财务状况	· 2016 年营收过亿元	· 2016 赛事承办收入达亿元级别	2016 年营收 8 664万元,净利润 623 万元	2016 年营收 1.09 亿元,净利润 3 330 万元	—
主要业务	· 电竞赛事 · 电竞综艺 · 主播经纪 · 为广告主提供直播内容的营销解决方案	· 电竞赛事 √赛事运营 · 电竞泛娱乐内容运营 √节目制作 √品牌营销 √艺人经纪	· 赛事运营 · 赛事直播 · 电竞娱乐内容制作	· 电竞赛事主办或承办 · 视频内容制作 · 电竞周边视频节目制作 · 电竞娱乐网剧及微视频等	· 电竞节目制作与包装 · 电竞明星的培养与宣传 · 电竞相关培训的研发和拓展 · 大型电竞赛事 · 电竞主题电影
承办赛事	· 英雄联盟 · 守望先锋 · 皇室战争亚洲皇冠杯 · 王者荣耀 · 香蕉计划 B.I.G 嘉年华	· TGA 腾讯移动游戏大奖赛 · HPL 英雄联赛 · 王者荣耀 · KPL、CFPL、LPL、CLO、BPL、HPL、IGL、TGA 等众多顶级电竞赛事	· 全国电子竞技公开赛 · 网易黄金联赛 · 腾讯 QQ 飞车超级联赛 · WCG 赛事	· DAC 亚洲邀请赛 · DOTA2 国际邀请赛中国区预选赛 · 英雄联盟德玛西亚杯重庆站赛事 · MDL 邀请赛 MHL 等	· 韩国 OGN 英雄联盟职业联赛(LCK) · 腾讯官方赛事—德玛西亚杯北京站

电竞行业的起飞,未来可期

2008 年,国家体育总局将电子竞技改批为第 78 个正式体育竞赛项,在此基础上,国家体育总局已经牵头连续举办了两届移动电竞比赛,而且电子竞技也被纳入 2022 年杭州亚运会的正式比赛项目。

政策层面的激励催化了电竞行业的飞速发展,并且带动了游戏开发与运营、赛事主办与承办以及选手经纪业务、电竞直播等垂直性产业,同时还推动了电竞 IP 朝着动漫、小说、电影方向延伸的泛娱乐化布局,并且还拉动电竞馆投资建设、教育培训等周边产业,电子竞技所彰显出的商业与经济价值与日俱增。这也是投资人投资香蕉游戏背后的逻辑,电子竞技的未来是值得期待的。

主　　笔:袁子岚

资料收集:杨　溢　王思嘉　王霄楠

想成为《投融资观察》报告创作团队的一员吗?微信扫描本书第 234 页二维码,现在就加入我们吧!

No. 42

携程助力途家，房屋分享进入下半场

2017 年 10 月 10 日，途家完成 3 亿美元 E 轮融资，线上平台估值 15 亿美元，此轮投资由携程与全明星投资基金领投，华兴新经济基金、Glade Brook Capital 资本、高街资本跟投。融资完成后一方面会用于“用户体验相关产品的优化，助力于非标住宿的标准化提升（布草、清洁、智能物联）”，另一方面会致力于“国内优质房源市场的推进和海外市场的发力”。

中国：一个已被验证的新兴市场

民宿起源于英国西南部与中部人口较稀疏的农家，最初以提供简单的住宿与早餐为基本模式。经历百余年的发展，民宿从乡村走向城市、从农场走向景区，成为区域性旅游的重要构成。得益于国外包容开放的文化以及完善的信用体系，进入 21 世纪以来，经营短期房屋租赁的互联网平台如 Airbnb、Homeaway 等纷纷涌现并且快速发展，到目前为止，国外的民宿市场需求稳定，市场成熟度高。

由于传统礼教的衰落和关系文化的束缚，加上社会信用体系的缺失，在国内，陌生人之间的信任本来就难以建立，让陌生人住进家里就更是天方夜谭。而 21 世纪初期，快捷酒店的崛起更是挤占了民宿的发展空间。因此直到 2010 年在线短租的概念才开始在国内兴起。在线短租国内外情况对比如图 42－1 所示。

作为一个已被验证的新兴市场，中国正在迎来一波又一波国外公司的本土化。除了之前的 Uber、WeWork，2015 年，国外在线短租平台“Airbnb”也宣布正式进入中国市场。2017 年 3 月 21 日，Airbnb 确定中文名称“爱彼迎”，表明 Airbnb 对中国市场的信心。

此消彼长：快捷酒店的式微，短租平台的崛起

作为短租平台在发展初期的强劲竞争对手，快捷酒店在过去的十年中以其超高的性价比成为商旅出行的首选。但是发展至今，2013 年 7 天酒店纽交所退市、

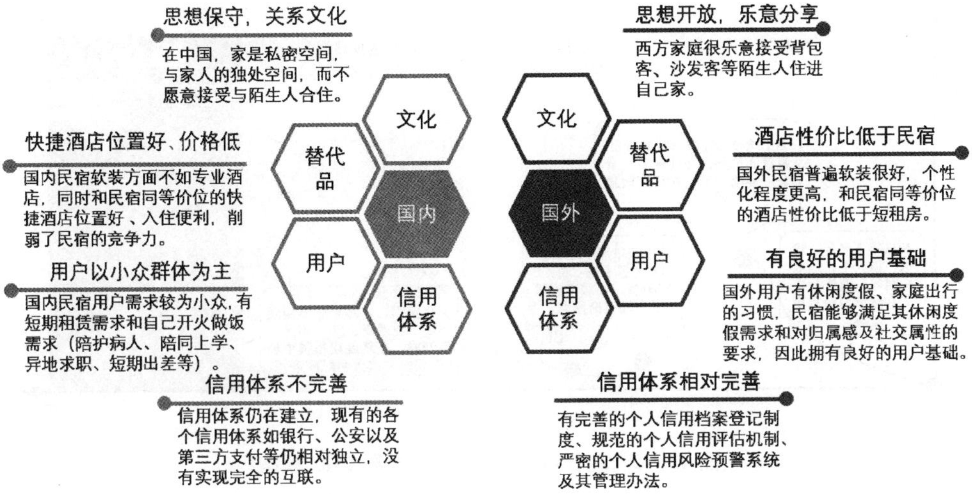

图 42—1　在线短租国内外情况对比

2015 年如家和首旅合并等现象表明,虽然目前酒店仍然是住宿业的主体,但是快捷酒店的毛利、成本结构等都在发生改变。究其原因,不外乎是 OTA 平台和非标酒店行业的崛起分走了部分红利以及快捷酒店日益增长的各类成本。

快捷酒店兴起于 2004 年,当年还能找到不少地段尚佳、价格实惠的物业,一签约就是 10 年。但 10 年后的房租已经不可同日而语,这一波不少酒店都面临租约到期、租金上涨的困局。与此同时,国内的短租行业正在快速崛起。

随着共享经济概念的火热,移动互联网的飞速发展,移动支付带动社会信用体系的不断完善,住宿共享所需的社会环境已经逐渐成熟。2011 年,途家网和蚂蚁短租宣告成立,紧接着 2012 年,小猪短租和住百家也陆续入局。

2012～2016 年是在线短租行业的快速发展阶段,各大在线旅游服务巨头背靠充足的资源开拓短租服务市场,市场竞争激烈。2016 年国内在线短租市场交易规模达到 87.8 亿元,较上年增长 106.1%,市场培育初见成效,在经过第一轮的市场洗牌之后优胜劣汰,行业的“二八法则”凸显,产业链日益完整(见图 42—2)。

途家:旅途中的家

途家网成立于 2011 年,是全球公寓民宿预订平台,主要的目标市场在国内,近年来积极拓展海外及港澳台市场。途家网的目标用户是家庭出游、聚会团建、商务差旅、休闲度假和周租月租等各类人群。

成立至今,途家网已完成 3 亿美元的 E 轮融资。从 A 轮到 E 轮携程网均跟进投资。作为国内领先的综合性旅游服务公司,携程整合了大量的票务、酒店以及旅游资源,形成庞大的数据库,并且能够以低廉的价格与其战略伙伴共享,因此携程对于途家的投资除了是资金上的支持之外,还有战略层面的深度合作以及携程对

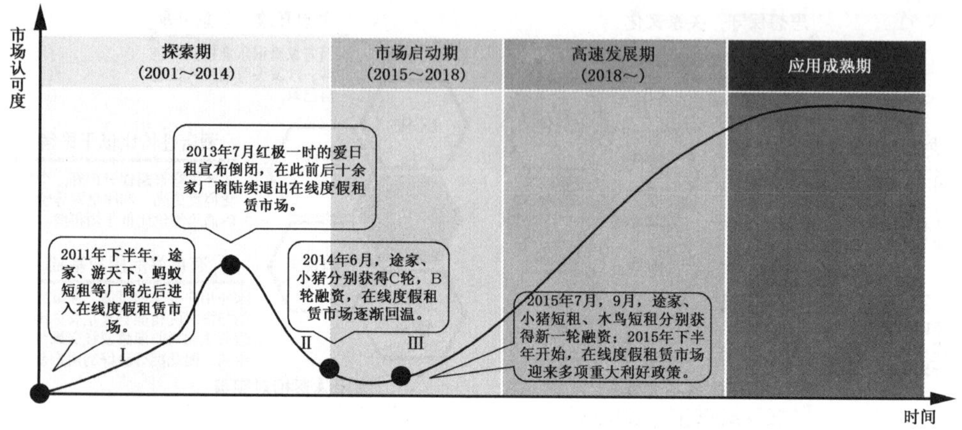

图 42—2　中国在线度假租赁市场 AMC 模型

于住宿分享市场的看好。

国内外广泛战略布局，构建住宿生态系统

2016 年 6 月 6 日，途家宣布战略并购蚂蚁短租，进一步强化了住宿分享市场的领导企业优势。同年 10 月 20 日，途家宣布战略并购携程、去哪儿公寓民宿业务，正式形成“途家、蚂蚁短租、携程、去哪儿的公寓入口”四大平台的矩阵。

同时途家在亚洲多地区建立了自己的团队，覆盖海外 1 037 个目的地，签订了近 4 万处房源。携程和途家都将国际化作为眼下的重要战略之一。途家在亚洲地区的房源也将成为携程海外住宿业务的有力补充，据途家官方称，其海外业务保持平均 5 倍增长。

2017 年开始，途家企业发展的重点是分拆线上和线下的业务，打造一个有序、完整的生态系统。

与其他分享住宿企业 Airbnb、小猪短租等不同的是，途家起初以 B2C 的重模式为主(见图 42—3)，这与罗军早期对分享住宿行业的判断有关，他认为分享住宿行业去中介化的轻模式是个伪命题，分享经济的正确姿势是“厚”。因此途家与国内 217 个政府机构签约，并与 TOP100 的大部分房地产开发企业达成战略合作，签约管理资产超过 1 500 亿元人民币，签约储备房源超 80 万套。

当前短租平台集体面临的痛点是如何从服务传统的休闲旅游人群转到服务商旅人士。休闲旅游带有明显的季节性而且随机性大。相对的，商务旅行频次高，需求稳定，是未来短租平台努力的方向。

随着快捷酒店的处境日益窘迫，短租平台拥有的房地产资源优势不断凸显，尤其是像途家这样早早布局房地产的短租平台更是占尽了天时地利，唯一需要突破的是如何将商旅这一部分的流量导入到短租在线平台。本轮融资之后，途家的估

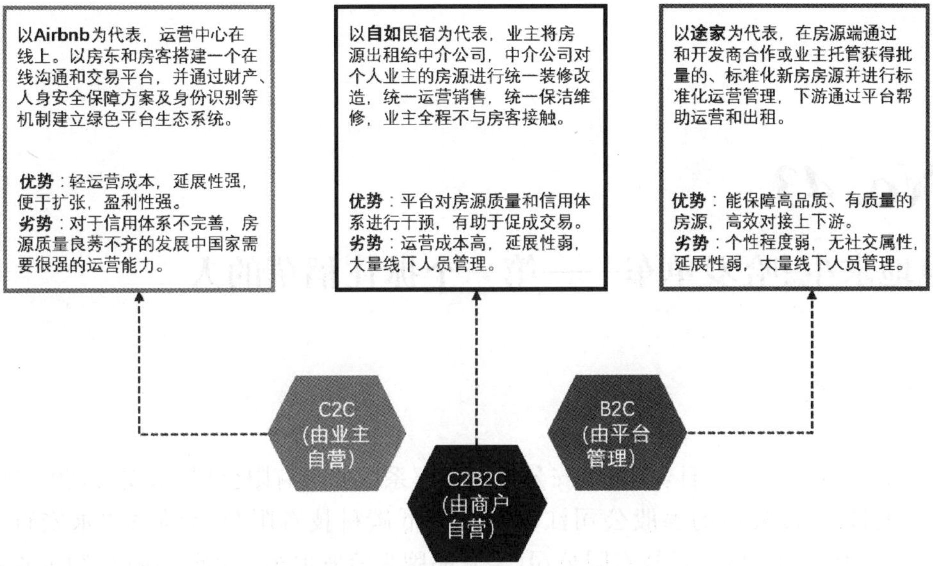

图 42—3　短租平台运营模式对比

值达到 15 亿美元，俨然已成为互联网行业的“独角兽”企业之一，而国内的其他平台诸如小猪短租、住百家也是发展得如火如荼，中国的短租起步虽晚，但前景广阔，给人的想象空间无限。

主　　笔：袁子岚

资料收集：丁嘉炜　徐恩东

想成为《投融资观察》报告创作团队的一员吗？微信扫描本书第 234 页二维码，现在就加入我们吧！

No. 43

绝地求生:哈罗单车——第一个抓住稻草的人

2017 年 10 月 23 日,常州永安公共自行车系统股份有限公司(永安行,603776)在官网披露,该公司的参股公司江苏永安行低碳科技有限公司(简称“永安行低碳”),与上海钧正网络科技有限公司(经营品牌为哈罗单车)签署了协议,约定永安行低碳受让上海钧正网络科技有限公司 100%股权,双方业务进行合并。

抱团取暖:为什么是永安行和哈罗单车

2017 年 6 月,摩拜拿到 6 亿美元融资创下共享单车领域融资新高,而除摩拜和 ofo 以外的玩家的日子却越来越难过了,在不到一个月的时间里,先后有 3 家共享单车宣布停止服务,2 家出现资金及挤兑问题(见表 43—1)。根据比达咨询的报告,摩拜和 ofo 合计占据了共享单车市场 92.6%的市场份额,剩下的数十个玩家只能在不到 8%的市场里想办法活下来。

表 43—1　　2017 年倒闭或欠款共享单车公司

品牌	运营开始日	倒闭日	状态
悟空单车	2017.01	2017.06	倒闭
3Vbike	2017.02	2017.06	倒闭
町町单车	2016.12	2017.08	倒闭
酷骑单车	2017.06	—	欠款
小蓝单车	2016.11	—	欠款

从 2017 年下半年开始,共享单车领域的头部公司就出现了明显的聚集效应,媒体、政府、供应链的资源都持续地在向第一梯队的公司倾斜,而那些扎堆布局一线城市的共享单车公司,随着摩拜和 ofo 的竞争进入白热化,城市叫停新车投放,它们即将面对生或死的临界点。

永安行：共享单车第一股？其实和共享单车关系不大

2017 年 8 月 17 日，永安行成功登陆上交所，一时间，永安行被冠以“共享单车第一股”，也有人感叹马路上各色单车，第一个上市的却是名不见经传的永安行。其实成功上市的永安行和我们所熟知的共享单车业务关系并不大。

2015 年，摩拜和 ofo 才刚拿到百万元天使融资，永安行就已经是一家营收 6.2 亿元、净利润高达 9 339 万元的公司。

2017 年 3 月，永安行向证监会报送招股书，4 月通过首发申请，随后由于共享单车业务涉嫌专利侵权，永安行暂缓发行，而此次涉嫌侵权的业务，正是我们所熟知的“无桩共享单车”。在说明会中，永安行表示共享单车业务占整体业务比重极低，不构成重大不利影响，遂重新启动 IPO，在之后的招股书里我们也可以看到，无桩共享单车业务仅占到其 2016 年营收的 0.05%（见表 43—2）。

表 43—2　　永安行主营业务收入来源类别构成分析

	2016 年度		2015 年度		2014 年度	
	金额（百万元）	比例（%）	金额（百万元）	比例（%）	金额（百万元）	比例（%）
公共自行车系统销售收入	23 926.87	30.90%	22 358.25	36.08%	14 435.10	37.92%
公共自行车系统运营收入	53 363.46	68.92%	39 614.17	63.92%	23 628.92	62.08%
共享单车收入	36.83	0.05%	—	—	—	—
骑旅业务收入	96.46	0.12%	—	—	—	—
主营业务收入	77 423.63	100%	61 972.42	100%	38 064.02	100%

资料来源：永安行招股书。

从 2014 年到 2016 年，永安行的总营收分别达到了 3.81 亿元、6.2 亿元和 7.74 亿元，同期净利润达到 0.68 亿元、0.93 亿元和 1.17 亿元，支撑其收入和利润的，主要是 PPP 模式的政府公共自行车项目，也就是为政府提供公共自行车系统的建设和运营。

永安行的共享单车业务直到 2016 年才上线，投放量不过 5 万辆，相比摩拜和 ofo 动辄百万辆的投放量，永安行的共享单车业务可以说并没有什么存在感。

而其实就在登陆资本市场满月之后，永安行就宣布大幅削减了旗下的共享单车资产，交易完成后，上市公司对永安行低碳的持股比例由 100%下降至 38.17%，蚂蚁金服为第二大股东，永安行低碳相应获得 8.1 亿元。而此次与哈罗单车合并的正是之前被永安行剥离出来的永安行低碳。

哈罗单车：布局二三四线城市，避开一线战场

与其他扎堆一线城市的单车不同，哈罗是最早把自己定位在二三四线城市的共享单车厂商，二三线城市目前的竞争压力相比 ofo 和摩拜盘踞的一线城市要小得多，而且在保持同样的投放量的同时，二三线城市可以达到较高的覆盖率。

从二线城市切入市场的哈罗单车在短短几个月完成了对苏州和宁波的布局，2017 年一季度，哈罗单车在全国 16 个城市累计投放了 70 万台自行车，到了 7 月，哈罗单车已经进驻了全国 90 多个二三线城市。

相比摩拜和 ofo 单城 10 万辆的投放计划，哈罗单车只用了不到 200 万台车，200 个人，就完成了近 100 个城市的覆盖。

另一方面，相比一线城市的高地铁覆盖率，二三四线城市地铁覆盖率低，地铁站周边的单车投放数量也相应地减少，城市覆盖的准入门槛也相应降低，而二三线城市本身的生活半径更小，这就使得对于一线城市居民来说存在的出行刚需，对于非一线城市的居民可能会更强烈，而他们同样也拥有可观的流量价值和不俗的购买力。

在 ofo 和摩拜“双寡头”疯狂铺车的时代，主攻二三线城市的策略能够在模式已经清晰的情况下为哈罗单车带来稳定的用户付费、广告及沉淀资金收益。

搭车永安行和蚂蚁金服，或许是共享单车的最后一张船票

共享单车在经历了混战之后，蚂蚁金服的入局改变了前期希望通过资金沉淀来实现盈利的想法，而永安行低碳在完成上一轮交易后，蚂蚁金服成功拿到了第二大股东的位置。此次哈罗单车作为目前二三梯队玩家中唯一一个同时拿到蚂蚁金服和上市公司资源的公司，或许借此机会成功突围。

政策监管和超级平台入局后的新局面

日益严格的政府监管其实是共享单车行业目前面临的一大难题，而哈罗单车从一开始就把与政府的关系放在了非常重要的位置上。2016 年，哈罗单车开始探索规范用户停车的电子围栏技术，只有进入围栏范围里，用户才能还车上锁，在范围之外则无法上锁。

2017 年 3 月，哈罗单车在行业内首推“虚拟停车点”技术，解决共享单车乱停乱放等行业通病，设置无桩固定停车点、搜集用户行为数据以完善用户征信系统等，而哈罗单车的这一举措与 2017 年 8 月运输部等 10 部门联合推出的《指导意见》不谋而合。

在经历了一线城市“五彩缤纷”的单车大战之后，政府的监管步伐的契合，与支付宝的合作，都为哈罗单车更早地拿到了船票，而获得源自硅谷，专注科技硬件投资的著名风投 GGV 的投资，则说明哈罗单车至少在产品层面得到了认可。在接下来的共享单车战场中，平台及功能价值重复，营销和打法没有自己的特点，又得不到支付宝和微信这两大平台的支持，估值和未来都将面临更大的挑战，至少目前来看，哈罗可能是第一个抓住稻草的人。

主　　笔：马超杰
资料收集：胡婷秋　欧德赟

想成为《投融资观察》报告创作团队的一员吗？微信扫描本书第 234 页二维码，现在就加入我们吧！

No. 44

电动平衡车,在极限与日常的两重天内徘徊

10 月 20 日电动平衡车领军企业纳恩博(Ninebot)宣布完成了 1 亿美元的 C 轮融资。融资将用于纳恩博加大对机器人及智能短交通领域的投入,进一步完善公司全球化的业务发展布局。

回顾平衡车并购案:Ninebot 并购 Segway,成为电动平衡车领头羊

2015 年 4 月,Ninebot 进行了 A 轮 8 000 万美元的融资,引进的投资人包括红杉资本、顺为资本、华山资本等,并同时宣布收购了平衡车巨头 Segway,成为了当时投资界轰动一时的并购案。而 Ninebot 通过并购获得了全球超过 400 项行业专利和超过 100 个国家的渠道和用户,成为全球最具影响力的智能短途交通行业品牌。

Segway 是平衡车的鼻祖,创立已经 15 年,现在全球销量第一。Segway 手中握有 400 多项核心技术,这是任何一家平衡车公司都无法绕过的。再加上 Segway 一度成为平衡车的代名词,其品牌与市场知名度也令后来者难以逾越,而这一惊天收购的背后也有许多不同的因素在推动着。

Segway 的困境:管理层的动荡,安全事故的频发,政策的限制

在被收购前,Segway 作为全球第一的平衡车公司,有着较为平稳的发展,每年的增长率在 10%～20%,并且受到资本的热捧,公司拥有极为充裕的现金流。

但是 Segway 同样面临着诸多的问题。

首先,不间断的负面事件影响着 Segway 的发展,频繁发生的事故使得人们对于平衡车的安全性提出了质疑。其中最为著名的就是在 2010 年,当时的老板 Heselden 驾着 Segway 意外摔下悬崖跌入河中身亡,随之而来的便是人们的质疑以及政策的严格监管。

其次是不断地被交易。2009 年被英国企业家 Jimi Heselden 收购,随后在

2013 年又再次被卖给 SSI Segway，多次的易主使得 Segway 在战略以及业务上一直在进行调整，公司处于管理层动荡时期。

而最为关键的是由于安全性的考虑以及政策的限制，平衡车的需求受到了极大的局限。人们的安全性考量，政策限制导致整个北美市场需求有限，Segway 虽然收入和盈利保持稳定，却远没有达到当初人们对其百亿级公司的预期。

虽然 Segway 是平衡车的明星企业，但是安全事故的频发、管理层的动荡、政策的限制等因素都制约着 Segway 的发展。

Ninebot 的发展机遇及交易始末

Ninebot 的总部位于中国北京，专注于引领智能短交通产品，专注于"5 公里半径生活圈"概念，旗下产品主要是智能短途代步机器人，是 to C 类的产品，而全世界的平衡车市场中，to C 类的产品还处在市场探索阶段。

Ninebot 从创立之初便对平衡车行业的领导者 Segway 心怀敬畏，并不断主动积极地寻找合作契机。而之后 Ninebot 的 CEO 高禄峰联系上了 Segway 的管理层，并进行了长达一年的谈判进程，最终通过持续的资源谈判和多次飞往美国实地讨论的诚意打动了 Segway 的管理层。

随后，在完成对 Segway 资产和债务的初步评估后，Ninebot 决定以现金方式完成对 Segway 的全资收购。鉴于 Segway 近三年收入和盈利稳定且销售规模持续增长，所以整体并购 Segway 所需的资金量较大。经过反复磋商，Ninebot 决定以"股权融资＋银行贷款"的组合方式完成这笔交易。同时，为了保证收购后 Segway 核心管理层的稳定和业绩增长，双方商定了 Segway 核心管理层年终奖金与经营业绩挂钩的留任和激励计划。

目前的平衡车市场使用场景

智能短交通，主要解决城市公共交通接驳换乘与短距离出行痛点，能够显著提升用户出行效率，具有一定的实际需求支撑。

电动平衡车目前主要应用于以下两个场景：(1)公共交通的接驳换乘，包括地铁站—公交车站、公交车站—公交车站换乘、首末公里出行等；(2)短途出行，主要包括步行替代、骑车出游、校园通勤等。

产品目前的使用对象还是偏中产阶层，看中的是汽车和步行之间的市场空白，可以借助电动平衡车来解决步行的速度和体力问题。

电动平衡车需要用身体重心来控制设备灵活地前进、后退或转向。作为新兴的智能个人出行工具，行业目前年市场规模不到 20 亿元。

玩具市场目前核心的用户群体是 16～35 岁的青少年群体，该群体需求旺盛，娱乐性强，加之明星效应，该群体偏好平衡车这类新型的代步工具。

从电商渠道来看，纳恩博在平衡车、滑板车品类销量应该都已位居第一。儿童市场目前处于开发阶段，公司目前推出了儿童自行车，已经开始预售。

此外，包括安防、工业、学校等 to B 领域的业务也是平衡车未来发展的重点之一，并且 Segway 主要在美国支持 to B 业务，预计未来 Ninebot 也将会在中国重点发展相关的业务。

平衡车未来发展方向，工具 or 玩具？

玩具：完全用于娱乐使用的平衡车。

工具：平衡车作为一种工具而被使用。

平衡车市场因为各方面的因素，在 B2C 和 B2B 行业使用受限。而目前的平衡车主要还是作为一种新奇的玩具，出现在人们的生活当中。但是玩具只是 B2C 市场很小的一块，更多的行业市场及应用存在于将平衡车作为工具使用的 B2C、B2B 甚至是 B2b 市场中（见图 44－1）。

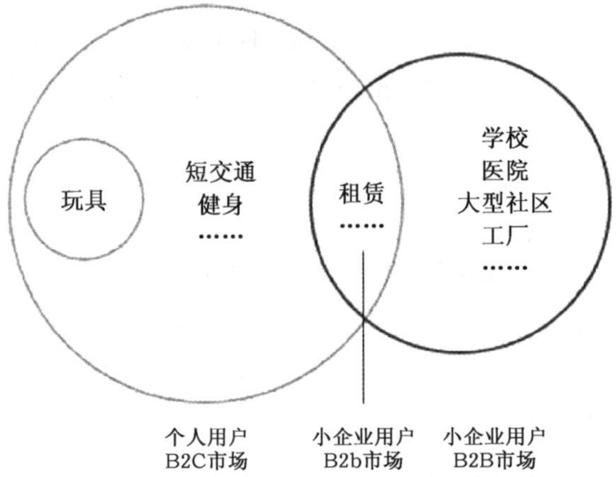

图 44－1　平衡车市场

B2C 市场：目前看来 B2C 市场可能是未来平衡车发展最为重要的一块蛋糕，广大的用户群体以及短交通痛点意味着巨大的平衡车潜在市场，使用场景包括短交通、健身等极为生活化的场景。而 B2C 市场亟待解决的问题就是安全性以及政策的问题，目前平衡车的安全性存疑，并且国内外的政策也规定平衡车不能作为一种交通工具来使用。

B2B 市场：Segway 在北美主要的使用客户就是企业用户，B2B 市场也有很大的对于平衡车的潜在需求。使用场景包括学校的教学，医院的巡逻，工厂的仓库扫货等。B2B 市场与 B2C 不同，因为不同场景的需求性和特殊性，平衡车需要针对不同的客户进行不同功能的定制化开发，如学校可能偏向于体育类功能，医院偏向于便捷性，工厂偏向于耐用性，而不同定制化功能的开发可能是未来 B2B 市场发展的关键要素。

B2b 市场：B2b 市场是 B2B 和 B2C 交接处的一块市场。这块市场意味着一些小的 C 端用户可能发现平衡车的市场，而进行平衡车的衍生业务包括租赁等变成小 b，从而成为平衡车潜在的一块市场。

作为玩具，平衡车的市场很快会遇到一个天花板，而寻找行业发展新的驱动力，如何在供给端对于平衡车进行性能的研发改进，在需求端进行市场的教育，是 Ninebot 将产品的使用属性从玩具向工具转变时需要思考的问题。

Ninebot 具有一定的产品优势，但价格较高

从技术优势来看，Solowheel 与 Ninebot 均有一定优势，Ninebot 收购了平衡车鼻祖企业 Segway，在技术上有更加强大的团队提供支撑。从价格来看，乐行天下的售价明显低于 Ninebot 与 Solowheel，因此在价格方面，乐行天下更胜一筹。

从 APP 使用感受来看，Solowheel 没有相应的 APP，乐行天下和 Ninebot 均提供 APP 支持，二者的界面较为相似，体用感受相似。从售后服务的角度来看，三家都提供了良好的售后服务，Ninebot 的售后服务更加人性化并提供保险服务，由专业的技术人员提供技术支持。

受众范围方面，Solowheel 的用户群体仅限于少年、青年，乐行天下受众范围增加了中年群体，而 Ninebot 在原有青少年用户群体基础上，又扩充了儿童市场和中老年市场。

新政策出台，未来发展仍存在风险

2017 年 10 月 14 日，国家质检总局、国家标准化管理委员会联合发布首批电动平衡车国家标准：《电动平衡车安全要求及测试方法》和《电动平衡车通用技术条件》，填补了我国平衡车产业的标准缺失空白，对于平衡车的技术性能、环境适应性、耐久性等进行了测试，对规范平衡车市场起到了关键作用。

然而目前，北京、上海等城市都明令禁止平衡车上路，平衡车市场依然面临着很强的政策监管。同时之前频发的平衡车安全事故，也在一定程度上影响了人们对于平衡车的购买意愿。平衡车行业未来的发展依然面临着很大的挑战。

主　　笔：徐皓亮

资料收集：倪文蔚　张　蔚

想成为《投融资观察》报告创作团队的一员吗？微信扫描本书第 234 页二维码，现在就加入我们吧！

No. 45

今日头条签大V? Facebook买工具? 其实都是同一个套路

2017 年 10 月 30 日，Faceu 宣布完成了 5 000 万美元 C 轮融资，投资方未透露。自 2016 年初上线起，Faceu 就一直位列 App Store 榜单的靠前位置，该团队还曾获得来自美图、光速中国、IDG 资本的多轮投资。本轮融资后，Faceu 将继续优化产品，加强团队的实时图像处理能力。此外，团队还将在 AR 及社交方向持续探索，延伸相机的想象力。

Faceu 其实是该团队的第二款产品，他们的第一款产品"脸萌"更加被大众所熟知。"脸萌"曾在 2014 年 5 月用一种极其特别的方式刷爆了朋友圈，一时间朋友圈里的大部分好友都通过"脸萌"制作了自己的头像，仅仅一个月应用的总下载量就达到了惊人的 3 000 万。

从那些一夜爆红的产品说起

从 2014 年开始，APP 市场上出现了一批一夜爆红的现象级产品，修图软件"Prisma"、电影大片"足记"、匿名爆料软件"无秘"、识别照片年龄的"How-old"，以及这次融资主角背后的脸萌科技制作出的"脸萌"和"Faceu"。

这些软件的爆红，大部分并不是通过自身的营销达到的，而是伴随着社交软件和口碑在传播，后受到媒体和用户的追捧，从而在极短的时间里完成了快速大范围的病毒式传播。

但我们今天并不打算探讨这些"昙花一现"的 APP 软件究竟怎么火热又怎么退潮，我们想聊一聊后面的投资逻辑。

从第一个爆款到下一个爆款

从 2016 年 12 月 17 日到 30 日，Faceu 连续两周占据了 APP store 榜单的第一位(见图 45—1)，这对于一个工具类的软件已经算是非常成功了，但站在投资者的角度来说，在拍照/美颜软件高度同质化、竞争白热化的今天，它的同类竞品实在是太多，SNOW、B612 等等都能够轻易复制出同样的功能，同时相机类的产品本质上没有用户黏性，拍完照片发到朋友圈/微博等社交平台之后，它的使命就已经完成了，一个新的产品出现之后，用户会迅速转移到下一个爆款。能做到像美图一样 4 亿用户的只是凤毛麟角。但从另一个角度来说，脸萌科技作为中国唯一一家连续两款产品都登顶排行总榜的年轻创业团队，其价值也显而易见。

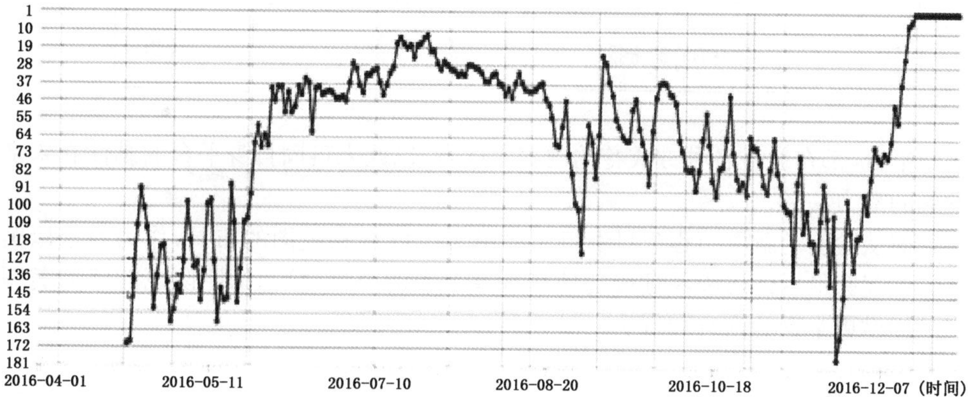

图 45－1 Faceu APP 榜单趋势变化

“创意＋技术”实现的团队价值

爆款其实多少有些可遇不可求，但值得注意的是，在国内 APP 热潮中，作为投资人我们常常听到一句话，叫作：“我有一个绝妙的想法，公司已经注册好了，只缺一个程序员来实现”，其实这里面蕴含了一个很有趣的内容：“创意＋技术”实现的团队价值，一个制造出爆款的团队，在拿到投资之后，再推出下一个产品，用以提升自身团队或者投资者的价值。

这次获得融资的脸萌科技就是这样的团队，团队做出爆款，获得投资，继续推动团队进一步制作出第二个甚至第三个爆款。这样的“优秀的团队＋资本的力量，最终产出有价值产品或工具”的逻辑，已经被越来越多地应用到各个领域。

今日头条签大 V？Facebook 买工具？其实都是同一个套路

2017 年 8 月，“知乎大 V”恶魔奶爸发了一条朋友圈，迅速引爆了知识变现圈子，被人转载到微博又迅速上了热门，各个大 V 纷纷转发。

知乎也很快出面回应：“我们认为，有价值的知识分享，是无法简单粗暴地用批量生产的方式实现的，也无法批量计价。但是好的内容和优秀的内容生产者，一定能在知乎平台上获得好的回报……”

在这里暂不讨论这个消息的真实性，但显然包括今日头条和知乎在内的各大平台，都对优秀生产者的价值做出了肯定。同时包括小红书在内的一系列的社区

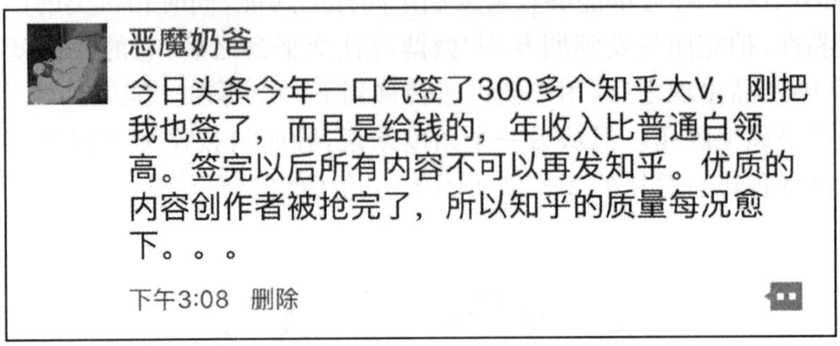

电商平台，都在通过各种方式签约内容生产者，以此来巩固自身平台的黏性和未来发展的潜力。

而从脸萌的融资历程（见图 45－2）中也可以看到美图的布局，作为一个以美图软件起家最后做出硬件且成功地在香港上市的公司，脸萌的团队也能够为美图产品提供更丰富的内容和玩法。

融资

2014-01-31	天使轮	¥数百万	IDG资本	详情
2014-07-01	A轮	¥1000万	光速中国 IDG资本	详情
2016-03-18	B轮	$数千万	美图 光速中国	详情
2017-10-30	C轮	$5000万		详情

图 45－2　脸萌融资历史

而另一个在买买买的公司是 Facebook，回顾 Facebook 收购的公司之后可以发现，Facebook 除了豪掷 190 亿美元收购 WhatsApp，10 亿美元在早期收购 Instagram 之外，Facebook 还剁手了一系列工具类的产品公司，这些投资给 Facebook 后续的发展带来了诸多的便利，它们有的成为 Facebook 的内置工具，有的则继续在应用商店中为用户在平台及社交中提供便利。

流量经济下的投资与并购

当下中国的互联网生态体系是一个典型的流量经济体系。对于电影，自带流量的当红明星就能够带来票房；对于内容平台，各个专业领域的 KOL、大 V 公号就能带来优质内容；对于互联网来说，则需要一个好的产品经理和一个强大的技术实现团队来打造一个爆款，爆款意味着话题，话题往往就能吸引到流量。在互联网公司普遍拥有一定的资本背景下，利用资本杠杆，瞄准头部玩家，无疑能够使得自己更轻松，也才能更长久地立于不败之地。

创业公司杀手

有一家公司非常深刻地理解了上面的“互联网投资策略”，在公司业绩下滑的时候，请来了一位美女 CEO 希望能力挽狂澜，CEO 大力开展并购，为了人才和技术，前后花掉 23 亿美元，买下了大大小小 50 多家公司——

然后，这些被她买回来的公司，大部分都被她关闭了。

嗯，这家公司叫 Yahoo，4 月 3 日被 Verizon 收购之后与美国在线（AOL）合并，成立了一个新公司叫 Oath。那些被它收购的公司，现在最知名的是：Tumblr（对，就是那个汤不热）。

主　　笔：马超杰
资料收集：夏　蕾　孙竞悦

想成为《投融资观察》报告创作团队的一员吗？微信扫描本书第 234 页二维码，现在就加入我们吧！

No. 46

阅文 IPO——坐看腾讯大皇子横扫在线阅读市场

2017 年 11 月 7 日，阅文集团在中国香港上市，发行价为 55 港元，市值 498.53 亿港元，共收到超额认购 625.95 倍，初步冻资额约 5 200 亿港元，成为“网络文学第一股”。当日开盘后随即大涨 60％，20 分钟内股价突破 100 港元大关，盘中一度逼近 1 000 亿港元市值，最后收于 102.4 港元，涨幅 86.18％。

阅文集团成立于 2015 年 3 月，由腾讯文学与原盛大文学整合而成，是目前领先的正版数字阅读平台和文学 IP 培育平台，旗下拥有中文数字阅读的内容品牌矩阵。阅文此次融资将用于精准化技术提升、文学内容方面的并购和衍生品的制作等。

传统文学与网络文学，谁是新时代的主宰

传统文学出版由于利益相关方众多，从作品完成到成功出版，不仅需要相关监管机构的审核，还要经过印刷及渠道推广，最后才能交付到读者手中，而这往往是一个非常长的周期，作者想要获得写作收益，不仅等待周期长，而且中间环节众多。

网络文学则是互联网＋文学的产物，整个产业链中只需要作者和文学平台两个角色，便能使作品直接触及用户，网络文学也因此成为整个出版行业新的增长驱动力。

传统文学出版与网络文学出版的比较如图 46－1 所示。

由于网络文学的门槛相对传统文学较低，业余作家在网络文学平台上注册账号便可以发布作品，同时随着版权保护规则的不断完善，网络文学作家数量将会进一步增长。2016 年中国原创网络文学作家约有 600 万，预计 2020 年可增至 850 万，复合增长率达到 9.2％。

中国网络文学发展历程

中国网络文学的发展历程如图 46－2 所示，经历了从 BBS 到泛娱乐时代。

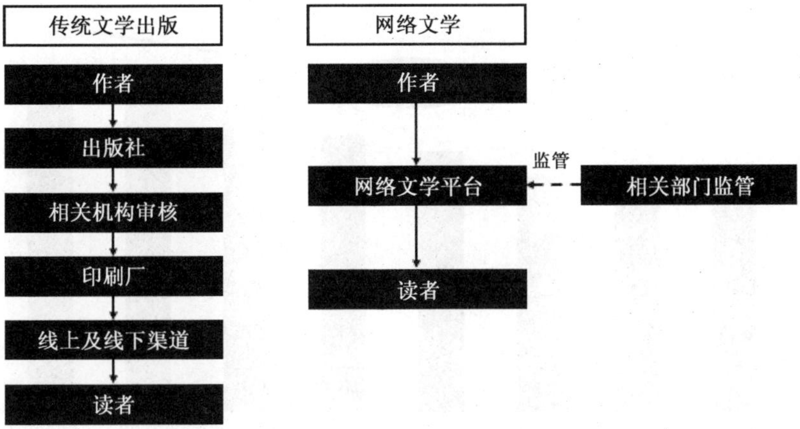

图 46—1　传统文学出版与网络文学出版对比

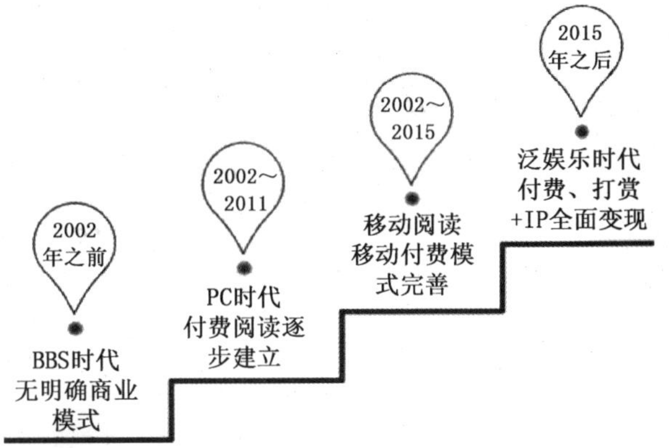

数据来源：艾瑞咨询、易观国际，国泰君安证券研究

图 46—2　中国网络文学发展历程

中国网络文学市场不断发展

庞大的潜在用户基数为网络文学的发展提供了持续增长的空间。自 2007 年以来，中国的网民数量不断增长，截至 2016 年，中国的网民规模已达到了 7.3 亿，互联网普及率为 53.2%，较 2015 年提升了 2.9 个百分点。其中移动端网民比例进一步提升，从 2015 年的 90.1%提升至 95.1%。

2016 年，中国网络文学用户共计 3.33 亿人，其中移动端的用户占比约为 91%。预计到 2020 年，网络文学的用户规模将增长至 4.21 亿人，而使用移动阅读的比例将提升至 97%(见图 46—3)。

随着消费升级的持续推进，人们对精神文化生活的需求也在增强。同时，近年

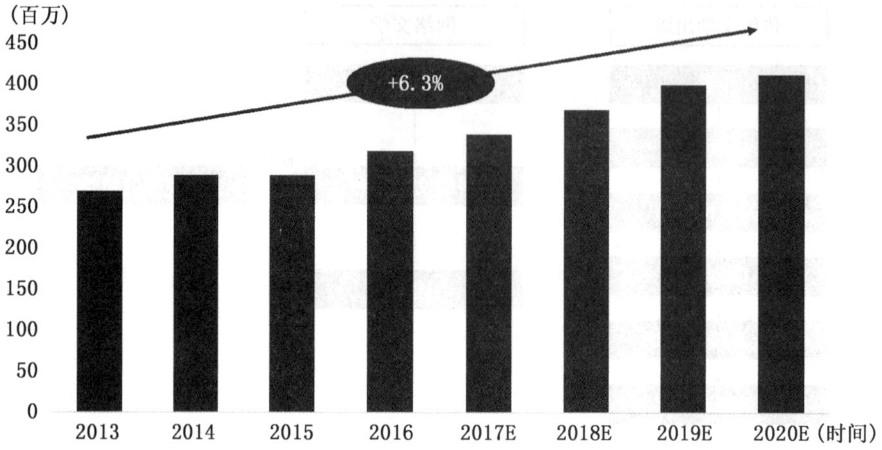

图 46—3　中国网络文学用户规模

来人们对于文化知识的版权意识也越来越强，伴随着移动支付的不断普及，同时促进了用户在线付费习惯的养成(见图 46—4)。

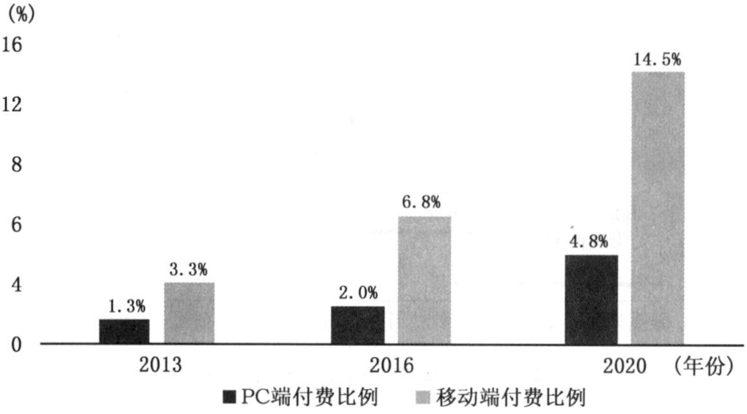

图 46—4　中国网络文学用户付费比例

在用户基数和付费意向的双重增长驱动下，2013～2015 年中国网络文学收入规模从 15 亿元升至 28 亿元，复合年增长率高达 33%，预计到 2020 年，中国网络文学收入规模可达 134 亿元，复合年增长率 36%(见图 46—5)。

值得特别注意的是，从 2015 年开始，文学作品的下游，游戏、电影及衍生品陆续面世，其中部分优秀的作品也取得了巨大的成功，这催生了多位网文的明星作家，也让人们认识到网络文学的影响力和价值。一方面，部分有才华的作家从传统的线下出版文学转移到线上成了网络文学作家；另一方面，一些业余的作家开始在网络文学平台崭露头角。上游的优质文学作品开始迅速增加，催生了网文用户的

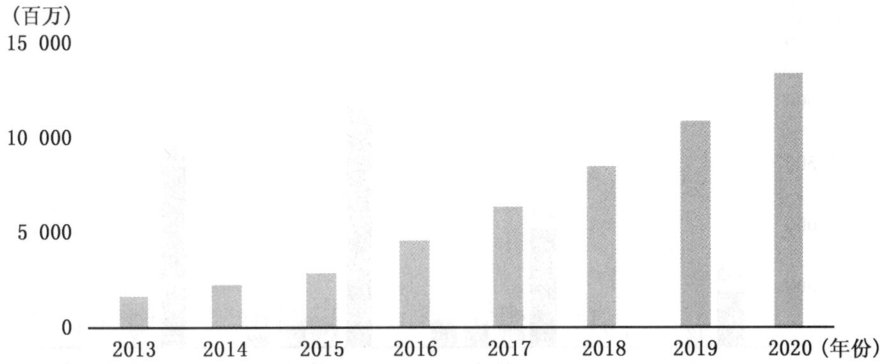

图 46—5　中国网络文学市场规模

数量以及付费率加速增长。

阅文集团:国内领先的数字出版公司

阅文集团成立于 2015 年,前身是腾讯文学,目前是中国网络文学市场的先锋、运营领先的网络文学平台。公司目前拥有三大业务:在线阅读、版权运营、纸质图书业务,旗下拥有起点中文网、创世中文网、云起书院、潇湘书院等网络文学品牌,运营管理 QQ 阅读、起点读书等移动阅读 APP。

阅文拥有众多作家和作品资源,2017 年的作家超过 640 万,而中国前 50 位最受欢迎原创网络作家中,有 41 位与阅文集团签订了独家许可合约。阅文目前拥有的作品总量达到 838 万部,其中 800 万是原创作品,而诸如《鬼吹灯》《择天记》等优秀 IP 则已经被改编成游戏和影视作品,在百度搜索前十的网络作品中,就有 9 部来自阅文旗下。

阅文集团:主营业务在线付费阅读快速增长

2016 年,阅文集团的营收达到了 25 亿元,较 2015 年增长约 60%,而 2017 年的营收预计也将保持 60%左右的高增长。

阅文集团的主要业务分为三类:在线付费阅读、版权运营以及纸质图书。2017 年上半年,阅文收入主要来自在线付费阅读,占到总收入的 84.9%,而版权运营和纸质图书则分别只占到了总营收的 8.1%和 4.9%,此外公司也在积极发展网络游戏、广告等下游衍生业务,但目前此项业务规模还较小(见图 46—6)。

由此可见,阅文收入增长的主要驱动力来自于用户数量的不断扩大,与第三方内容发布关系的巩固,以及文学内容的优化扩充。

与此同时,阅文的盈利能力也在不断增强,2017 年上半年,公司的毛利率达到 50%,而主要竞争对手掌阅仅为 31%,而阅文的净利率也达到了 11.09%,近几年来第一次超过了掌阅科技。

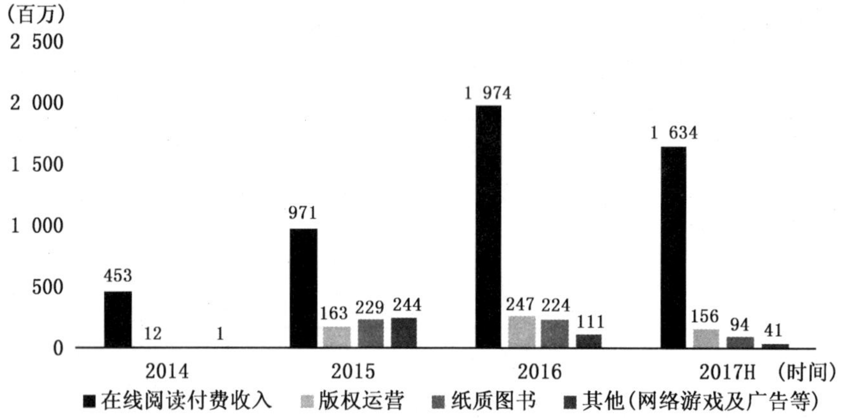

图 46—6　阅文集团营收结构

大股东腾讯提供资源优势，阅文逐渐建立领先优势

根据公司招股说明书显示，本次阅文集团 IPO 将发行 1.51 亿股，其中 1.36 亿股为新发行股份，0.15 亿股为老股转让。公司全球发售后，腾讯的大股东和实际控制人地位不变。

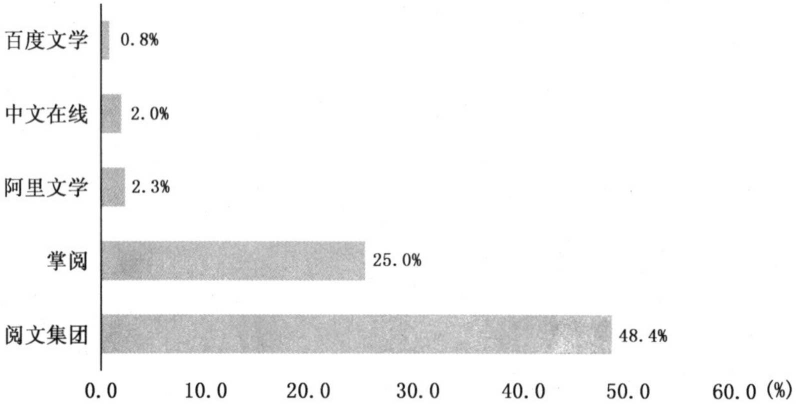

图 46—7　2016 网络文学平台日活占比

在五大移动端网络品牌商中，阅文日活用户位列第一，所占份额几乎是排名第二的掌阅科技的一倍（见图 46—7）。而在 PC 端，阅文同样以 46.5%的市场份额位列第一，其中 Top5 流量的网络文学网站中，Top3 均属阅文旗下。

阅文高市占率背后的原因，是腾讯提供了强大的渠道资源支持。阅文在腾讯领先的互联网产品组合（包括手机 QQ、QQ 浏览器、腾讯新闻、微信读书）中拥有专用且直接的分发途径，从腾讯平台中获得了巨大的用户流量。根据招股说明书披露,2016 年阅文平台上的活跃用户中,来自腾讯以及其他渠道的占比 49%,依靠阅文自有平台吸引的活跃用户数为 51%。

阅文由于获得了腾讯的流量支持,得以节省下来巨大的流量开支,进而把资源更多地放到优质内容的采购上。反观另一家网络文学的龙头企业掌阅科技,它的营销费用则占到了总成本的 60%以上,而其采购内容作品所占总成本的比例在 30%左右。阅文的分销成本仅占总收入的 10.18%,前几年的分销成本占比也均没有超过 10%,而其采购内容作品的成本占比高达 55.86%。

由于阅文在内容端的资源投入更多,也因此获得了很多优质的头部 IP,其中有一部分已经进行了游戏和影视的授权开发,并取得了成功(见图 46—8)。

类别	阅文份额
票房成绩最高的20部国产改编电影	65%
收视率最高的20部国产改编电视剧	75%
观看量最高的20部国产改编网络剧	70%
累计下载量最高的20款国产改编网络游戏	75%
百度搜索排名前20的国产改编动漫	80%

图 46—8　阅文的 IP 内容改编优势

目前阅文也在逐步开展自营游戏、网络剧等衍生业务,虽然现在这部分业务只占总营收的很小一部分,但是有了腾讯泛娱乐生态的加持,未来可能会成为阅文业务增长的主要驱动力。

阅文的综合竞争优势

表 46—1 列示了主要网络文学平台的对比,从中可以看出阅文的综合竞争优势。

表 46—1　　主要网络文学平台比较

平台	阅文集团	咪咕阅读	掌阅科技	平治信息	中文在线
类型	内容突出的巨头	运营商阅读基地	渠道突出的巨头	渠道类黑马	内容提供方
优势	累积内容资源,自有及合作流量丰富	运营商自有渠道的内容分发平台	APP 及硬件渠道领先	新媒体渠道领先	PC时代内容优势、以内容提供和 IP 变现为主
用户	自有+腾讯渠道月活 1.92 亿	累计用户 4.5 亿	注册用户 6 亿,月活超 1 亿	注册用户 3 500 万,日活 200 万	中文书城客户端月活超 2 500 万

续表

平台	阅文集团	咪咕阅读	掌阅科技	平治信息	中文在线
资源量	640 万作家，838 万作品	46 万册正版图书	高质量图书数字版权 50 万余册	2017 年上半年新增作者 2 000 余人，累计产品 15 000余本	驻站作者 70 万，内容资源过百万
财务数据	2017 年上半年收入 19.24 亿元，同比增长 92%，净利润 2.13 亿元	未披露	2017 年上半年收入 7.93 亿元，同比增长 63%，净利润 0.68 亿元，同比增长 232%	2017 年上半年收入 4.19 亿元，同比增长 164%，净利润 0.5 亿元	2017 年上半年收入 2.97 亿元，同比增长 31%，净利润 0.22 亿元
成本结构差异	成本中，内容成本 67%	未披露	成本中，渠道成本占 50%，内容成本占 36%	成本主要为渠道推广成本	成本中办税成本占 38%，推广成本占 33%

估值分析

鉴于阅文特有的渠道优势以及逐渐形成的 IP 头部资源，市场对于阅文未来的预期远高于其目前的经营情况（见表 46—2）。

表 46—2　　主要网络文学平台的估值比较

公司	市值	企业价值	市售率	市盈率
阅文集团	80 807	79 269	19.3x	274.9x
掌阅科技	20 696	20 376	12.7x	163.0x
中文在线	1 542	1 337	15.4x	305.5x
平治信息	792	790	11.7x	113.3x

总体来说，阅文集团无论是市值还是企业价值都排在行业第一，并且由于上市第一天阅文的股价便暴涨了 86%，考虑到阅文是在估值水平较低的中国香港上市，因此目前阅文的估值水平在行业内仍处在偏高位置。（本文参考资料：阅文集团，Frost&Sullivan，安信证券）

主　　笔：徐皓亮
资料收集：孔令怡　吴睿之

想成为《投融资观察》报告创作团队的一员吗？微信扫描本书第 234 页二维码，现在就加入我们吧！

No. 47

腾讯 10 亿元加注猫眼，文娱布局再下一城

2017 年 11 月 13 日，猫眼电影官方正式对外确认，猫眼电影获得 10 亿元人民币的 B 轮融资，投资方为腾讯。此前，公司还获得过来自美团、光线传媒的多轮融资。本轮融资后，猫眼电影希望能够进一步拓展四线城市市场，公司的估值或超过 200 亿元人民币。

中国在线票务平台受双重驱动，不断增长

中国电影市场受观影人次的增加而不断增长，2016 年票房总额达到 455 亿元，观影人次达到 13.7 亿次，2017 年截至三季度，票房已达 424 亿元(见图 47—1)。

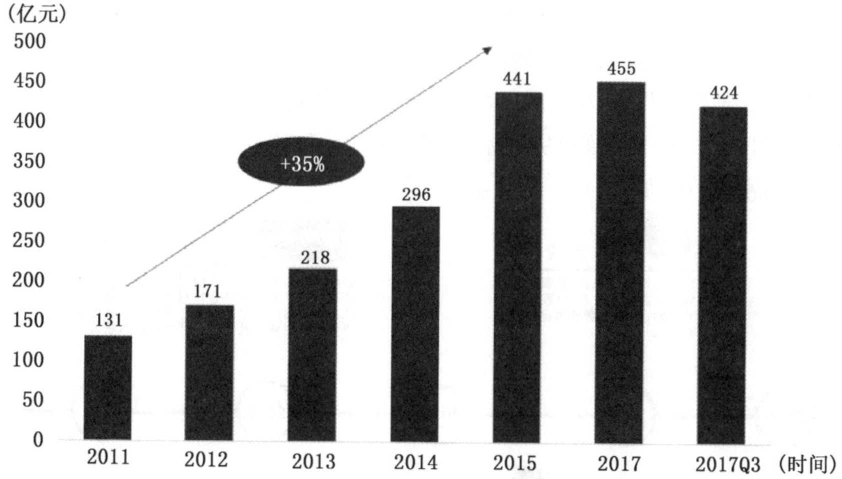

图 47—1　中国电影市场规模

伴随着移动互联网的普及和人们越来越多地使用在线支付，电影在线票务市场也随之不断增长，2016 年中国电影票务线上化率已经达到 73.6%，未来在线票

务市场将显示出更加强大的生命力(见图 47—2)。

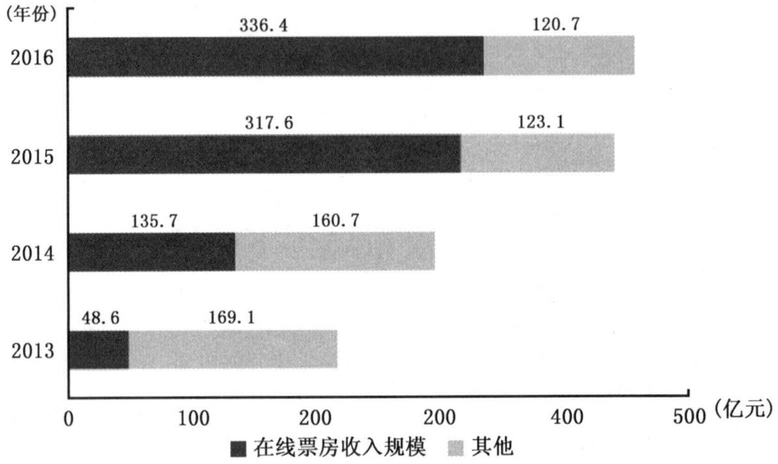

图 47—2　中国电影在线票务与其他收入

中国在线票务市场主要由三方组成:O2O 平台、电影社区以及院线自营平台，其中 O2O 平台在整个票务市场份额在 90%以上，而猫眼电影在与微影时代合并后巩固了市场第一的地位。

猫眼:通过融资并购,市场份额不断增长

猫眼电影原为美团的在线票务业务，分拆后经历了光线的并购。而在 2017 年 9 月，猫眼和微影时代宣布达成战略合作，组建新公司猫眼微影。在前期谈判中，正是腾讯积极推动合作各方达成一致，而在合并完成之后，腾讯为新猫眼开放了微信、QQ 等流量入口资源，整合完成后腾讯又追加了 10 亿元投资。

猫眼投融资历史如图 47—3 所示。

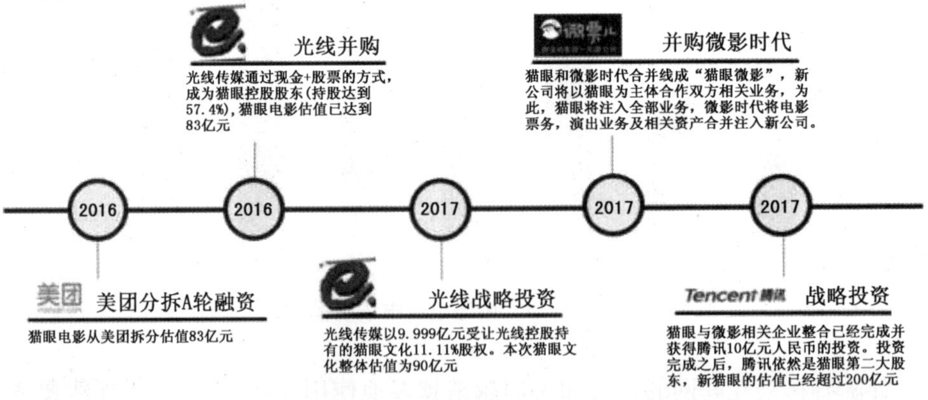

图 47—3　猫眼投融资历史

先发优势+资源整合，市场份额持续上升

2017 年暑期档，猫眼的市占率虽不及淘票票，但随着猫眼与微影时代在线票务业务的合并(娱票儿、格瓦拉并入猫眼)，新猫眼将占据在线票务市场超过 50% 的份额。此外，除了前四大票务平台外，其他平台占据的市场份额正不断缩小，目前这一数字仅为 7.9%，预计未来还将持续减小，而巨头将会分得这个市场的大部分蛋糕(见图 47—4)。

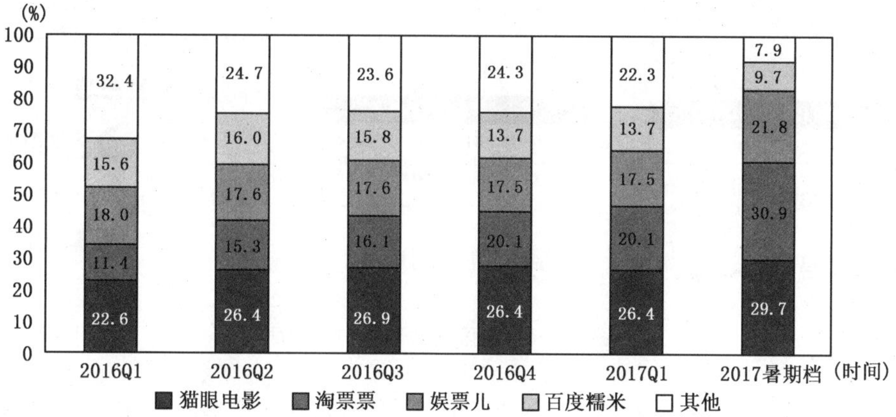

图 47—4　中国在线票务市场格局

而猫眼在通过不断的融资补贴占据市场份额后，也逐渐找到了适合自己的模式并扭亏为盈，目前猫眼的收入主要分为三部分：在线票务、电影业务(宣发、票房分账等)、非票房业务(广告、衍生品等)，其盈利方式正朝着多元化的方向发展。仅 2017 年一季度，猫眼的收入就超过 6 亿元，第一季度平均月利润超过 5 000 万元(见图 47—5)。

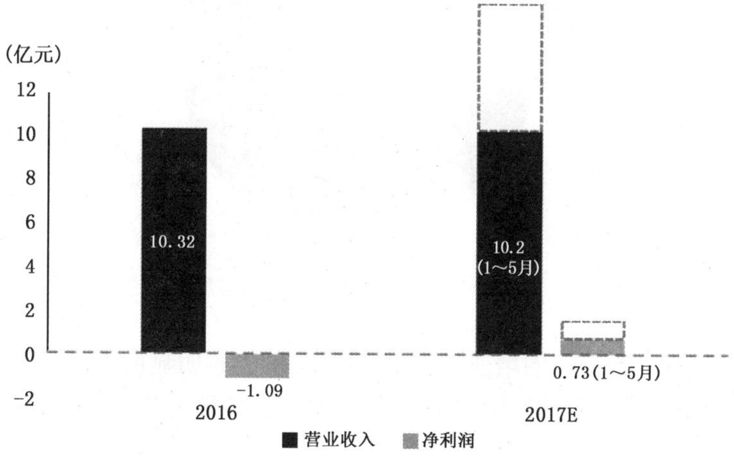

图 47—5　猫眼的财务数据

第三方与院线，未来谁说了算

中国的在线票务市场格局如图 47—6 所示。

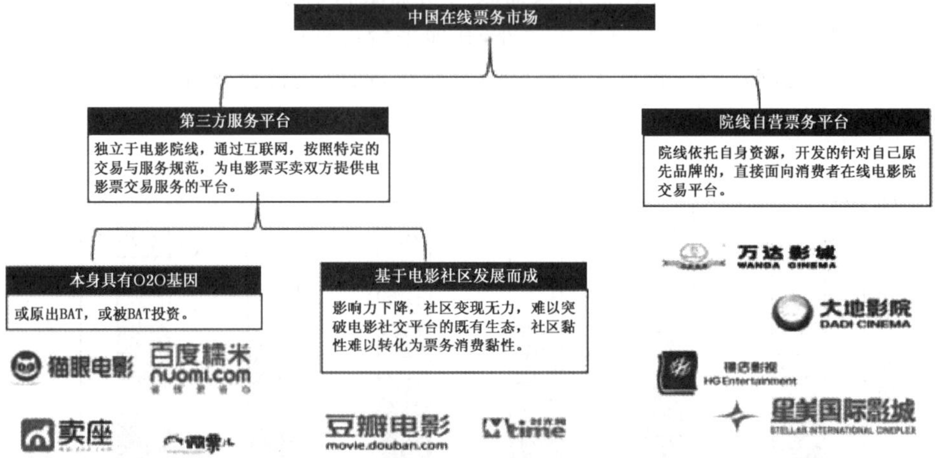

图 47—6　中国在线票务市场格局

目前线上票务是主要的出票渠道(见图 47—7)，在线票务平台每张票会收取 3～5 元的服务费，而相关的费用将在给予影院的分成里进行扣除。目前影院也慢慢建立了自己的线上票务平台，但是由于市场中已经有猫眼、淘票票等巨头存在，影院自营的线上票务举步维艰。

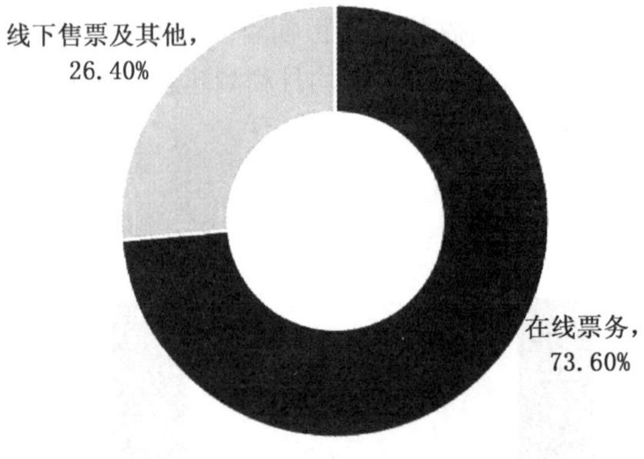

图 47—7　中国电影出票渠道格局

影院受困于电影行业的增速放缓，业绩较之前也有明显的下降，影院之间也开始进行并购整合，包括万达投资博纳影业、大地影院收购光影电影和橙天嘉禾旗下影院。

未雨绸缪，布局上游资源

虽然第三方票务平台的议价能力在不断增强，但由于电影银幕主要掌握在电影院手中，影院依然有很强的话语权，因此电影院在整个票房的分账比例达到了50%。而在线票务平台虽然拥有着大量的C端用户，但是由于缺乏有效的议价筹码，整体的服务费和分账比例均较低。而内容作为产业链上游的关键环节，猫眼正依靠着光线和腾讯的影视资源，向产业链的上游延伸，以增强整体的议价能力与分账比例。

由于光线传媒的资源以及在线票务平台的宣发优势，猫眼能够与众多比较热门的电影合作（见表 47—1），而未来随着腾讯的投资入局，猫眼能够有机会参与到更多的电影和发行工作中，猫眼自身的电影业务也有望得到快速发展。

表 47—1　　2017 年猫眼参与的部分电影

	影片	上映日期	票房(万)	参与方式	豆瓣评分
1	羞羞的铁拳	2017/9/30	204 987.4	联合出品、发行	7.3
2	西游伏妖篇	2017/1/28	165 592.9	联合出品	5.6
3	大闹天竺	2017/1/28	75 792.8	联合出品、发行	3.8
4	情圣	2016/12/30	65 854.2	联合出品、联合发行	6.1
5	嫌疑人 X 的献身	2017/3/31	40 001.1	联合发行	6.4
6	心理罪	2017/8/11	29 452	出口、发行	5.4

腾讯加码成第三大股东

按腾讯投后估值 200 亿元，10 亿元均为增资估算，本次交易后，腾讯持股比例将达到约 11.23%，超过美团成为猫眼的第三大股东（见图 47—8）。

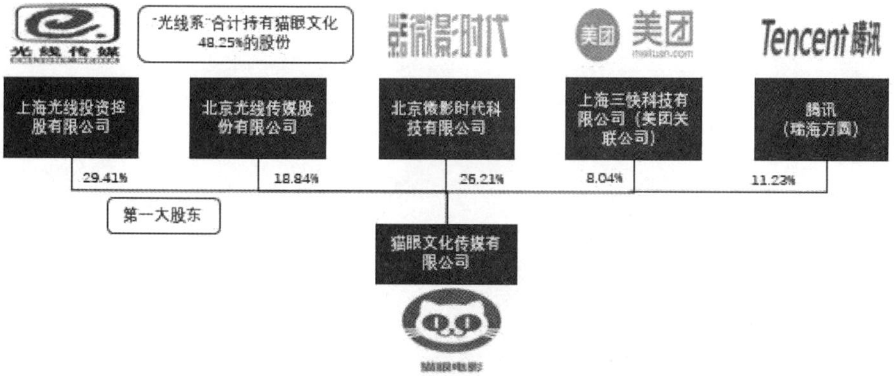

图 47—8　猫眼电影股权结构估算

而光线与腾讯作为有不同发展轨迹，同时又在不同资本市场上运作的公司，对猫眼的资本运作节奏和财务目标都会带来不同的影响，同时他们也有着不同的诉求，腾讯手握强大的流量和上游内容影视端的资源，而光线又是目前猫眼的第一大股东。对于猫眼来说，如何有效利用股东资源并合理规避可能存在的冲突，将成为摆在猫眼管理层面前的重大课题。

主　　笔：徐皓亮
资料收集：孙竞悦　赵一佳

想成为《投融资观察》报告创作团队的一员吗？微信扫描本书第 234 页二维码，现在就加入我们吧！

No. 48

华尔街英语三易其主，成人培训巨头如何逢春

2017年11月27日，培生集团将旗下英语教学机构华尔街英语（Wall Street English）以3亿美元售价出售给以霸菱亚洲投资基金和中信资本为首的财团，目前交易的完成尚待监管审批，预计于2018年上半年完成。培生集团相关负责人表示“华尔街英语是一个非常好的业务，但与培生其他业务不能产生很好的协同性”。

老东家培生集团的“卖卖卖”之路

2016年，华尔街英语为培生贡献了1.75亿英镑收入，700万英镑营业利润，可以说是培生主要的利润来源业务。

2006年末，培生从金融危机中的凯雷接手华尔街英语后进行了一系列改革，包括采用培生全球英语测试标准、研发新课程等，打造了其以课程标准化、与全球测试接轨的核心竞争力。

培生作为全球领先的教育出版品牌之一，继2016年8月出售环球雅思后再次出售旗下在华资产，此举可视为彻底放弃在华C端市场。与之相反，目前培生已和哒哒英语、励步英语合作，提供考试测评和课程内容等服务，它依靠B端市场能否在中国梅开二度，还有待观察。

成人英语培训市场格局正在改变

作为成人英语市场中一个有力竞逐者，此番华尔街英语有了PE的增持后未来发展方向无疑还有很多期待。已经可以观察到的是，成人英语培训市场格局巨变正在发生。相对来说，成人英语培训市场没有K12竞争激烈，但线上与线下的边界已逐渐模糊。

在线选手纷纷加入侵占市场

曾几何时，以英孚、华尔街英语、韦博为代表的三大连锁品牌称霸了成人英语

培训行业。但随着在线教育的成熟，作为课程极易高度标准化的赛道，线上机构也纷纷入主语言培训市场，成人英语市场开始有了越来越多的在线选手加入，如 Tutor ABC(原 vipabc)、51Talk，沪江推出的 Hi Talk，再比如产品更加碎片化的伴鱼、英语流利说等。

根据图 48－1，以年龄和教育需求刚性为坐标轴的分层，可以观察到线上与线下的课程完全是基于各个年龄段和所接受培训种类来推进的。年龄段越小的孩子，注意力越不易集中，线下教学越适合；培训需求越应试，如四六级英语考试衡量标准越固化，线上教学越合适，而团队合作、演讲演示能力以及领导力等软能力是线上授课没办法完成的。

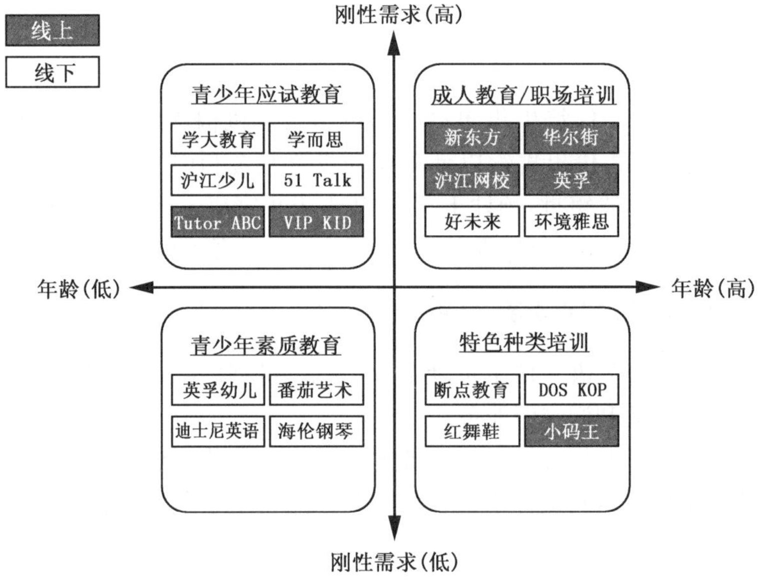

图 48－1　线上线下课程分层

传统线下企业加速布局线上

源于中国英语培训市场在线渗透率仅为 8.4%，远低于日本和韩国过半数的比例，在线英语培训市场预期乐观，成为 2017 年培训市场最热门的赛道。

传统培训企业经过多年线下的激烈厮杀，通过重资产打造奢华、宽敞的教室吸引顾客流量，盘活现金流的营销模式面对日益增长的人工成本和租金已经越来越难以为继，发展线上业务已经成为控制成本、提高利润率、增加性价比的必经渠道。以新东方和好未来两大知名教育培训机构的转型经历可观察到(见图 48－2)，虽然线上可上升空间广阔，但是要找准进攻位置、进攻节奏以及核心利器也并非易事。

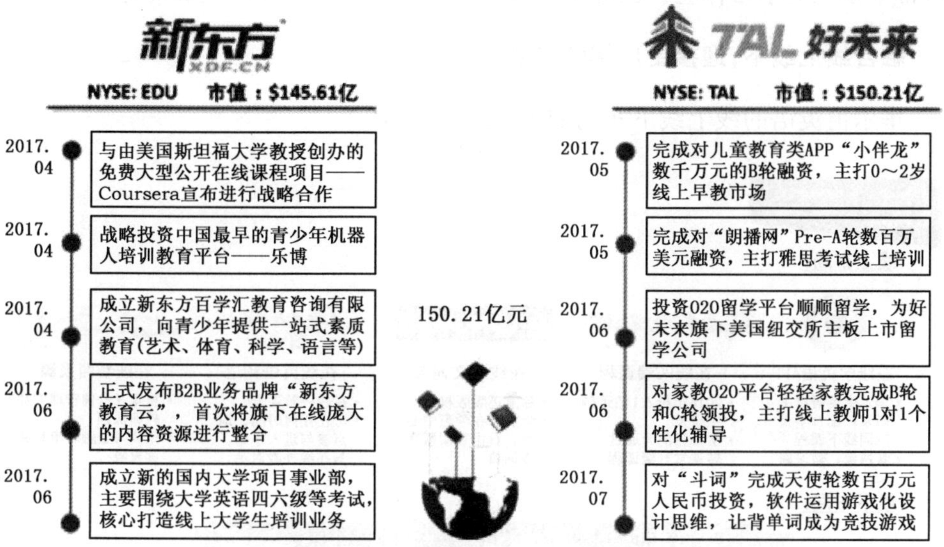

图 48—2 知名教育培训机构的转型经历

往者不可谏，来者犹可追，华尔街英语的未来在哪里

从 2000 年华尔街英语作为最早进入中国高端英语消费市场的机构之一，主要针对人群即为 22 岁以上职业人士，目前尚无扩展 K12 业务的战略规划。

目前国内英语培训市场竞争已趋于白热化，高端英语培训市场依然群雄逐鹿。雄心勃勃的培生在中国做 C 端培训市场的尝试并不成功，那么此轮华尔街易主后又有哪些发展值得期待呢？

推行多维改革，战略上进行大刀阔斧的变动

作为进入国内的老牌领军跨国企业，华尔街英语有着纯正的培训理念和正统的教学方式，但运营战略、盈利模式、营销渠道等均略显单一。在拥抱资本后，可以期待新股东将带给其原管理层不敢或者不擅长完成的变革。

坚守线下市场，打好自己最擅长的牌

华尔街英语在线下拥有行业领头的运营能力。入华 16 年以来，华尔街英语已在 11 个城市开设了 72 家直营学习中心，源于培生集团的标准化课程和先进的教学理念确保系统化和高品质的学习体验。曾支持北京市政府为申奥而持续开展的市民讲外语培训、上海市政府世博志愿者培训、广州亚运、深圳大运、南京青奥、杭州 G20 等具有历史影响意义事件的英语培训工作。

根据学员调查，超过 85％的华尔街学员表示线下的培训模式可以培养综合技

能，带来多元的学习体验。因此未来线下市场仍将是其坚守的重要阵地。

融合线上线下，迎接更广阔的市场

华尔街英语的线上线下布局如图 48－3 所示。

图 48－3　华尔街英语的线上线下布局

2016 年华尔街英语投入 1 亿元人民币全面升级培训课程、学习中心和服务体系，主要目的为坚持线上线下相结合，给学员在线上与线下之间自由选择的互动体验。

此外其线上 APP 也有着不俗的表现，根据 GData，华尔街英语作为课程类排名第三的选手，仅次于沪江英语和新东方在线，相信对比于互联网基因纯正的沪江线上课程，传统线下企业依托独家版权课程未来在线上线下一体化的趋势下将有值得期待的空间。

主　　笔：陈思佳
资料收集：郭天艺　陈　昊

想成为《投融资观察》报告创作团队的一员吗？微信扫描本书第 234 页二维码，现在就加入我们吧！

No. 49

旅行新物种马蜂窝等来自由行时代，杀到 IPO 前夜

2017 年 12 月 12 日，自由行服务平台马蜂窝旅行网宣布完成 1.33 亿美元 D 轮融资。新一轮融资由鸥翎投资（Ocean Link）、美国泛大西洋资本集团（General Atlantic）、淡马锡（Temasek）、元钛长青基金、厚朴基金共同投资，参与前几轮投资的今日资本、启明资本、高瓴资本继续追投。据其 CEO 透露，预计随着新一轮资本的注入，马蜂窝或在不久的将来在海外进行 IPO。

用户原创平台（UGC）：小而美的领域，尚待挖掘的金矿

2016 年国内旅游产业收入占到 GDP 的 6.1%，总收入达到 4.13 万亿元人民币，旅游业互联网渗透率达到 14.1%。同时在线交通市场交易产业链逐渐完善，目前已形成了以携程为首的在线旅游平台（OTA）和以蚂蜂窝为代表的用户原创平台（UGC）两大阵营。

UGC 与 OTA，不同的商业模型，不同的利润来源

将在线旅游市场划分为交通市场、住宿市场和度假市场，可以发现 UGC 和 OTA 其实有着截然不同的业务模式。以携程和蚂蜂窝为例对比，在交通和住宿两方面，携程主要以分销和代理为主，而蚂蜂窝则以引流服务为主；携程所针对的旅游市场更加宽泛，而蚂蜂窝专注于自由行市场（见图 49－1）。

UGC 与 OTA，旅游界的“买手模式”和“卖场模式”

在移动及社交网络高速发展的今天，伴随着消费升级的大趋势，消费者的自我意识已经全面觉醒，他们更想“把控并且参与到”他们所消费的产品和服务中。而传统的在线旅行社（OTA）的商业模式仅仅是整合线下旅行社资源，采购并设计旅游产品后在平台销售给用户，难以满足日渐增长的对旅行有原创性要求的用户需求。UGC 和 OTA 的比较如表 49－1 所示。

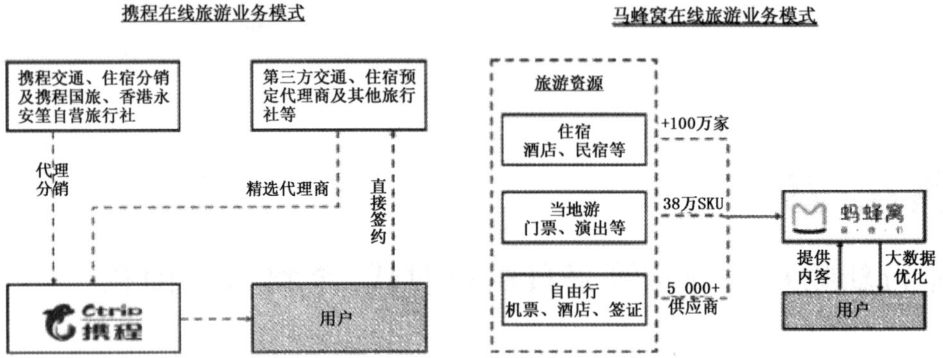

图 49－1　在线旅游市场的业务模式

表 49－1　　　　UGC 和 OTA 的比较

	UGC——买手模式	OTA——商场模式
信息来源	·以用户为中心 ·用户提供、大数据整理	·大而全 ·专人维护
业务种类	·广告推广 ·平台引流	·广告推广 ·平台引流＋自营业务
供需关系	·需求决定供给	·供给决定需求
主要竞争力	·为用户提供针对性攻略	为用户提供比价服务
客户特征	·价格敏感度低	·价格敏感度高

UGC：内容与盈利间难以调和的矛盾

想要在用户资源与盈利之间找到最佳的平衡点往往困难重重。像美丽说、蘑菇街这一类基于产品的分享平台发展到后期，仍然会因为阿里的介入而选择艰难转型；大众点评虽然积累了大量优质用户资源，但在变现能力上却仍逊于美团……对比数据会发现，不同于直接盈利类的 OTA 平台，UGC 类旅游用户主要为自由行客户，数量上存在明显的天花板，同时脱离不开旅游规律带来的制约，一年平均 1～2 次的自由行活动频率，决定了蚂蜂窝的用户活跃维持在 10％左右（见图 49－2）。

向崇尚自由的加勒比海盗致敬的 UGC 平台，如何才能抵挡 OTA 的冲击

面对携程等 OTA 巨头进军自由行市场，蚂蜂窝拥有先发优势，它不仅拥有数百万愿意在电脑前呆上整整一天，免费为平台贡献一篇配有 50 张图、上万个文字的长游记的用户，同时蚂蜂窝还为了留住这些核心用户，不断开发新的服务。

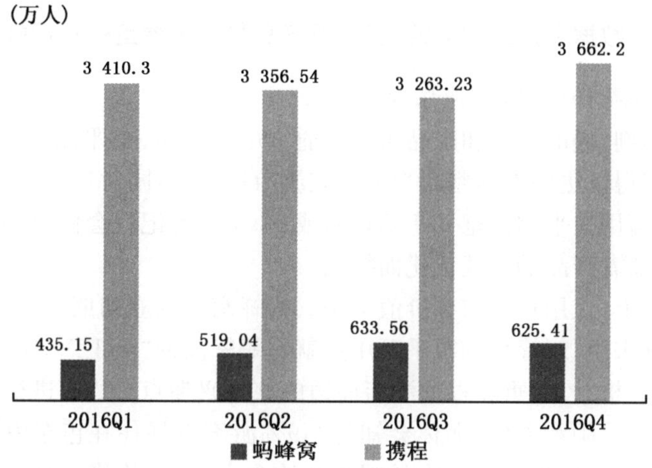

图 49－2　2016 年蚂蜂窝与携程 APP 活跃用户规模

依赖社区资源打亮旅游攻略的招牌

蚂蜂窝由旅行社区起步，目前已成为中国领先的自由行服务平台，攻略指南覆盖了全球 200 多个国家和地区，超过 1 亿位旅行者发布了超过 2 100 万条真实点评，攻略下载次数达到 3.82 亿，汇聚了 600 多万旅游达人，每天在全国各地提供照片、酒店评价、风土人情等旅游攻略，聚集了旅行平台里最新鲜、最实时、最海量的数据。

为供应商提供服务，从需求端占据市场

“大路货卖得好”、“商家无利润”是传统电商从业者共同的痛点，而蚂蜂窝通过打通社区游记、酒店点评、旅行特价等相关产品的数据流，让用户可以更便捷地使用出行、酒店等旅游相关产品的购买服务（见表 49－2）。交易数据显示，在蚂蜂窝自由行服务平台通过攻略入口的架设，平均单日销售额就超过了传统卖场模式 30 倍。而蚂蜂窝的后台每天还有大量排队上传资料、等待审核的供应商。

表 49－2　　蚂蜂窝与主流 OTA 的比较

	蚂蜂窝	主流 OTA
原始用户	·以分享流记为初衷	·以比价为初衷
点评来源	·从数十份游记中截取，商家难以作假	·用户注册后即可点评，难以防止商家刷好评
社区属性	·运营能力强 ·用户关系亲密	·缺乏社区运营经验 ·用户亲密性弱
获客成本	·30～40 元	·200～2 000 元

未来基于大数据和人工智能的优势，蚂蜂窝是否考虑运作执行端？

挖掘大数据新价值 AI 赋能探索新未来

(1)精准预判，提前技术和产品布局。通过用户互动、点评、消费等行为产生的大数据，蚂蜂窝得以更精准地判断当下的旅游市场特征，同时进行产品和业务的布局。目前蚂蜂窝用户平均浏览 2.5 篇攻略或 12.4 篇游记就会做出购买决策，这一决策效率还在随着产品的持续优化而提高。

(2)用户至上，让用户参与到价值链条。蚂蜂窝在创立初期就极大地发挥用户价值，某种程度来说，蚂蜂窝的数千万用户就是蚂蜂窝的"员工"。比如蚂蜂窝利用数百亿条语义分析结果，重新根据酒店周边的旅行兴趣点对酒店进行重新划定。

如果你喜欢热闹和方便，那你会知道"49%游客选择住在芭东海滩，这里夜生活丰富多彩，步行可以抵达海滩内的观光和饮食点，平均价格不高"。如果你喜欢安静，那么会知道"19%的游客选择住在皮皮岛，这里沙滩柔软洁白，海水清澈"。

在小而美的市场是否做执行端深挖客户价值？

相比 70 后的"省"和 80 后的"性价比"，90 后则是真正的自由行用户，是有望成为撬动产业链变革的力量。相比前三年 "寒冬期"，也就是 90 后还未大批进场之时，此次 IPO 前夕大批投资者进入蚂蜂窝，无疑代表着资本市场对自由行时代的看好。

而 11 月份蚂蜂窝在举办的供应商大会公布了其全新模式：系统赋能、数据赋能、营销赋能、资源赋能、人力赋能、金融赋能和课程赋能七大方面，为各类型旅游商家提供全套解决方案，以及宣布将进军定制游板块等等举措或许都预示着其深挖自由行用户这个细分领域的决心。

主　　笔：陈思佳
资料收集：郭天艺　王心爽

想成为《投融资观察》报告创作团队的一员吗？微信扫描本书第 234 页二维码，现在就加入我们吧！

No. 50

互联网医疗：从颠覆到联通，“医联”想为医生搞定一切

2017 年 12 月，实名医生平台“医联”获得 4 亿元 C 轮融资。本轮融资由中电健康基金战略投资，华兴新经济基金和老股东腾讯、红杉资本参与投资。

以患者为主还是医生为主？互联网医院的命脉在谁手中？

现行的医疗体系内，医生是医疗资源分配的核心

目前医疗体系主要由“医生、病人、医院”三方构成，而我国现行的分级诊疗制度正带有明显行政化色彩地从城市向农村及城镇社区方向发展，但与此同时，医生的供给仍远小于需求。患者不断向大医院和知名医生聚集，医院在快速扩张过程中吸收了大量年轻医生，这导致想要成为名医变得越来越难，病人想要预约到专家门诊也十分困难(见图 50－1)。因此“医生”作为医疗环节中不可代替的一环，成为整个资源分配的核心。

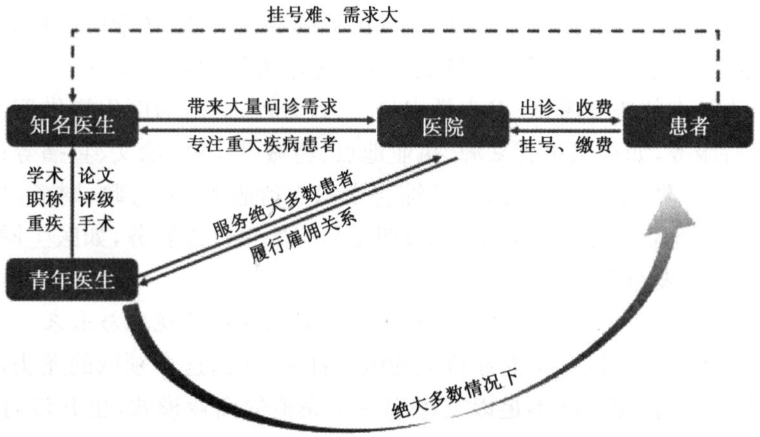

图 50—1　目前的医疗体系

医联:从医生社交平台切入,完成医生端资源的积累

目前中国医生端APP主要可分为医生社区、医患交流平台和资讯工具三大类(见图50—2),医联作为其中“医生社区”类的头部公司,相较于春雨医生等在线问诊平台,它能够积累更多的医生资源而非患者资源;相较于用药指南等医疗题库类应用,医联已完成从“学术属性”向“社交属性”的变化,用户黏性更强。

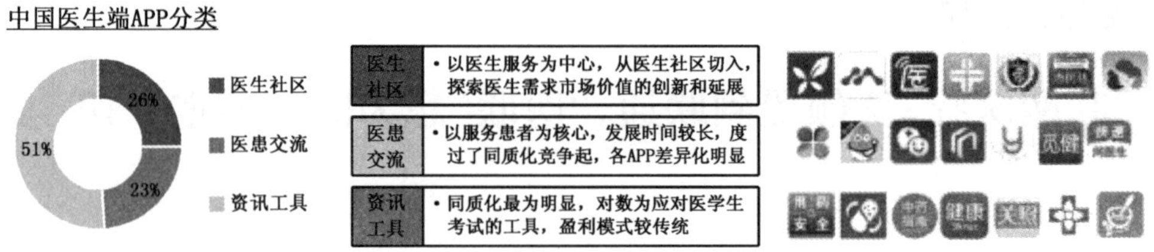

图50—2　中国医生端APP分类

医联成立于2014年,以医生独有的社交平台切入,提供工作、科研和学术社交等服务,为国内医生群体搭建了一个专业化的社交平台。创始人是名年轻的口腔科医生,在哈佛大学做访问学者时了解到在美国医学生中正火的Figure 1,回国后创办同类产品——医联。

医联强调通过圈子、话题、兴趣等维度来积累活跃用户,开放匿名吐槽等板块来强化医生间的关联性。目前平台拥有超过12万的月活跃用户,覆盖34个省(直辖市、自治区),已经形成了一定的规模效益,平台流量也远超同类型APP。

每7名医生有1人使用医联?医联做了什么?

做医生的Instagram而不是微信,打亮“为医生服务”名片

“绝大多数医生社交做到后期发现竞争对手是微信,无止境贴近医生需求的体验和氛围是医联平台的追求”。在医生社区类的赛道上,医联希望节约医生的时间成本,通过特色优质内容、用户个性更鲜明,喜好明显的发展模式,针对医生日常面临的压力最大的职业考试、发表学术论文、晋升评选等,为医生提供四类服务:一是医疗支持服务,如提供患者来源、执业地点、药械供应链、论文、直播等;二是创新增值服务,如保险、金融业务等;三是综合学术支持服务,如行政、财务、法务等,用最好的用户体验获得更优质的用户群;四是品牌医生打造服务,如医生网红节目录制、医术段视频发布等(见图50—3)。

估值或超40亿元的新晋独角兽?医联的商业模式的现在与未来

区别于传统的难以产生商业价值的医生社交,作为这个领域的龙头,医联很早就意识到纯粹的社交产品不足以支撑起一个完整的商业模式,也并没有真正为医生创造价值。从医联的实际动作来看,选择以服务医生为基础,通过汇聚医生资源,整合连接医疗机构、药械厂商以及商业保险公司三端资源,将医生的能力产品

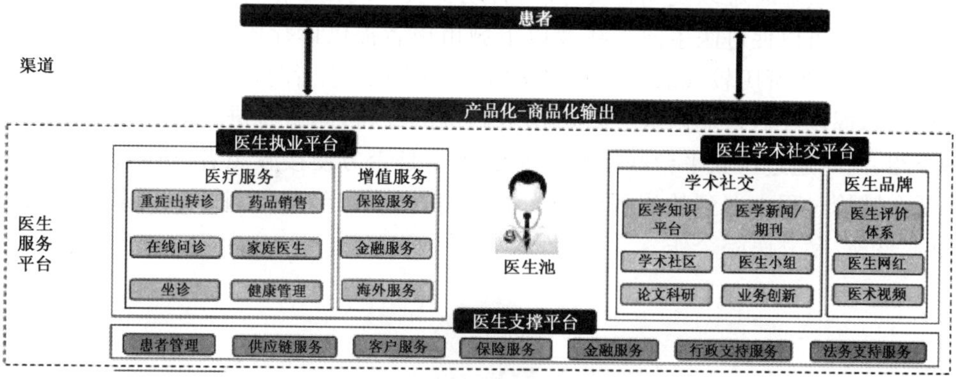

图 50—3　医联为医生提供的服务

化、互联网化和商业化。

目前通过医联 APP、医联通和医联云三大渠道；主要盈利来源于 B 端，具体可分为几类：

(1)通过医药企业提供数字营销获得收入，同时推广保险等附加服务赚取佣金(见图 50—4)。线上解决医生对病例分享、学术文章等知识的刚性需求，拉拢大批稳定用户，通过流量变现获得商业价值。

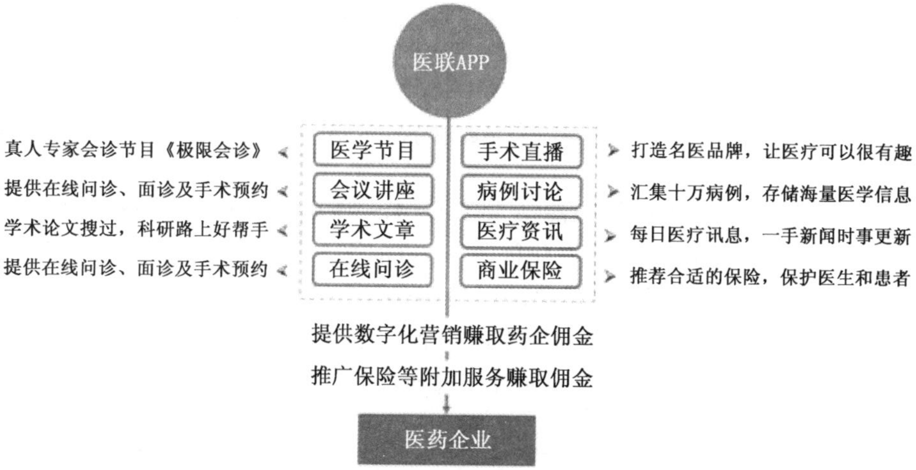

图 50—4　通过医药企业提供数字营销获得收入，同时推广保险等附加服务赚取佣金医联的盈利来源

(2)通过撮合医生和医院之间的出诊抽取部分佣金，通过撮合病人在医院间转诊赚取流量(见图 50—5)。“飞刀”业务作为极具中国特色的医疗模式，由于能够应对疑难杂症的医生主要集中在大城市的三甲级医院中，而大批三线城市及村镇

患者在身患重症时难以找到解决办法，且动身去一线城市往往存在困难，因此通过医联的平台可以促进医生向三线及以下城市患者提供诊疗服务；“转诊”则多为同城患者转移，当资历较浅的医生遇到超出自己医术的患者时，可以通过自己对病人病情的掌握以及对行业内医生过往诊治病例的经验，向患者进行向其他医生的转诊介绍，同时通过医联平台联络对方医院医生是否方便接收患者，进行病例交流，降低在转诊过程中遇到的流程障碍。据报道，医联已经与超过 5 000 家合作医疗机构、诊所、私立医院合作。

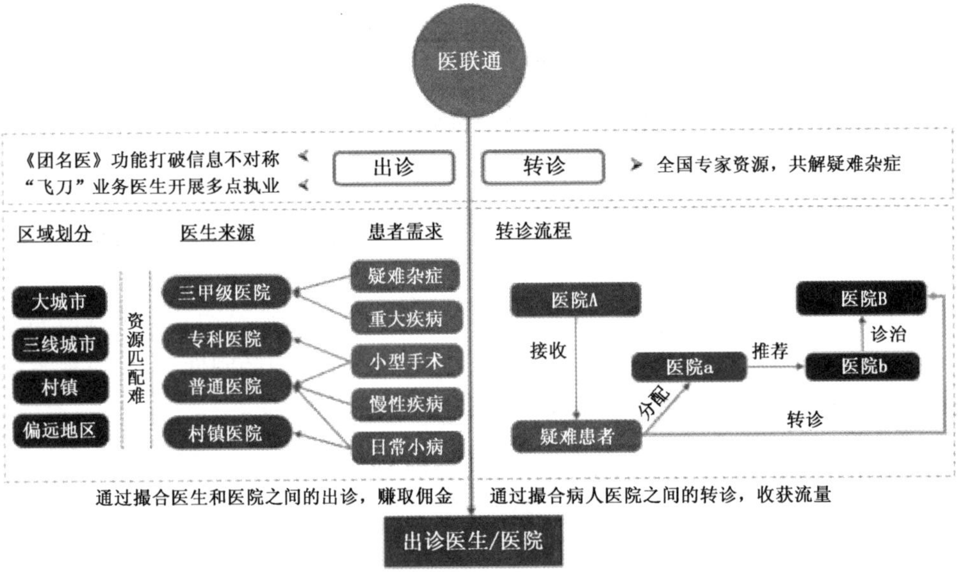

图 50—5　通过撮合医生和医院之间的出诊抽取部分佣金，通过撮合病人在医院间转诊赚取流量

(3)为未来互联网医院做准备(见图 50—6)。医联同时向医疗机构(以小型口腔诊所为主)售卖云 HIS 系统来获得收入，目前平台可以关联名医在行、医疗保险、病例分享等服务，内置出诊模块已连接超过 5 000 家全科/口腔诊所，可向医联 40 万医生发布出诊需求。未来希望连接线下医院，利用现有的医生资源真正打通多点执业的信息障碍；同时医联在品牌建设和线下布局方面也在不断布局。

等待政策环境春暖花开——医联的超前布局

医生收入与工作量不匹配，行业普遍工作幸福感低

尽管从核心资源到商业布局，医联都已经在为互联网医院做准备，但中西医疗体制的差异带来的障碍依然是医联需要等待与克服的。目前环境下中国医生仍面临规范培训基地资质不一、带教医生投入不足；同时受编制的影响，医院与医生雇佣关系模式相对单一；医生自主权较低，必须医教研“一把抓”。

另一方面，一个医学院本科毕业生需要至少 7 年的时间才能拥有处方权。此

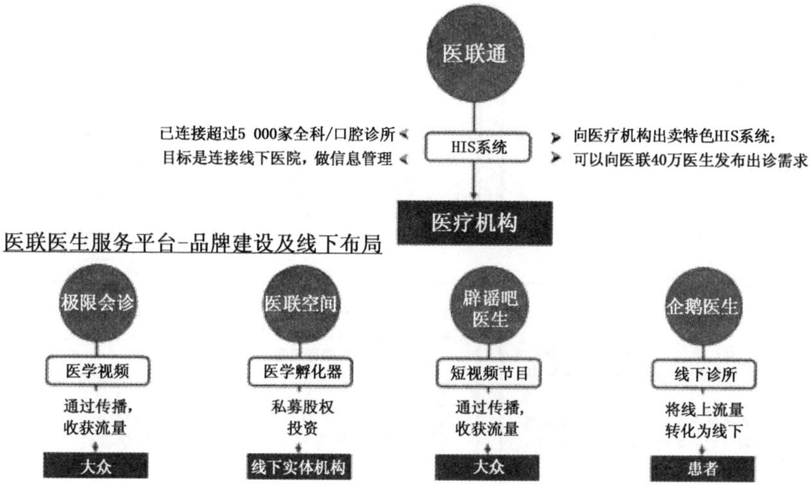

图 50—6　为未来互联网医院做准备

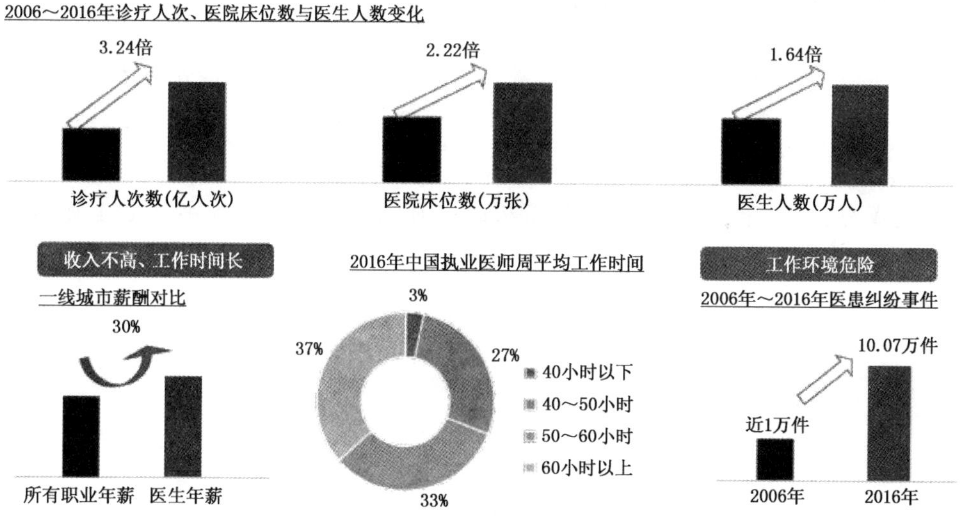

图 50—7　十年间医院工作压力暴涨

后还需要再凭借优秀的科研项目和学术论文才可参评副高级、高级职称等。在这种评选政策下很多具备丰富临床经验的医生因为缺乏学术成果，职位停滞不前，收入也难以得到提升。

逐步放开的政策，可以期待的医疗行业变革

随着国家政策逐渐尝试医生开展“多点执业”，或将解决目前医生行业存在的问题。相信伴随着医疗政策改革逐步推行，线下全科门诊逐步增多，医生多点执业真正实现，分级诊疗制度才不再是一纸空文。目前开展线下布局的医联等互联网

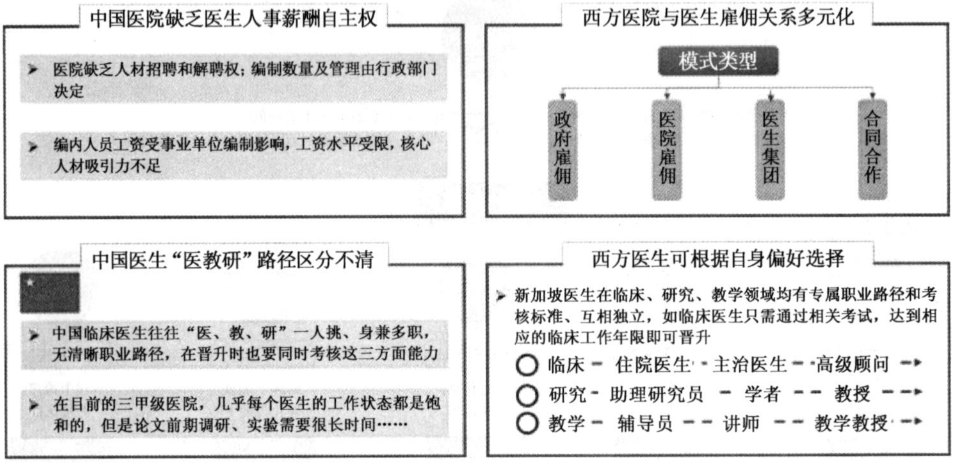

图 50—8　中、西方医院及医生比较

医疗平台一定会迎来更广阔的未来。

主　　笔：陈思佳
资料收集：于怡立　张　蔚

想成为《投融资观察》报告创作团队的一员吗？微信扫描本书第 234 页二维码，现在就加入我们吧！

No. 51

昙花一现还是千里良驹，论资本风口下的共享办公

梦想加在 2017 年 5 月敲定 2 000 万美元 B 轮融资后不久，在 11 月底完成 B+轮融资，由欧翎投资领投、愉悦资本跟投。同时，梦想加正式宣布 3.0 OaaS(Office as a Service)服务，此轮融资将用于加速布局空间规模，并联合 A+轮入局的腾讯共享办公，着重深化实现 OaaS 体系在办公室服务上的应用。

共享经济的高速发展，带动共享办公行业进入大型共享办公迅速扩张、中小型众创加速整合的阶段

据统计，2007～2015 年，全球每年联合办公空间有超过 70%的增长，2016～2018 年预计年增长率达 68%。在中国，预计到 2020 年经济排名前 20 位的城市，商业和写字楼的面积将达到 3 亿平方米，其中 30%将转化为各种共享空间。在这些城市中保守估计将有 4 000 元/平方米/天的收入，这将是一个超过 2 000 亿元的市场。

上海共享办公总体出租率稳步增长，而非核心区域的出租率则保持在较低水平，核心区域的办公室总数量有限，不可能无限增长，需要寻求其他增值服务(见图 51—1)。

共享办公行业划分逐渐清晰，梦想加致力于跳出“地产商模式”，提供一体化企业增值服务

共享办公的本质是以碎片化租赁办公空间，发展至今，多数共享办公通过提供配套服务提高竞争力，寻求新的盈利模式，现有盈利模式如下：

“地产模式”：从地产商到”二房东“，用整租转零租的方式直接盈利

以 WeWork 为代表的办公室再租赁和以 Soho 3Q 为代表的地产商直接租赁的共享办公空间为例，除地产商以外，乐观估测其净利润均低于 20%以下，短期流水还依靠不断融资来维持，且长期增长取决于规模化网点铺设，资本需求量大，却

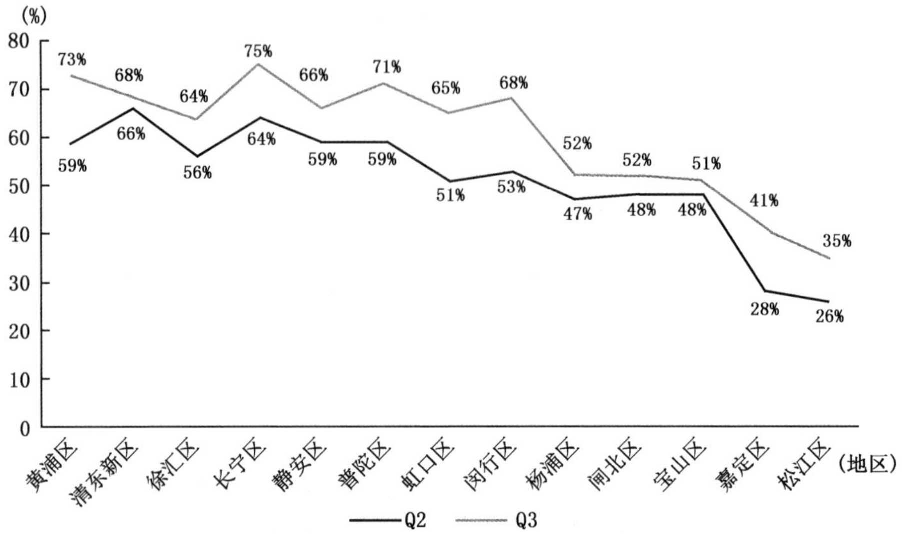

图 51—1　上海共享办公室 2016 年出租率

仍难以确保单店空置率在较低水平。

而对于地产商来说，海外房产的房租年化回报率在 4%～10%之间，国内则只有 1%～2%（见图 51—2）。Soho 等地产商想要依靠房租盈利并不现实。

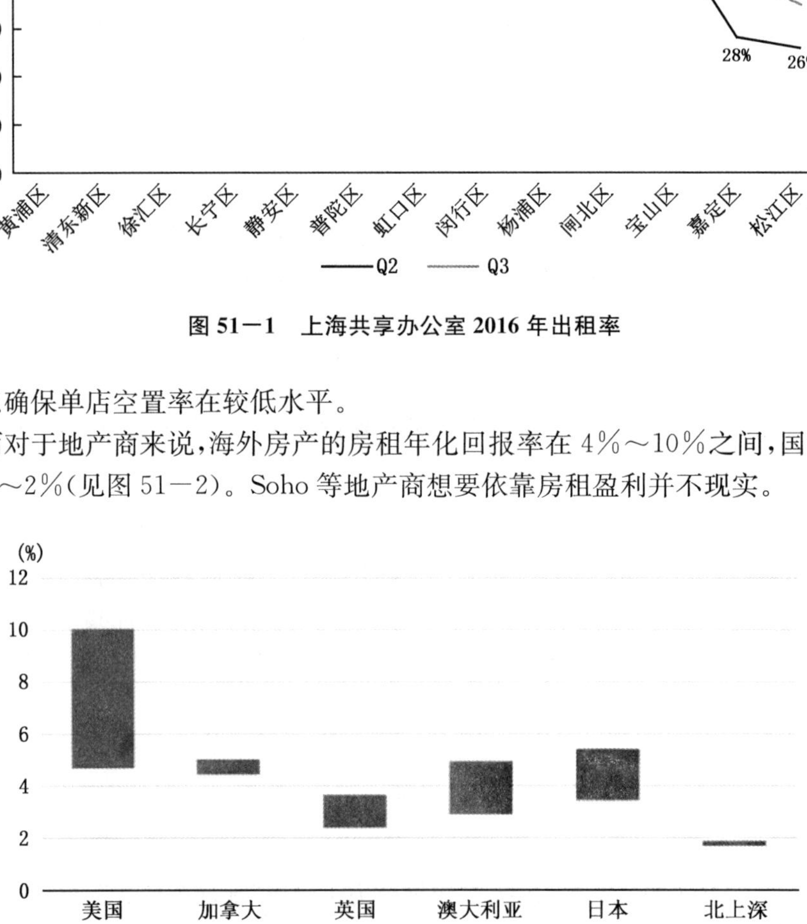

图 51—2　各国房租回报率

Regus 在中国的收入维持在盈亏线，而梦想加的低定价则可能来自于成立初期得到的低价房源，长久来看公司想要盈利，还需要拓展出新的盈利点（见表 51—1）。

表 51—1　　Regus 与梦想家的比较

	地段	租金(单位元/工位/月)
Regus	人民广场	4 380 起
梦想加	望京	约 1 800

而包括 WeWork 和优客工场在内，现有模式下的共享办公的房租收入都在总收入的 70%以上，因此梦想加能否成功转型、能否将企业服务和增值服务转变成核心业务是成败的关键。

因此 WeWork 等"二房东"都在尝试将现有的门店分布网络转型至社群建设，以期待提高用户黏性，创造附加值。

企业服务：在大多数孵化器都能提供的基础企业服务外，梦想加开创 OaaS 时代，为初创企业提供完善配套服务

梦想加则选择了走在办公配套服务这条赛道上。创始人李文磊表示："在梦想加，所有办公资源可以用同一个 ID 连接起来，为用户提供完整的办公体验。门禁权限、Wi-Fi 网络、文印、会议室预定甚至购买咖啡，所有这些办公需求都集结在智能产品体系中，空间与人通过智能形成互动，这是我们所要达到的方向"(见图 51—3)。

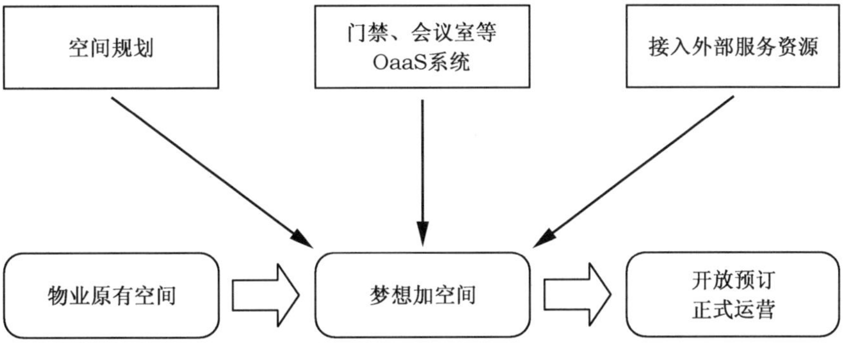

图 51—3　完善的配套服务

老牌共享办公空间，包括 Regus 和 WeWork，均提供了必备的办公系统，如网络、打印机、会议室等。而梦想加的 OaaS 系统则是企业必需服务系统的升级，包括区域分配和软装。然而 OaaS 系统是梦想加提出的新产业，其发展趋势并不明确，技术壁垒不明显，缺乏核心竞争力，梦想加能否打开这条路仍需观望。

提供增值服务如投融资：以氪空间为代表，提供媒体或产业背景带来的融资资源

2016 年 1 月，36 氪和旗下以联合办公为载体的创业服务平台氪空间分拆，在 2017 年 9 月初，氪空间完成 A+轮亿元级融资，来自 IDG 资本。依托于 36 氪的媒体平台和在投资界的资源，氪空间从办公场地的孵化器，成长为同时提供融资服务的初创企业发展平台。对于共享办公的主要客户群体初创企业来说，能否提供这样的增值服务才是重中之重，也会成为各共享办公的独特亮点，产生细分行业。

主要办公企业的比较如表 51—2 所示。

表 51—2　　主要共享办公企业的比较

	盈利模式	企业规模	合作基金	工位单位
梦想加	地产+服务	全国共有 16 个项目，其中 14 个位于北京		1 800 元/工位（望京）
WeWork	地产+服务	WeWork 共在 18 个国家、56 个城市拥有超过 181 家办公地点，拥有大约 1 万名会员企业及超过 15 万名会员		1 800 元/工位（人民广场）
氪空间	地产+服务+投融资	全国共有 25 个项目，在主要一、二线城市都有分布	阿里云、IDG	2 000 元/工位（外滩）
科技寺	地产+服务+投融资	在北上深有 8 个项目	IDG、汇添富、浦发硅谷银行	2 280 元/工位（威海路）
创邑 SPACE	地产+服务	在上海核心区域共 19 个项目，总面积近 20 万平方米，入驻天对近千家		1 800 元/工位（愚园路）
Soho 3Q	地产+服务	北京上海核心地段拥有 17 个中心，超过 16 000 个座位，截至 2016 年底平均出租率约 85%		1 600 元/工位（外滩）

梦想加如何长久发展？

共享办公行业规模化并形成寡头垄断是必然趋势

联合办公行业加速分化与整合，逐渐进入洗牌阶段。一方面，品牌企业通过融资、互补合作或战略入股等方式实现稳步扩张；另一方面，经营不善的企业在资金链断裂的情况下面临困境。联合办公行业的发展壮大，一方面来自上述资本市场的支持，另一方面来自联合办公企业之间合纵连横。如 2016 年 3 月，氪空间斥资数千万元，战略入股纳什空间；同月优客工场耗资数千万元，战略入股无界空间；2016 年 4 月，万科泊寓与优客工场、乐乎公寓合作入驻“回+天通苑双创社区”。

WeWork 在美国的业务重心已经从吸引早期小型创投公司转为中大型成熟企业，业务占总收入 50%以上。这将是所有共享办公在地产方向的发展趋势，规模效应是共享经济的核心，是否能在这个加速转型的阶段成功整合，并把握住成熟企业改变传统"格子间"办公方式，逐渐接受共享办公空间这一新风向，会成为共享办公的新战场。

展望新趋势：形成自己的整体商业模型，进行品牌输出

梦想加在 A+轮接受了腾讯的融资后，计划将梦想加的 OaaS 系统作为单独的服务配套融入腾讯现有的共享办公中。后续发展可参考成熟的酒店管理公司，拥有自己的独立品牌，以管理公司身份来管理加盟方的地产，避免地产风险。

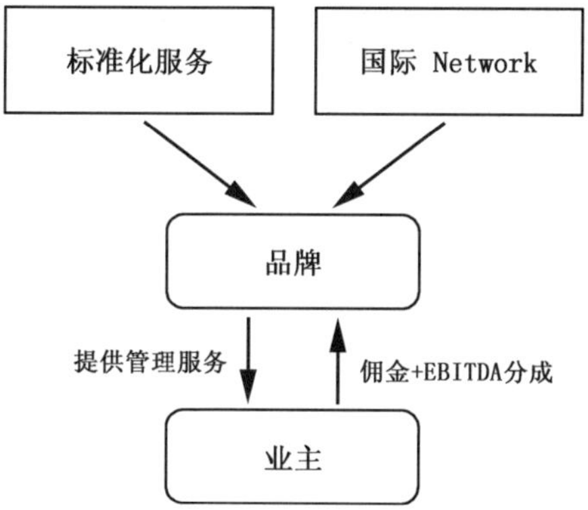

图 51—4 酒店管理集团的标准商业模式

图 51—4 是酒店管理集团的标准商业模式，当管理服务标准化、集团在世界范围内拥有一定的声望和互通网络时，可直接输出品牌价值，快速扩张。

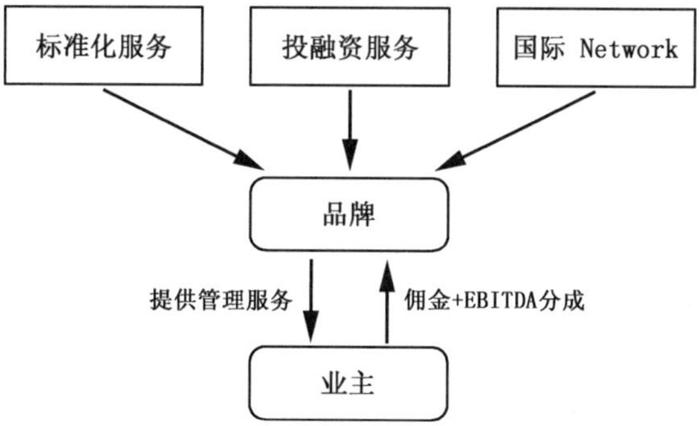

图 51—5 梦想加未来的商业模式

在未来，梦想加可以考虑逐渐改变其收入结构，整合所有服务(从办公必需设备，到智能门禁等 OaaS 系统，到配套投融资服务)成一套完整的系统，直接输出给地产商或其他共享办公，形成品牌价值输出，这将是共享办公的大势所趋。

主　　笔：李嘉玲
资料收集：覃宇航　郑　婕

想成为《投融资观察》报告创作团队的一员吗？微信扫描本书第 234 页二维码，现在就加入我们吧！

No. 52

合纵连横可安天下？超级平台再起波澜

2017年12月18日，唯品会宣布获得腾讯、京东战略入资8.63亿美元，以现金形式交割。本轮融资将加快京东进军女性消费者市场的步伐，也标志着阿里和腾讯新零售之战即将进入白热化。

风云际会，唯品会持续自营战略

根据协议，腾讯和京东将分别认购唯品会新发行的A类普通股6.04亿美元和2.59亿美元，认购价为每个ADS13.08美元。这一价格比截至2017年12月15日最后一个交易日的ADS收盘价8.44美元，溢价约55%。

此前腾讯持有京东21.25%股份，相当于间接持股唯品会，此次腾讯对唯品会直接持股7%；京东此前拥有2.5%唯品会的股份，本次增持3%，共持有5.5%股份。交易完成后，唯品会董事长兼首席执行官沈亚仍位居第一大股东，唯品会将继续保持独立运营。

本次交易前后唯品会的股权结构如图52—1所示。

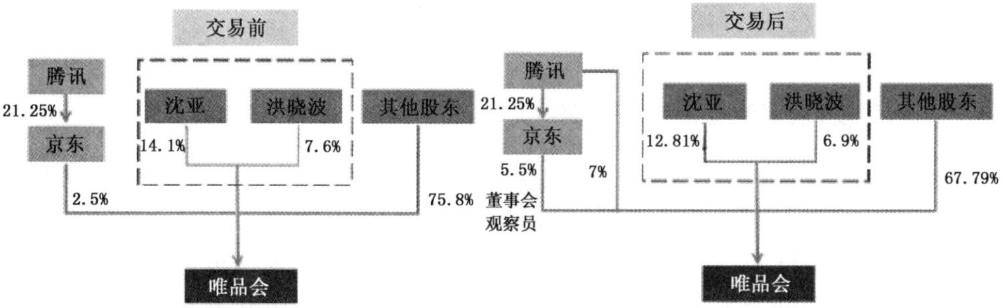

图52—1　唯品会的股权结构

新增发的股份将有2年锁定期，在锁定期内，腾讯将获得1席唯品会董事会席位，京东将获得唯品会董事会观察员身份。2年锁定期结束后，腾讯和京东若始终各自持有唯品会12%、8%的股份或跟唯品会另行约定股份比例，就继续保持各自董事会和观察员席位。

特卖起家，坚持自营或将开创新格局

以“闪购特卖”起家的垂直电商平台唯品会，一度被评为过去五年“增长最快的电商”之一。特卖，意味着商品随机性很大，用户体验也更符合商场购物习惯。在唯品会超过6 000家入驻的时尚供应链中，不乏Giorgio Armani，Versace，Guess等奢侈品牌。以80%的女性用户为主的唯品会，虽然增长陷入瓶颈，唯品会不得不发力金融、物流等业务，但时尚服饰等核心业务还是支撑了唯品会财务数字的稳健上升。

从2016年以及2017年上半年B2C网络零售市场占比情况来看，天猫占到了50%的份额，而京东与唯品会的市场总占比为30%左右(见图52—2)。此外，阿里菜鸟驿站遭遇物流企业划水，而京东与唯品会一直坚持自营物流，合作也可能实现物流效益与成本的好转。因此，此次合作可以使得京东与唯品会有更大的实力与阿里相抗衡，极大可能会开创新的电商格局。

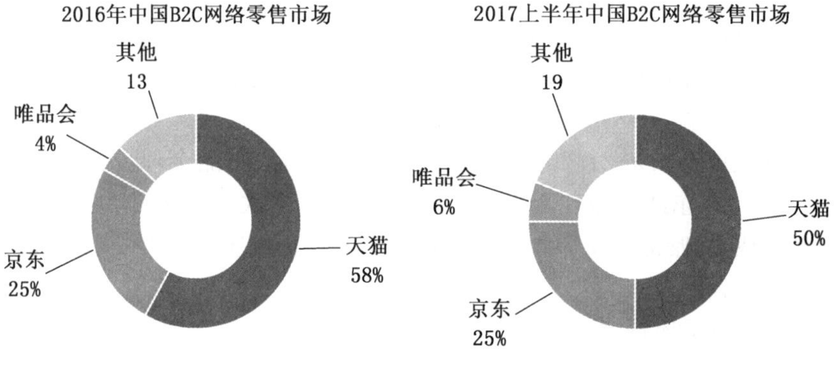

图52—2　中国B2C网络零售市场份额情况

厚积薄发，低调沈亚的电商之路

唯品会一直标榜全球特卖、保障正品，谈及唯品会的初创者，有多少人会以为唯品会是陈欧创办的？不同于聚美陈欧的高调代言频频出境，唯品会正牌创始人沈亚一直保持着低调的作风。被称为“马云最想见的电商人”，被誉为中国电商传奇黑马的唯品会创始人沈亚，身价百亿，却极少接受采访，也几乎不参加各大业内论坛。无论是新闻、广告，关于这位传奇人物的以往事迹也寥寥无几。沈亚表示，“股价和业绩是紧密相关的，别的都是空谈，天天露脸，上中央电视台都没用。”少说，多做，执行力强，善于挖掘商机，正是低调的沈亚厚积薄发的做事风格。

珠联璧合，京东再添流量入口

两者用户规模量级对等，重合度低，“牵手后”规模效应明显

从手机京东和唯品会的用户规模来看，尽管两者均已过亿，但用户重合度并不显著，截至 2017 年 11 月，唯品会拥有 9 960 万用户，京东共拥有 1.44 亿用户，二者仅重合 5 531 万用户（见图 52—3），两者的合作可以给双方带来明显的规模效益。京东将得到近 1 亿的净新增用户，而唯品会不仅可以获取京东 APP 首页的入口，还有腾讯提供的微信钱包入口，两者都会给唯品会带来更多的用户流量。

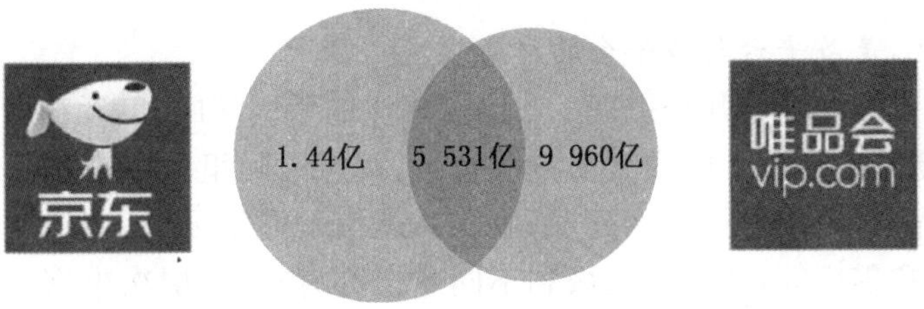

图 52—3　京东和唯品会的用户数量和重合情况

品类互补，加快京东进军女性消费市场步伐

从业务层面来看，唯品会和京东的定位存在互补。唯品会 80％以上的用户为女性，主要品类是服装，而京东作为中国 GMV 第二大、营收第一大的电商企业，它的用户则主要集中在男性（见图 52—4），重点关注 3C 和电器等硬件产品，亟待突破，服饰作为高频、高利润品类，极有可能成为京东下一个增长点。值得注意的是，2017 年以来，京东商城在服装品类的开拓上频繁发力，渴望扭转过于“男性化”的形象，争取更多女性客户。

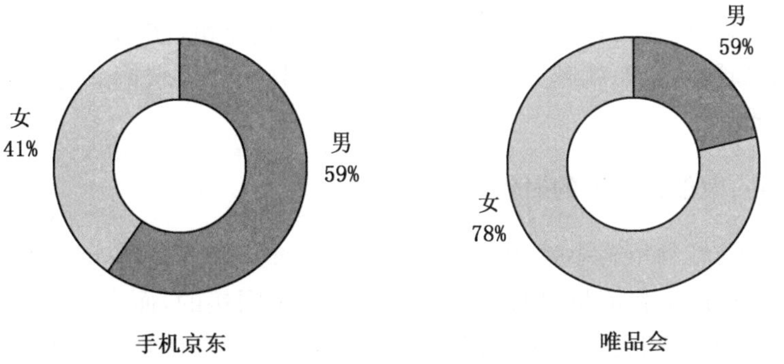

图 52—4　京东和唯品会的用户的性别分布

面对阿里的“扼杀战略”，流量与议价能力是硬伤

不过，要想在阿里的核心优势领域突破，于京东而言并非易事。2016 年阿里

巴巴75%收入来自电商，而电商收入中服饰品类的贡献超过了40%，服饰总交易规模更达到9 000亿元左右。阿里自身除了加大服饰自营，在物流和服务体验上更加有控制力之外，另一个十分重要的战略目标就是扼杀京东在服饰领域的增长。

对于京东来说，流量是短期内难以弥补的劣势。除了加大和腾讯及其他大流量平台的合作，推出京腾计划为代表的“京X计划”之外，寻求战略联盟，补充自己的服饰供应链和运营经验成为它必须迈出的一步。长远来看，这将成为京东对商家提升议价能力的关键。时尚供应链是唯品会的优势，因此它将是个不错的选择。

八面玲珑，两大平台流量之争

这次对战，是多平台与多平台的对战

阿里、腾讯两大阵营几乎把持了中国零售业的半壁江山，二者在新零售领域的搏斗也异常激烈。在线上电商交易量放缓的背景下，阿里大举投资新零售线下实体，已投资的上市公司包括银泰商业（收购后退市）、苏宁云商、三江购物、新华都、联华超市、高鑫零售等，在不同区域和不同业态都有布局，层次丰富。而腾讯的零售板块战略支点在于京东，为其第一大股东。腾讯的零售业务线上版图，还包括美团点评、永辉超市和58同城等。

这次对战，又是两大“超级平台”的对战

这次表面上看是京东、唯品会联合“对战”阿里，实际上是腾讯和阿里作为两大超级平台之间的抗衡。如今线上红利趋顶，获客成本激增，流量的拓展与存量的运营是关键。尽管阿里对旗下不同的零售店采取自上而下的管理，但这一类中小型的电商流量始终是间接的。在零售板块，看似阿里并购更多，占据主动方，但由于欠缺社交流量优势，阿里在谋求以线下场景突围。而腾讯所拥有的用户流量是非中心化流量。QQ、微信的用户为腾讯带来的流量群体带有一定自生性，是直接流量。与阿里相比，它的社交流量变现率提高空间更大。

阿里、腾讯看似在营销板块、电商板块、社交板块竞争，实则背后是生态博弈，谁贯穿的场景越多，生态就越完整，未来可能性也越多。谋求精准的大数据，才是各家竞争实质。

平分秋色，赋能开启谁的时代

间接流量的红利不容小觑，然而一旦大片中小电商倒戈，用户流量极有可能随之流失。相对应的平台流量对其他合作方的赋能是间接的，而去中心化的自发用户流量，所带来的红利更多的是纯粹的、直接的，腾讯对合作企业也可以说是更直接的赋能。

此外，“阿里税”越来越高，商户可能会有自谋出路的打算。唯品会与京东联盟可以帮助京东解决服饰供应链的核心问题，以前京东独自承受阿里“二选一”的压力很大，联盟后对商家的议价能力会增强，京东服饰也不再像以前那么被动。未来电商竞争格局又是如何呢？我们拭目以待。

主　　笔：万璐瑶　李　莹
资料收集：郭天艺　王心爽

想成为《投融资观察》报告创作团队的一员吗？微信扫描本书第 234 页二维码，现在就加入我们吧！